防空指挥自动化系列丛书

防空指挥自动化指挥控制系统

张多林　吕　辉　王　刚　主编

张多林　吕　辉　王　刚
何　晶　杨少春　李　进　编著
王海平　瞿军锋

军队2110工程资助项目

西北工业大学出版社

【内容简介】 防空指挥自动化指挥控制系统是以信息获取为先导,以信息的传输、分配为基础,以指挥控制作战部队和武器为核心,集指挥、控制、通信、情报为一体的系统。

本书从作战指挥的角度出发,全面系统地论述了防空指挥自动化指挥控制系统的理论和关键技术,以指挥控制为主线,密切联系实际作战过程,通俗易懂。可作为军队指挥自动化、雷达工程、计算机工程、系统工程等专业的本科生、研究生的教材或参考资料,也可供相关领域科技人员或部队指战员阅读。

图书在版编目(CIP)数据

防空指挥自动化指挥控制系统/张多林,吕辉,王刚等编著.—西安:西北工业大学出版社,2006.1

(防空指挥自动化系列丛书)

ISBN 7-5612-2053-7

Ⅰ.防…　Ⅱ.①张…　②吕…　③王…　Ⅲ.防空战役—作战指挥—自动控制系统　Ⅳ.E115

中国版本图书馆 CIP 数据核字(2006)第 010900 号

出版发行:西北工业大学出版社

通信地址:西安市友谊西路 127 号　邮编:710072

电　　话:(029) 88493844　88491147

网　　址:www.nwpup.com

印 刷 者:陕西宝石兰印务有限责任公司印刷

开　　本:787 mm×1 092 mm　1/16

印　　张:12.625

字　　数:314 千字

版　　次:2006 年 1 月第 1 版　2006 年 1 月第 1 次印刷

定　　价:20.00 元

防空指挥自动化系列丛书
编　委　会

总 序

随着计算机网络技术和信息技术的发展，人类跨入了信息时代，信息战已登上历史的舞台。加强指挥手段建设，提高信息作战能力，努力建设和发展我军指挥自动化系统，已经是历史的必然。

信息技术的高速发展及其在军事领域的广泛运用，正深刻改变着军事斗争的方式。当前，指挥自动化已成为国防威慑的重要力量，是军队现代化的基本标志。军队指挥自动化系统已成为打赢高技术局部战争必备的重要手段，是实施信息作战的重要武器系统。军队指挥自动化系统建设要以我军新时期军事战略方针为依据，着眼于提高我军整体作战效能和信息化水平，坚持战斗力标准，加强建设综合一体、功能完备、技术先进、协调配套、稳定可靠、安全保密的指挥自动化系统，提高我军高技术条件下的联合作战指挥能力和信息作战能力。建设指挥自动化系统的目标是要努力实现指挥控制、情报侦察、预警探测、通信、电子对抗和信息保障系统一体，各军兵种指挥自动化系统一体，战略、战役、战术级指挥自动化系统一体，以及指挥自动化系统与主战武器系统一体。既要具备抵御信息攻击的能力，又要具备信息攻击的能力。

我军指挥自动化建设经过多年的努力，已经取得了许多重要的进展。加强我军现代化建设，必须着眼于改善作战指挥手段，提高信息作战能力，把指挥自动化建设作为国防和军队现代化建设的战略重点。这是世界军事变革对我军现代化建设提出的客观要求，是提高部队“打赢”能力的迫切需要。

在防空指挥自动化系统建设的过程中，空军工程大学导弹学院在教学、科研方面进行了多年的工作，完成了许多重要建设项目，培养了大批高素质的人才。为了总结多年教学、科研成果，编写出版防空指挥自动化系统系列丛书 5 本，分别是《防空指挥自动化系统》《防空指挥自动化信息处理》《防空指挥自动化通信系统》《防空指挥自动化系统软件工程》《防空指挥自动化指挥控制系统》。从系统、信息处理、通信系统、软件工程及指挥控制等方面，分别介绍了防空指挥自动化系统的基本原理和关键技术，这对从事防空指挥自动化领域的工程技术人员及军队相关领域的指战员都有很好的参考价值。

本系列丛书的作者，都是我院长期从事防空指挥自动化系统研究的专家、学者，有丰富的教学和实践经验。他们对自己从事的工作进行了科学总结，编写风格尽量做到理论与实践相结合，形成系统概念；书中图文并茂，通俗易懂，努力做到开卷有益。为了保证本系列丛书的编写质量，专门成立了丛书编委会，反复研究编写思想和编写提纲。相信防空指挥自动化系统系列丛书的出版发行会对我军防空指挥自动化系统的建设起到一定的促进作用。

本系列丛书的出版，得到了西北工业大学出版社的重视和大力支持，正是他们对国防建设的高度事业心和责任心，并为此付出了辛勤的劳动，使本系列丛书得到顺利出版，在这里向他们表示诚挚的敬意。

空军工程大学导弹学院院长

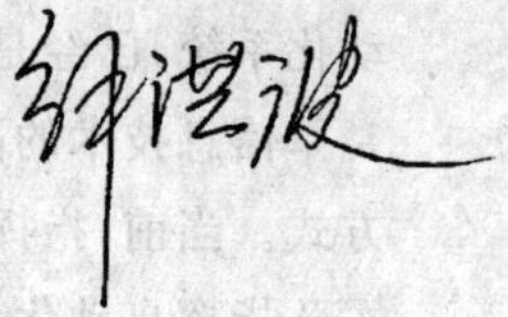

2005 年 12 月

前言

军队指挥自动化系统(C^3I)是军队的重要军事装备，已成为国防威慑的重要力量，是军队现代化的基本标志，受到各国政府和军队的高度重视。在C^3I系统中，指挥控制是目的，是核心，通信是基础。指挥控制系统作为实施指挥和控制的一种技术系统，它是以信息获取为先导，以信息的传输、分配为基础，以指挥控制作战部队和武器为核心，集指挥、控制、通信、情报为一体的系统；在指挥层次上，它是指挥自动化系统的主体，包括指挥中心和机关业务管理信息系统。指挥控制的核心是获取情报，分析判断，定下决心，下达指示，监督执行的反复循环。因此，指挥控制系统是防空指挥自动化系统的重要组成部分。随着我国军队指挥自动化系统装备的发展，越来越多的国防科技人员、部队指战员需要了解、掌握防空指挥自动化指挥控制系统的原理和技术。适应这种需要，正是编写本书的基本出发点。

从作战指挥的角度，本书全面系统地论述了防空指挥自动化指挥控制系统的理论和关键技术，主要特点是以指挥控制为主线，抓住主要理论和技术，密切联系实际作战过程；尽可能通俗易懂，既适合科技人员参考，也适合部队指战员阅读，开卷有益。

本书共分为8章。第1章，防空指挥自动化指挥控制系统的概述；第2章，防空指挥自动化指挥控制系统的作用和组成；第3章，防空指挥自动化指挥控制机制与方式；第4章，防空指挥自动化指挥控制系统的信息处理；第5章，防空指挥自动化指挥控制系统的辅助决策；第6章，防空指挥自动化指挥控制系统的分析、设计与开发；第7章，防空指挥自动化指挥控制系统的仿真与评价；第8章，防空指挥自动化指挥控制系统的案例分析。

本书由张多林、吕辉、王刚主编，确定了编写思想和编写提纲。吕辉、瞿军锋编写了第1,4章；王刚、何晶、王海平编写了第2,3,5,6,7章；张多林、杨少春编写了第8章；李进协助完成了部分内容的编写。全书由吕辉、瞿军锋统稿。

本书是作者多年教学实践的总结，并融入了作者的研究成果。在编写过程中，参阅了大量文献资料，在此向这些文献的作者表示诚挚的感谢。

本书可作为军队指挥自动化、雷达工程、计算机工程、系统工程等专业本科生、研究生的教材或参考资料，也可供相关领域科技人员和部队指战员参考。

感谢您阅读本书。由于作者水平有限，不妥之处，敬请批评指正。

编著者

2005 年 10 月

目 录

第1章 防空指挥自动化指挥控制系统的概述

1.1 指挥控制系统的概述

指挥控制通信系统常简称为C^3I(Command Control Communication)系统，在我国通常称为指挥自动化系统，其中指挥控制功能是C^3I系统的核心，所以C^3I系统又常被称为指挥控制系统或C^2系统，但是指挥控制系统作为C^3I系统的核心部分，与C^3I系统是有所区别的。

C^3I系统的含义归纳起来，可表述如下：

指挥——指挥员及司令部为判断情况、定下决心、提出计划而做的工作。

控制——为使所属兵力、兵器按所受领命令行动并把行动结果报告给指挥员的所有行动的总和。

通信——在指挥员和上级、友邻、所属部队之间传送命令和情报。

情报——侦察战场情报并反馈给指挥员。

其中，指挥控制系统是指挥员实施指挥和控制的一种技术系统，用来处理收集的信息，辅助指挥员进行决策，即如何最好地使用可以利用的资源，并保证其决心和命令的执行，保证战斗按计划进行。而通信是指挥控制的手段，用来传输和分发指挥控制所必需的信息。

1.1.1 指挥控制系统的概念

指挥与控制是指导部队完成任务的全过程。其中指挥是根据既定的程序、使用可以得到的兵力、兵器完成指定任务的全面领导职权，控制是指指挥员对下属或其他部队的部分行动行使低于全面领导的指挥职权。指挥与控制的核心是获取情报，分析判断情况，定下恰当决心，下达指示，监督下属执行的反复循环。完成这些任务的关键是时间，因此，指挥与控制程序的循环必须精心组织并十分有效，并要在敌人的指挥与控制循环周期结束之前结束。也就是说，指挥与控制的有效与否，关键是速度，而有效的控制则是作战获胜的先决条件。

指挥控制系统作为实施指挥和控制的一种技术系统，概括起来，它是以信息获取为先导，以信息传输、分配为基础，以指挥控制作战部队和武器为核心，集指挥、控制、管理、通信、情报、抗电子干扰为一体的系统。指挥控制系统的功能主要表现在系统对输入的物质、能量和信息的转换能力及输出能力上。

指挥控制系统是所在指挥层次指挥自动化系统的主体。它主要包括两个部分，即指挥中心和机关业务信息管理系统。例如，总部指挥中心是全军的指挥核心。而海军、空军等指挥中心则根据总部的命令直接指挥单独执行作战任务的部队。所以，可以把军兵种指挥中心看做总部指挥中心的末端，它们是国家级指挥自动化系统的一个重要组成部分。各级指挥中心有多种形式，如有地面固定指挥所、地下指挥所、地面机动（汽车或火车）指挥所和机载指挥所。它们在通信网络的支持下，组成分布式的指挥所自动化系统，各指挥中心密切配合，保证在任何情况下都能实施对部队和武器的不间断的指挥和有效控制。机关业务信息管理系统范围相当广泛，包括各总部和各军兵种所有业务部门的信息处理系统及其信息中心。各业务机关运用这些系统准确、及时、科学地管理业务信息，组织领导本业务系统的各项活动，并为作战指挥提供信息和决策支持。因此这些系统也应该作为指挥控制系统的一部分。

1.1.2 指挥控制系统的要素和组成

指挥控制系统是军队指挥自动化系统的核心，有时也称为指挥控制中心或指挥所。它直接影响着指挥自动化系统的整体性能指标和效能的发挥。因为整个系统中的数据处理、显示控制、辅助决策、作战指挥和部队管理等都要在这里进行，指挥员和战勤人员通过它实施对部队的指挥和对武器系统的控制。因此，在指挥自动化系统的总体结构设计中，从某种意义上来说，主要是围绕着指挥控制系统来进行的。

1. 指挥控制系统的要素

指挥控制系统从作战使用上可分为作战指挥要素和技术保障要素两部分。作战指挥要素是指挥员和战勤、参谋人员实施作战指挥和组织勤务保障的平台，他们通过设置的指挥控制台、大屏幕显示设备、各种终端设备和指挥通信设备完成指挥活动；技术保障要素是安装有各种技术设备的机房、工作间或机动方舱，是技术保障人员维护、管理各种设备的场所。

(1)作战指挥要素。作战指挥要素的设置原则主要是依据指挥机关的编成和它所担负的作战指挥任务。各级指挥控制中心因其编成和任务不同，作战指挥要素也有所不同。作战指挥要素又可分为基本指挥要素和战勤保障要素，通常基本指挥要素有作战室、作战会议室、作战值班室、电子对抗室和指挥员室；战勤保障要素有情报综合室、通信室、机要室、测绘室、气象室和后勤室；辅助指挥要素有装备室、军务动员室等。

(2)技术保障要素。技术保障由四种要素组成：一是信息处理要素，由计算机房、数据库室、文电收发室、数据录入室、安全管理室、软件开发室、软件管理室等组成；二是内部通信要素，有程控交换机房、通信终端室、配线室等；三是信息显示要素，包括显示控制设备室、大屏幕投影室和演播室；四是辅助设备要素，其组成是系统监控室、电源室和维修室等。

2. 指挥控制系统的组成

依据上述指挥控制中心组成要素和系统战术功能，指挥控制系统是由硬设备组成的硬件平台和由完成系统战术功能的应用软件等构成的。

系统的硬件平台，通常由信息处理设备（计算机系统）、信息显示设备（各种显示控制台、工作站、终端、大屏幕显示设备、闭路电视和投影设备等）、内部通信设备（程控交换机、对讲机、通信终端设备等）、系统监控设备（监控台和其他环境监控设备）和局域网等组成。

指挥控制系统软件除必须的系统软件、应用开发工具软件外，完成战术功能的应用软件主要有情报处理、文电处理、显示控制、辅助决策、武器控制、数据通信、数据库、资料检索、图形处理、战勤保障等应用软件。

在指挥控制系统的结构方面，目前常采用的有以下两种：一是以小型机、显控台和局域网为基础的功能分布式结构。二是以客户机、服务器和局域网为基础的分布式结构。前者考虑以往的建设基础；后者是考虑了今后的发展，向更加开放、分布更广的方向迈进。需要说明的是上述两种系统结构，基本上体现了指挥控制系统组成的硬件平台和软件处理功能，但还没有充分表示出各作战指挥要素的席位，因为席位的具体设置是与系统的建设目标和指挥机关的具体编成等因素有关，哪个要素（部门）该设置几个席位要根据系统需求分析而定。

分析指挥控制系统的组成可从技术、物理实体、功能节点角度划分。从系统包含的技术谈指挥控制系统组成，称为技术组成；从系统包含的物理实体谈指挥控制系统组成，称为物理组成；从系统完成不同级别的功能谈指挥控制系统组成，称为功能节点组成。

(1)技术组成。从构成系统的技术角度来分，指挥控制系统一般可分为信息收集和分发分系统、信息处理分系统、信息利用分系统。它们将探测器测得的各种环境信息收集到指挥控制系统中，加以处理、传输和利用。

1)信息收集和分发分系统。信息收集和分发分系统用于收集作战环境的各种信息，并将经过处理的信息和系统内部产生的信息发往相应的部队和武器系统。其设备包括与探测器相对应的接口硬件和软件。

2)信息处理分系统。信息处理分系统用于对系统中的信息进行综合、分类、存储、更新、检索、计算等。信息处理分系统一般分布在各级指挥中心或各种探测器及武器平台上。实现信息处理可分为四个层次，即软/硬件支撑环境层、信息资源管理层、业务支持层和业务处理层。

ⅰ)软/硬件支撑环境层。包括各级指挥中心的各类信息处理终端（含存储设备、打印机、绘图仪、接口装置等）及计算机操作系统、程序语言调试工具等软、硬件，是信息处理的基础环境。

ⅱ)信息资源管理层。包括各类公用和专用的数据库管理系统，用来对各类信息资源进行管理，对数据/信息进行使用和维护。

ⅲ)业务支持层。包括多种可独立调用或综合使用的应用软件模块。为作战指挥和系统管理所需的各种业务处理提供支持，完成文电、图形、图像、数据资料查询及数据综合等处理。

ⅳ)业务处理层。包括指挥控制系统指挥活动中的所有业务处理。业务范围包括作战指挥、军事训练、事务管理、情报处理、电子对抗、战斗保障和后勤管理等。实现情况综合、制定作战预案和作战计划、拟制作战文书等业务的自动化处理。

3)信息利用分系统。信息利用是指挥控制系统中信息收集、分发、处理的最终目的，信息利用分系统主要包括各种应用软件。主要完成作战辅助决策、战场态势处理、参谋业务处理、战斗勤务管理、战斗保障管理和武器系统控制等。

(2)物理组成。指挥控制系统是以人为主导的人—机系统。在指挥控制系统中，虽使用了大量的计算机和通信网络等设备使信息的收集、分发、处理和利用实现了高度自动化、科学化和快速化，但指挥控制系统的运用及其功能的发挥，却必须在人的干预和控制下才能完成。所以，广义上讲，系统的物理组成包括人员和设备。设备包括硬件设备和软件。

1)人员。

ⅰ)技术保障人员。指系统中各种设备的维护人员，其任务是保障系统正常而有效地运行。

ⅱ)操作人员。指系统设备操作员和信息分析员。

ⅲ)指挥人员。指各级指挥员和业务参谋人员，他们是指挥决策者和参与决策者。

2)设备。

ⅰ)硬件设备。包括探测器材数字化接口设备、指挥控制显控台、参谋业务显控台、通信网络设备、武器平台数字化接口设备、系统管理设备及系统保障设备等。

探测器材数字化接口设备主要指附属于指挥控制系统，通过外部通信系统与雷达、光、电、声音等传感器设备相连的数字化接口设备。

指挥控制显控台主要由专用计算机和相应的操控设备和显示设备组成。指挥员用它实施对所属部队和武器的自动化作战指挥和控制。

参谋业务显控台主要由专用的计算机和相关的外围设备组成。用于帮助参谋人员完成业务计划的拟制、修改、查询等工作。

通信网络设备主要包括信息产生和接收终端、保密设备及传输控制设备。保密设备、传输控制设备主要包括各种网络设备、协议转换装置及路由器、交换器等。完成系统内部或与其他系统之间多种业务网络之间的互连和互通。

武器平台数字化接口设备实现战术指挥控制系统与武器平台的连接。包括输入、输出转换设备和通信接口设备等。

系统管理设备主要用于监控系统主要设备的运行状态和故障处理。

系统保障设备包括供电设备和环境设备。

ⅱ)软件。指挥控制系统的软件，是保障整个系统按特定用途进行工作的程序总称。为了完成指挥控制系统的复杂任务，必须配备大量的软件。指挥控制系统的软件分为基础软件、支持软件和应用软件。

基础软件是指保证计算机系统正常运转、操作、管理的整套程序。主要包括计算机的操作系统、局域网管理软件、数据库管理系统、程序设计语言及其编译调试程序等。

支持软件是指保障指挥控制系统运行的程序。它主要包括通信网络软件、文电处理软件、定位定向软件、态势处理软件、标准人—机交互软件、军用数据加密软件、系统监控软件等。

应用软件是指针对用户特定需要而编制的程序。主要包括实时情报信息处理软件、作战指挥控制软件、辅助决策软件、参谋业务处理软件、后勤管理和模拟训练软件等。

3)有关设施。指部队装备的探测器、武器平台、卫星通信等设施。这些设施虽不属于指挥控制系统，但它们是指挥控制系统的信息源、被控对象和信道。

(3)基本功能组成。以上各种物理实体，为完成某种功能按一定的顺序排列、互连，就构成完成不同级别功能的指挥控制系统的基本功能节点，简称节点。系统的基本节点与部队编制、作战原则、系统使命和工作状态密切相关。按照从高层指挥中心到基层指挥所的纵向链来分，可将系统划分为若干功能相对独立的基本节点。典型的基本节点包括信息处理工作站、作战指挥工作站、射击指挥工作站、武器制导(引导)工作站、检测维修工作站几种。

1)信息收集工作站。该节点用于收集并处理战场情报信息，为指挥控制系统提供信息。对收集目标信息而言，信息收集工作站的主要工作是通过接口设备接收由通信系统传输的传感器信息，并进行模/数转换和格式转换后送给信息处理机；信息处理机对信息综合处理，完成坐标转换、自动编批、敌我识别、辅助决策等功能；然后，经过通信控制设备和通信终端进入指挥控制系统传输网络，分发至指挥中心和情报中心。

2)指挥工作站。指挥工作站是指挥员实施指挥活动的重要场所。战时是作战指挥中心，平时是业务管理中心。指挥工作站既可以设置在房屋、工事等建筑物内，称为固定指挥站；也可以设置在车辆或飞机、舰船等运动平台上，称为移动(机动)指挥站。一般来说，固定指挥站工作环境较好，适于战略、战役级指挥控制系统；移动指挥站具有较强的机动灵活性和野战适应性，适合战术级指挥控制系统。

指挥工作站的设置一般与部队平时编制或战时编成相对应。随部队建制可以有军、师、团、营、连各级指挥工作站。

指挥工作站主要由情报处理、指挥控制和通信管理三部分组成。它们可以分散在不同场所，也可以集中在一个场所。其具体的配置方式根据军事业务的需要和系统建设的需要而定。指挥工作站内部设若干席位，供参谋人员和指挥人员使用。

3)武器制导(引导)工作站。武器制导(引导)工作站是战术指挥控制系统的终端，是战术指挥控制系统与火力控制系统的接口。它接收指挥控制系统的指挥信息和情报信息，为武器系统提供诸元参数，使武器系统接受上级指挥和控制，并可辅助进行开火时机(距离)等计算，便于适时开火或转移火力。同时，还接收武器状态信息并传给指挥控制中心，以便监视和控制武器系统。

4)检测维修工作站。检测维修工作站完成对指挥控制系统的性能检测及设备维修，为系统、设备提供完善的故障诊断和实现对系统的二级维修。

设备由检测维修中心计算机、检测专用通信设备、专用接口设备、有线通信测试台、无线通信测试台及通用测试设备等组成。

1.1.3　指挥控制系统的信息

指挥控制系统应确定一组基本的信息，以便系统结构可以模块化地构造、相互综合、扩展和再用。

1. 信息类型

系统中的信息结构主要包括情报信息和指挥信息，如图 1.1 所示。

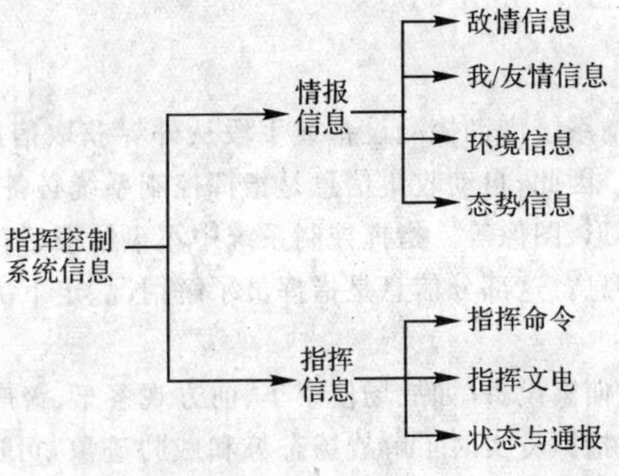

图 1.1　指挥控制系统中的信息分类

按时间顺序，信息又可分为实时接收的信息、本地数据库存储的历史信息、异地数据库存储的历史信息、人工录入信息等。按空间分布，又可分为探测平台及侦察器材收集到的信息、系统外部接口单元(上级情报及指挥中心、友邻部队、地方情报网等)送来的信息、本地信息。

(1)指挥信息。指挥信息是伴随指挥活动而产生的。它存在于指挥活动的全部过程中。指挥信息包括指挥命令和状态。命令包括指示、通报、作战方案和作战计划；状态包括请示、报告、作战实施方案和保障计划等。指挥信息一般以各级指挥工作站为核心流动。指挥信息的流向应严格按照指挥关系确定。

在指挥控制系统中，指挥信息的信息源可以是系统中的任一指挥工作站或上级指挥控制系统的工作站。信息的表示形式可能是指挥文电或指挥命令。指挥信息的目的站数量应根据战术需要和指挥关系来确定。指挥信息由信息分发分系统发至系统中的其他指挥工作站。

协同作战时，指挥信息的信息源和信息目的站还包括协同部队的指挥所或是协同部队指挥控制系统的指挥工作站，如友邻部队指挥所、电子对抗部队、被掩护部队等。

(2)情报信息。情报信息主要包括敌情、我情、友情、环境、态势信息及各种数据资料。

情报信息源包括各种探测平台和侦察分队，如气象分队、预警网、地方情报站、国土情报站、远方观察哨网、友邻情报源等。情报信息发至系统中的所有指挥工作站和情报中心、电子对抗部队等。

2. 信息接口关系

这里的信息接口仅指与上级、友邻、下级之间的接口关系。

与上级的接口有上级指挥所、合成指挥所、上级情报中心和指挥中心、战役级指挥控制系统。

与友邻的接口有协同作战的同级作战单元的指挥所或指挥控制系统、其他兵种的指挥控制系统。

与下级的接口有下一级指挥层次的指挥所及指挥控制系统。

1.1.4 指挥控制系统的基本功能

指挥控制系统是一种现代武器装备。主要用于快速、准确、全面地收集和处理信息，适时、准确地分发信息，为指挥员提供辅助决策方案，以提高部队的快速反应能力和整体作战效能。从本质上讲，指挥控制系统是一个军事信息系统。它的基本功能可从技术、战术和系统维护与管理三方面描述。

1. 技术功能

(1)信息收集功能。指系统借助探测设备或手段从外界获取信息。收集信息能做到知己知彼，是作战指挥的基础。因此，自动收集信息是指挥控制系统必备的功能之一。系统收集的信息可以是语音、数据、图形、图像等。指挥控制系统中军事情报(信息)的来源包含以下几种：

1)平时收集的静态信息。这部分信息是指挥员了解情况、定下决心的重要依据，可存储在静态数据库中。

2)侦察信息。是通过侦察设备(如战场侦察车、前方观察车、警戒雷达等)或侦察人员获取的信息。这些信息可帮助指挥员实时了解战场态势和威胁迹象，可通过指挥控制系统实时传输、处理、显示。

3)上级与友邻通报信息。是上级指挥机关或情报中心、友邻部队单位、地方政府机关所提供的信息。这部分信息通过上级指挥通信网进入本级指挥控制系统。

(2)信息传输功能。指系统按照一定的传输规程和代码格式，将信息从系统的一个节点传送到另一个节点或传至其他的指挥控制系统。指挥控制系统必须将收集到的信息传送到各级指挥机关，将指挥员的命令传递到下属部队，将下级的状态上报，否则无法实现指挥。因此，信息传输是保障指挥和控制有效性的重要手段。在作战中还需要与其他指挥控制系统交换信息，进行信息传输。系统对信息传输的基本要求是快速、准确、保密和不间断。

(3)信息处理功能。指系统按一定的规则和程序将所获得的孤立零散、迟延重复、真伪混杂的“一次”信息，经过综合加工处理，转换成具有预测和结论性的“二次”信息。信息处理的过程：

1)信息分类。将收集到的信息进行记录、格式检查并存储或发送到有关节点。

2)预处理。对获取的信息进行时空配准，格式转换等。

3)分析综合。分析信息的内容并进行相关比较和判断、归纳。主要有目标航迹坐标转换、航迹相关、目标参数计算等处理。

(4)信息显示功能。指系统将收集到或处理后的各种信息以适当的形式显示出来，便于指挥人员理解和使用。目前，常用的显示方式有文字、符号、数字、图像、图形和表格等。显示的内容包括作战态势和战场实时景象。目前。作战态势多用地图背景叠加战场实时信息表示。实时信息可用文字、数字、军标符号等表示，并用自动推移和增减标号和符号，来反映态势的演变。这些信息主要包括：

1)静态信息。它是较长时间保持不变的信息或历史性的资料。如地形地貌数据、重要战略目标位置、带有规律性的气象及水文数据等。

2)动态信息。它是变化的、需要不断更新的数据。如战场态势、武器系统状态、作战消耗等。

3)反馈信息。它是专门反映执行命令、计划的情况及结果的数据。

4)有关部门的计划和意图。

5)处理后的结论信息。根据动态、静态、反馈信息处理后得到的信息。如敌人的可能动向、威胁程度、破坏后果、辅助决策方案等。

信息的目视显示可使指挥员快速、全面了解战场情况与任务，及时定下决心，作出决策。

(5)信息记录与复现功能。指系统按时间顺序记录目标参数、指挥命令、响应状态等信息，并能在战斗结束或战斗间隙存入数据库或打印、复现这些信息。主要用于战后分析、总结经验或进行模拟训练。

2. 战术功能

(1)辅助决策功能。指系统根据我方作战目的、敌我双方部署等信息，协助指挥员分析判断情况、确定作战方案、定下作战指挥决心。在指挥控制系统中，辅助决策是以人工智能、军事运筹学、信息处理模型为基础，以数据库、专家系统、数学模型等信息处理技术为工具，通过计算、推理和仿真等手段做出的。

在作战指挥的全过程中，都充满了矛盾、抗争和危机，需要不断地判断、抉择和行动，这就是决策。决策是一种创造性的活动，过去大多靠经验和直觉。在指挥控制系统中，辅助决策是靠指挥员(或参谋人员)、计算机及操控台、辅助决策软件来共同完成的。这是提高军事决策科学化、自动化的重要手段。

(2)模拟训练功能。在一定的条件下，运用实际存在的或假想的作战指挥过程模型，通过计算机网络演算，来预测战斗的发展趋势谓之作战模拟。在平时，利用作战模拟，可训练指挥员和操作员。

表达和反映一定军事背景、战术原则、指挥艺术之间复杂逻辑关系的数学模型是用计算机网络实现模拟训练的基础。它是军事指挥员和建模人员根据作战背景共同建立的，并预存在计算机的模型库中。使用时，根据具体的作战任务和战场情况选择相应的模型进行作战模拟。模拟训练是训练指挥员和操作员的一种高效途径，可以提高训练质量，缩短训练时间，节省训练经费。同时,它也是研究战争规律和科学、战术新战法的好方法。

(3)参谋业务处理功能。它是指将参谋人员作战指挥、情报处理、电子对抗、事务管理、后勤管理、信息检索和文电处理等任务自动化。

平时,将作战使用的信息存储在计算机的数据库中;战时,参谋人员或操作员利用键盘、鼠标等工具,通过数据库管理软件,迅速从计算机的数据库中将作战使用的信息检索出来。

(4)武器系统引导与控制功能。战术指挥控制系统的设计目标之一,是提高武器射击目标的毁伤概率。将上级指挥工作站的目标信息实时、准确地传送至武器平台称为武器系统引导。实际上,是让武器火控系统的跟踪系统跟踪上级指挥工作站指令的目标,上级指挥工作站依据火控系统的工作状态,给出目标信息、武器最佳开火时机和最佳开火距离等控制信号,称为武器系统控制。

(5)系统监控功能。所谓监控是指系统对其内部设备的运行情况随时进行监督并实施有效控制。

指挥控制系统是一个大型的信息系统,其技术复杂、集成度高、设备种类多、数量大、人员众多。这样一个系统,如果没有专用的监控设备来组织管理、监视和控制系统的工作状态,其可靠运行是不可想象的。

3. 系统维护与管理

系统运行过程中可能会出现各种问题,如因系统错误出现的问题,因需求变更出现的问题等。为了解决这些问题,使系统正常运行,需要对系统进行相应的维护。

(1)系统维护的类型。系统维护主要包括硬件维护、软件维护和数据维护。

1)硬件维护。硬件维护应有专职的硬件维护人员来负责,主要有两种类型的维护活动,一种是设备的定期性保养维护,保养周期可以是一周或一个月,维护的主要内容是进行例行的设备检查与保养、易耗品的更换与安装等;另一种是突发性的故障维修,即当设备出现突发性故障时,由专职的维修人员或请厂方的技术人员来排除故障,这种维修活动所花时间不能过长,以免影响系统正常运行。

2)软件维护。软件维护主要是根据需求变化或硬件环境的变化对应用程序进行部分或全部的修改。修改时应充分利用源程序,修改后要填写程序修改记录表,并在程序变更通知书上写明新老程序的不同之处。软件维护一般有以下几个方面:

ⅰ)正确性维护。是指改正在系统开发阶段已发生而系统测试阶段尚未发现的错误。据统计,这方面的维护工作量要占整个维护工作量的17%~21%。所发现的错误有的不太重要,不影响系统的正常运行,其维护工作可随时进行:而有的错误非常严重,甚至影响整个系统的正常运行,其维护工作必须制定计划, 进行修改,并要进行复查和控制。

ⅱ)适应性维护。是指应用软件适应信息技术变化和管理需求变化而进行的修改。这方面的维护工作量占整个维护工作量的18%~25%。由于目前计算机价格不断下降,各类系统软件层出不穷,人们常常称为改善系统硬件环境和运行环境而产生系统更新换代的需求;企业的外部市场环境和管理需求的不断变化也对各级管理人员不断提出新的信息需求。这些因素都将导致适应性维护工作的产生。进行这方面的维护工作也要像系统开发一样,有计划、有步骤地进行。

ⅲ)完善性维护。这是为扩充功能和改善性能而进行的修改。主要是指对已有的软件系统增加一些在系统分析和设计阶段中没有规定的功能和性能特征。这些功能对完善系统功能是非常必要的。另外，还包括对处理效率和编写程序的改进。这方面的维护占整个维护工作的50%～66%，比例较大，也是关系到系统开发质量的重要方面。这方面的维护除了要有计划、有步骤地完成外，还要将相关的文档资料加入到前面相应的文档中去。这方面的维护占整个维护工作的4%左右。

ⅳ)预防性维护。为了改进应用软件的可靠性和可维护性，适应未来的软硬件的变化，主动增加预防性的新的功能，以使应用系统适应各类变化而不被淘汰。比如将专用报表功能改成通用报表功能，以适应将来报表格式的变化。这方面的维护占整个维护工作的4%左右。

3)数据维护。数据维护工作主要是由数据库管理人员来负责，主要负责数据库的安全性和完整性，以及进行并发性控制。数据库管理员还负责维护数据库中的数据，当数据库中的数据类型、长度等发生变化时、或者需要添加某个数据项、数据库时，要负责修改相应的数据库、数据字典，并通知有关人员。另外，数据库管理员还负责定期出版数据字典文件及一些其他的数据管理文件，以保留系统运行和修改的轨迹。当系统出现硬件故障并得到排除后，要负责数据库的恢复工作。

数据维护中还有一项很重要的内容，那就是代码维护。不过代码维护发生的频率相对较小。代码的维护(如订正、添加、删除，甚至重新设计)应有代码管理小组(由业务人员和计算机操作人员组成)进行。变更代码应经过详细讨论，确定之后要用书面形式写清，再贯彻。代码维护的困难往往不在于代码本身的变更，而在于新代码的贯彻。为此，除了成立专门的代码管理小组外，各业务部分要制定专人进行代码管理，通过他们贯彻新代码。这样做的目的是要明确管理职责，有助于防止和订正错误。

(2)系统维护的管理。要强调的是，系统的修改往往会“牵一发而动全身”。程序、文件、代码的局部修改都可能影响到系统的其他部分。因此，系统的维护工作应有计划、有步骤地统筹安排，按照维护任务的工作范围、严重程度等诸多因素确定优先顺序，制定出合理的维护计划，然后通过一定的批准手续实施对系统的修改和维护。

通常对系统维护的管理应执行以下步骤：

1)提出维护或修改要求。操作员或业务领导用书面形式向系统维护工作的主管人员提出对某项工作的修改要求。这种修改要求一般不能直接向程序员提出。

2)领导审查并做出答复，如修改则加入维护计划。系统主管人员进行一定的调查后，根据系统的情况和工作人员的情况，考虑这种修改是否必要、是否可行，做出是否修改、何时修改的答复。如果需要修改，则根据优先程度的不同制定出各种维护计划。计划的内容包括维护工作的范围、所需资源、确认的需求、维护费用、维修进度安排及验收标准等。

3)领导分配任务，维护人员执行修改。系统主管人员按照计划向有关维护人员下达任务，说明修改的内容、要求、期限。维护人员在仔细了解原系统的设计和开发思路的情况下对系统进行修改。

4)验收维护成果并登记修改信息。系统主管人员组织技术人员对修改部分进行测试和验收。验收通过后，将修改的部分嵌入系统，取代旧的部分。维护人员登记所做的修改，更新相关的文档，并将新系统作为新的版本通报用户和操作人员，指明新的功能和修改的地方。

在进行系统维护过程中，还要注意的问题是维护的副作用。维护的副作用包括两个方面：一是修改程序代码有时会发生灾难性的错误，造成原来运行比较困难，维护工作要直至确认和复审无错为止；二是修改数据库中数据的副作用，当一些数据库中的数据发生变化时可能导致某些应用软件不再适应这些已经变化了的数据而产生错误。为了避免这类错误，一是要有严密的数据描述文件，即数据字典系统；二是要严格记录这些修改并进行修改后的测试工作。

总之，系统维护工作是信息系统运行阶段的重要工作内容，必须予以充分的重视。维护工作做的越好，信息系统的作用才能充分地发挥，信息系统的寿命也就越长。

1.2 指挥控制系统与防空指挥自动化系统

指挥自动化系统又称为C^3I系统，是一个历史发展进程中逐步形成的概念，最初称为指挥和控制系统(C^2系统)。随着远程防空武器的发展，决策机关与作战行动的执行单位相距甚远，通信联络地位越来越突出，此时要求指挥、控制与通信只有紧密结合，才能有效地实施对部队的指挥和武器控制，这样就出现了C^3系统。由于信息技术的迅速发展，在指挥控制系统中对情报的依赖性增大，于是在C^3系统中增加了情报一项，演变成了C^3I系统。进入20世纪80年代后C^3I的概念继续发展，人们为了突出计算机的作用，开始较多地使用C^4I这一提法。今天，人们又引进了电子战、综合保障等概念，并把指挥预警从情报中独立出来，C^3I的内涵仍在不断的扩展和延伸。

防空指挥自动化系统的组成从不同角度可分成若干分系统，按担负的任务不同可分为综合性指挥自动化系统、航空兵指挥自动化系统、地空导弹(高射炮)指挥自动化系统、雷达情报传输处理自动化系统、技侦情报收集处理自动化系统等；从战术使用角度分为指挥控制、情报侦察、探测预警、通信、电子对抗和综合保障等分系统；按规模大小可分为战略防空指挥自动化系统、战役防空指挥自动化系统和战术防空指挥自动化系统，各级指挥自动化系统的作战指挥控制中心在上级指挥控制系统的直接指挥下，负责本级的作战指挥与控制。有的还把防空指挥自动化系统按信息流程分为信息收集、信息传递、信息处理、信息显示、决策指挥和执行等分系统。但从防空指挥自动化系统较为普遍的提法防空C^3I而言，其基本组成可视为三大部分，即情报收集处理分系统、指挥控制(C^2)分系统和通信(C)分系统。

情报收集处理分系统主要是完成各类情报的收集、处理、综合、存储、显示，为指挥参谋人员提供形象、直观、清晰的战场态势和各类情报资料；按情报类别可划分为不同情报的收集处理系统，如雷达情报综合处理分系统、气象情报收集处理分系统、技侦情报收集处理分系统等。情报收集处理分系统主要设备有各种侦察、录取设备，情报处理计算机及多种型式的显示设备。

指挥控制分系统主要完成决策指挥和兵力兵器控制两项功能，具体内容包括情况判断(目标识别、威胁估计)、作战运筹计算、辅助指挥人员拟制各种作战方案或计划，对各种方案进行模拟、比较、评估和选优，把指挥员的决心变成指示、命令下达给执行单位，实现对所属部队兵力和兵器的控制。指挥控制分系统主要有计算机及附属的硬件设备和指挥控制所需的各类软件系统，如数据库系统、情报检索系统、决策支持系统、武器控制等软件系统。

通信分系统主要用来完成系统各种情报、数据和指挥控制信息等的传递。它主要由各种信道、交换设备和通信终端等组成。通信信道有电缆、光纤和短波、超短波、微波接力、散射、卫星通信等；交换设备有电话自动交换机、数据自动交换机；通信终端有电传机、传真机、汉字终端等，通常将各种信道和设备组成一个传输多种信息的综合数字通信网。

上述三部分紧密结合构成防空指挥控制通信情报系统，即防空C^3I系统。通过上述三个分系统，实现情报处理自动化、信息传输自动化、决策指挥自动化和兵力兵器控制过程自动化。通过上述对三个分系统的分析和介绍，不难看出，三个分系统之间的关系是一个综合集成的整体。

1. 互相融合，整体性强

防空指挥自动化系统不但具有高度的集成性，同时还有很细的集成粒度。也就是说，不但在宏观上是高度集成的，在微观上也仍然有很强的集成特征。举例来说，如果把防空指挥中心看成一个"防空 C^3I"系统的组成部分的话，它似乎主要对应着指挥和控制（C^2），但是在指挥中心里仍然存在着内部的通信和指挥所的自身情报获取、综合问题，如一个战区防空指挥中心，常常由主要指挥要素（如作战室、作战值班室、方向室）、协同指挥要素、战勤保障要素（如气象室、测绘室）和技术保障要素（如程控机房、计算机房、显示控制室、设备监控室）组成。因此防空指挥中心的建设仍然是指挥控制和通信、情报诸要素之间的集成。

由此可见，每一个分系统又都是一个 C^3I 系统，这种难解难分的高度集成性使得防空 C^3I 系统具有很强的整体性和分布性，甚至模糊了防空武器系统和防空指挥控制系统的界限，因为防空武器系统内部也有 C^3I 系统。这里我们不妨使用一个"微观 C^3I"的概念，一个微观的 C^3I 系统对于整体 C^3I 系统，就好比是一个细胞相对于人体。细胞虽小，它却可以代表人的全部基因，微观 C^3I 的构成要素，也反映了整体 C^3I 的全貌。"指挥、控制、通信、情报、电子对抗系统"就可以说是构成这个"微观 C^3I"的"基因"。

2. 深度集成，综合性强

对一个防空指挥自动化系统，"横看成岭侧成峰，远近高低各不同"，这说明其分系统的划分是多种多样的。如果从信息流程角度考虑，防空指挥自动化系统可分为信息获取分系统、信息传输分系统、信息处理分系统、信息显示分系统、辅助决策分系统等。

如果从构成系统的基本要素角度考虑，防空指挥自动化系统又可以分为人、机、网三个分系统。这里的人指的是高素质的人员，如信息处理的设计者、组织者、指挥者和成果的使用者等。由于防空指挥自动化系统依托的是以高技术为核心的技术群，所以，要求这里的人必须是具有专业技术知识和军事指挥技能的人才群体。这里的机，主要指计算机（硬件和软件）及有关的技术设备，它们是信息搜集、处理、显示直至实现指挥控制的核心技术要素。这里的网，是由各种通信设备及通信信道组成的通信网络，它犹如指挥系统的"神经系统"连接各级指挥系统和终端设备，形成网络通信系统，进行信息的传输和交换，为指挥员的实时指挥提供保障和手段。

但就实际情况而言，各分系统的划分并非这样截然、简单。比如在每一个分系统中都不同程度地存在信息获取、传输、处理、显示等环节，靠探测源、传感器或其他侦察手段获得的情报，要经过一次又一次的加工、处理、融合，逐级综合、传递，对于一个高层指挥所来说，还有更大范围的情报来源。因此，尽管防空指挥自动化系统中，可按多种方法，划分成多种多样的多个分系统，但不管从什么角度划分，其分系统都是紧密联系的，不可分割的。换句话说，防空指挥自动化系统是一个深度集成，综合性极强的信息系统。

总之，指挥和控制都是防空指挥自动化系统的根本功能，通信和情报都服务于指挥和控制，信息的处理和辅助决策是实施有效指挥的基础。从这个意义上说，防空指挥自动化系统是一个综合电子信息系统。防空指挥自动化系统存储、处理和使用的信息，当然包括很多基础信息如作战综合数据库等，但更重要的是战场情报信息和指挥信息（战场态势、作战命令、作战方案等)。由于计算机和软件技术,特别是计算机网络和数据库的迅速发展,客户/服务器体制和分布式数据管理系统得到普遍推广,使得分布式信息处理成为可能,数据资源可以分散存放而又被共享,数据的分布对用户是透明的,逻辑上是一体的。用户互操作、远程数据访问、虚拟终端、闭合用户群等技术的运用可以使各级指挥所或者同一指挥所高度分布,甚至成为"隐型"——看不见的指挥所。目前人们正在利用交换技术和异步转移模式(ATM)生成虚拟局域网,工作站在网上的地理位置不变,但工作站所隶属的工作组可以随时更动,此时不必重新布线或分配网络地址。以前那种固定于高楼内,设置一台大型计算机为中心处理机的集中式指挥所,必然是高技术战争中最容易摧毁的目标。灵活、机动、小型化、分布式指挥单元、业务处理单元或战场管理单元正悄然兴起,指挥过程中的辅助决策和群决策程度也随着分布式数据处理和人工智能技术的支持而增加。

就防空指挥自动化系统的外延来看,指挥自动化系统涵盖了从初级阶段到高级阶段不断发展和演化的全过程,防空指挥自动化系统的范围也覆盖了所有可以称之为防空指挥自动化系统的信息系统。狭义地讲,防空指挥自动化系统仅指防空指挥控制系统(C^2)系统,或者是指防空指挥控制系统与信息基础设施的结合(C^4系统)。广义地讲,防空指挥自动化系统泛指为防空作战指挥提供支持的带有一定自动化性质的防空信息系统(C^4ISR 系统)。C^4ISR 系统虽然已经超出了防空指挥自动化的范畴,但是仍然和防空指挥自动化有着密切的联系。防空指挥自动化系统的整体框架应该包括四大组成部分:一是信息基础设施,以通信网为主体,与计算机相结合,基本功能是实现指挥控制系统、战场感知系统、兵力兵器系统之间的网络互连、信息互通;二是防空指挥控制系统,含用于防空指挥与控制的硬件与软件,基本功能是支持以人—机协同的方式实现防空指挥决策的科学化与兵力控制的自动化;三是战场感知系统,含用于情报、侦察与监视的硬件与软件,基本功能是综合利用各种信息获取手段观察和了解战场环境,为防空指挥决策与兵力控制提供综合的战场态势信息;四是防空兵器交联系统,含用于防空兵器交联的硬件和软件,基本功能是执行指挥控制命令,完成软、硬件火力打击的兵器控制。

可见,在防空指挥自动化系统中,指挥、控制、通信和情报各要素间具有极强的渗透性。指挥自动化系统已经不仅是宏观意义上把C^2,C和I进行叠加综合,也不是简单规定一下它们之间的接口关系就可以协同工作了。防空指挥自动化系统的真正意义在于形散而神聚,所谓"神聚"也就是各要素、各单元之间深层的综合、集成、协同。

1.3 防空指挥自动化指挥控制系统

防空指挥自动化指挥控制系统是指挥控制系统在防空指挥自动化系统领域的具体应用,它是用以指挥、协调防空作战火力,执行防空武器系统作战控制的自动化系统,是防空指挥自动化系统的核心组成部分。为了说明方便,本书将防空指挥自动化指挥控制系统简称为防空指挥控制系统。

由于目前防空作战要面对的目标类型和数量及敌方攻击战术的多样性较以前大大增加,对防空系统整体的快速反应性、协调性和准确性提出了更高的要求,特别是在大量、多种防空武器系统环境下,要取得高的防空作战效能,就必须要依赖高度自动化的指挥控制系统,才能有效地完成防空作战任务。可见,为了有效地拦截空袭目标,防空指挥控制系统要考虑作战指挥、武器控制、战斗保障和情报支援各个方面。

20世纪80年代以来的历次局部战争的经验，特别是海湾战争和最近的伊拉克战争的经验表明，空袭和防空兵器的对抗具有空间范围大、速度快、对抗强度高、变化多等特点。在这种环境下，孤立部署的防空武器系统难以发挥应有的作战能力，要解决现代防空问题，必须建立高度统一和协调的防空网络，各种防空兵器都必须在统一的防空指挥控制系统的协调管理下工作。这种系统应有足够的情报来源，巨大的数据处理能力，实时的态势显示和辅助决策能力，可靠的数据通信能力，为各级防空指挥员提供正确决策所必需的信息，及执行决策的手段，使之能在各种复杂的战斗环境中充分发挥防空武器系统的作战效能。

1.3.1　防空指挥自动化指挥控制系统的基本功能

防空指挥控制系统是对防空部队和防空武器系统实施作战指挥和控制的系统，它的任务是对保卫地区的领空实施集中监视，对所属部队实施统一指挥，对各分系统进行全面管理。最终为了有效地打击各种来袭目标，通过全面分析，辅助指挥员和操作员在作战过程的各关键时刻做出决策选择，支持各项有关战斗活动的协同。具体而言，防空指挥控制系统的基本功能包括：

(1)在各种气象条件和空袭条件下，及时、可靠、准确、连续不断地收集防空区域的目标信息，并进行相关处理，形成综合空情；

(2)实施可靠的敌我识别；

(3)清晰、简明地显示数据，特别是重要的和发生变化的数据；

(4)根据所掌握的空中和地面(包括武器系统自身)的态势信息，辅助指挥员进行威胁评估和资源分配，以便最有效地使用系统资源，打击空袭目标；

(5)用不断更新的数据和信息，支持防空任务的执行。

可见，防空指挥控制系统是为打击空中威胁，执行情报的获取、处理、评估、协调，分配系统资源的火力，执行作战控制的系统。

根据防空指挥控制系统的任务，它应具备作战指挥和系统控制两大功能。作战指挥功能包括航迹管理、敌我识别、威胁判断、目标分配、确定射击决心、控制发射和越级指挥。系统控制功能又可以分成武器控制、显控台控制和设备监控三个功能。武器控制功能包括雷达(红外)探测、跟踪控制、工作方式控制、拦截控制、射击方式选择、IFF(敌我识别)控制和辐射控制等；显控台显示和控制功能包括作战态势显示、作战参数与状态显示、系统状态显示、交互信息显示、功能键控制和操纵杆或摸球控制；设备监控功能包括系统所属各子系统的自动检测、故障记录和重点设备的自动备份切换。

防空指挥控制系统的指挥控制功能主要分为两类：一类是防空作战，一类是指挥管理。

1. 防空作战

(1)态势数据的生成。

1)雷达数据的接收与处理。

2)敌我识别。

3)航迹通报。

(2)武器控制。

1)目标分配。

2)火力分配。

3)武器系统制导方式,发射弹数选择,火力通道管理。

(3)战术任务监视。

(4)训练和评估。

2. 指挥管理

(1)态势数据监视。

1)空/地态势。

2)技侦情报。

3)气象信息。

(2)资源管理。

1)作战状态。

2)警报状态。

3)指示和分配。

(3)计划和任务。随着空中威胁高性能化和多样化,必然会促使防空传感器和防空武器的高性能化和多样化,目前,防空作战正由传统的机械兵器时代,进入以情报收集、综合、分析、判断、传递,进而指挥控制各种兵器的信息化时代。在这样的战场环境下,能对多种传感器的信息进行综合、准确掌握空中态势,并根据空中威胁,对各种防空武器系统进行集中指挥控制形成统一的防空力量,充分发挥武器系统整体效能的防空指挥自动化指挥控制系统,是取得防空作战成功的关键。

1.3.2 防空指挥自动化指挥控制系统的特点

防空指挥控制离不开作战指挥控制的一般规律和原则的指导,这是由指挥控制功能所决定的。但是,防空指挥控制系统与一般的防空情报指挥系统相比,具有许多显著的特点,这些特点主要是:

1. 极短的指挥决策时间要求高度自动化

防空作战准备时间一般只有几分钟,作战反应时间只有几秒钟至几十秒钟。在暂短的时间内,要完成复杂的计算、控制和操作,控制火力通道,按严格的时序发射导弹等工作。在这极短的时间内要对复杂的态势做出反应,调度系统资源,发射制导导弹,系统必须是高度自动化的。

2. 目标信息主要来自武器系统的精密跟踪传感器

防空指挥控制系统的层次越低,对空情数据的品质要求越高。在作战单位级以下的系统,均要求精确的跟踪数据、高分辨率、高数据率、低处理延时,以适应拦截高速机动目标和密集编队目标的要求。防空指挥控制系统所需的目标信息主要来自武器系统的截获、跟踪雷达,以及其他传感器系统。

3. 高速实时数据通信保障

作战单位级要求通信保障系统大区域覆盖、高数据率、低延时。火力单元对火力通道的控制要求高可靠、低误码和严格的时限要求。

4. 可动态重构的指挥控制系统结构

指挥控制系统要适应防空火力配备的变更、支持系统机动和在部分损伤情况下的快速重构。

5. 系统内部的动态相互作用

一般把系统间的相互关系划分为两类：一类叫做“互通”。系统的互通性定义：一个系统与另一个系统间发送和接收信息的能力，这两个系统可能属于不同的机构和部门，也可能采用完全不同的技术和操作规程，由不同的厂家在不同的时期制造，但其共同点是，每个系统所处理的信息有助于其他系统的工作。另一类叫做“相互作用”，指两个有关的系统间存在着直接和间接的影响，使用相似的技术和通用设备。防空指挥控制系统，特别是作战单位和火力单元级的系统，由于武器的火力通道设备间存在复杂的信息流和控制流，同时有严格的时限要求，相互间的信息对彼此的工作状态都会发生重要的影响。武器与相应的指挥控制系统实施统一设计，是一种好的且易于实现的途径，它可以由同一个总体设计部门来确定各分系统间的功能边界及相互间的信息流，从而提高系统设计和工作的效能。

6. 对作战条令和武器性能的适应性

防空作战受作战条令的支配，因此，防空指挥控制系统特别是作战应用软件应能适应在各种态势下的作战要求，同时又要根据武器的性能、制导体制的要求和射击指挥过程的特点，来合理运用和发挥武器的潜能，以提高作战效果。

7. 主要的作战任务是协调和控制武器

防空作战的基本原则是集中指挥，分散控制。上层的防空指挥机构主要掌握总的空情、态势，确定原则和分配任务，因为上级机构不可能涉及具体的拦截过程，作战任务的执行控制则必须由武器系统的各级指挥控制系统来实施。武器控制包括火力分配优化、弹道、制导、射击优化问题和实时对火力通道资源进行管理，必须由功能强、性能好的指挥控制系统才能完成。

1.4 防空指挥自动化指挥控制系统的发展趋势

1.4.1 现代防空指挥自动化指挥控制系统面临的战场环境

一定的环境是防空系统进行各项活动的依托和条件，对于防空作战行动的影响颇大。所以分析未来防空作战所处的环境，对于分析防空指挥控制系统的发展趋势有着十分重要的意义。现代科学技术的发展及在防空斗争中的广泛应用，使得作战兵器、作战手段、作战方法和作战理论都产生了深刻的变化，而这些变化，又必然反映到防空指挥控制环境方面，表现出许多与以前不同的新特点和新情况，主要表现在以下几个方面。

1. 指挥控制对象增多、协同复杂

未来空防对抗的战场情况，是由空袭和防空两方面的诸多因素共同作用的结果。从空袭一方而言，为了达到预期的作战目的，不但将各种空袭兵器结合使用，各种战术技术手段综合运用，而且在主观上采取各种措施和制造各种假象以欺骗和迷惑对方，从而使空袭作战情况变得非常复杂。再从防空一方来看，首先是参战的兵种和部队多，随着防空技术的发展，防空力量的专业化程度越来越高，分工越来越细，兵种越来越多。既有航空兵，又有高炮和地空导弹部队；既有空军的防空作战部队，又有陆、海军和民兵的防空作战部队；既有火力单位，又有各种保障单位。这将导致防空部队的指挥控制和协同困难而又复杂。因此，现代防空作战是诸防空兵种参与使用多种类型防空兵器的协同作战。参战兵种、部队数量多，导致了指挥控制对象增多，协同指挥控制复杂。其次是执行的任务重，既要执行要地防空作战任务，又要执行支援陆、海军作战的任务；既要对付各种来袭的飞机，又要对付各种导弹；既要能与空中之敌作战，也要对付地面敌人的袭击；既要保证被掩护的目标安全，又要提高自身的生存能力。因此，要求防空指挥控制系统能审时度势，具备很强的指挥控制决策能力、快速反应能力和应变能力，以适应这种复杂而又急剧变化的战场情况。

2. 电磁对抗贯穿防空指挥控制全过程

电磁对抗是在电磁领域进行的一种无形斗争，作为战役战术行动的重要组成部分，它在许多现代化战争中发挥了关键性的作用。大量事实说明，在交战双方的实力相差无几的情况下，战争的成败很大程度上取决于制电磁权的掌握。透过近几次局部战争的窗口，人们可以看到，夺取电磁优势最为激烈的战场是空袭与反空袭作战的战场。目前，由于世界各国都投入了大量的人力、物力、财力来研制和发展电子对抗器材和战法，使得在现代空袭作战中，机载电子设备、电子干扰支援飞机及反辐射武器的性能日趋完备，以这三大支柱为标志的电子对抗与隐形技术相结合，大大提高了空袭兵器的电子作战能力。而另一方面，先进的雷达技术、无源探测技术、复合制导技术及其他抗干扰技术和手段的发展，又使防空系统的电子战能力有了相应的提高，成为空袭作战的巨大遏制力量。这种矛盾的双方相互促进、不断发展的结果，导致了现代空防对抗中电磁领域内的角逐愈演愈烈，并且呈现出许多过去未有的新情况和新特点。未来空防作战过程中的电子对抗，涉及的范围将会更加广泛，应用领域将会更加普遍。它不仅涉及使用电子设备的各军兵种和各种电子技术兵器，而且涉及雷达、通信、武器制导、指挥、导航、电视、遥控等各个电子领域，涉及从极低频到光波的全部电磁频谱。不仅涉及从空中到地面、从前沿到纵深的各个作战角落，而且涉及从作战开始乃至战争结束的每一个细节。可以这么说，现代防空作战中的任意一个行动，都会不可避免地受到电子对抗的直接或间接影响，其结果如何将会直接对作战进程乃至最后的胜利产生决定性的作用。其次是未来的电磁斗争将是攻、防双方各种电子战装备和手段的综合对抗。为了达到预期的目的，空袭一方将会采用消极与积极干扰结合使用，专用干扰飞机和自带干扰结合使用，压制和欺骗手段结合使用，软杀伤手段与硬杀伤手段结合使用，以达到侦察、干扰、压制和摧毁一体化的效果。事实上最近几次局部战争中的电子战已经反映了这一趋势。比如以色列在袭击贝卡谷地的防空导弹阵地时，就使用了飞机自带干扰、无人驾驶侦察机、反雷达空地导弹和红外诱饵弹等多种干扰器材和手段，从而获得圆满成功。防空指挥系统如果不具备较强的反侦察、反干扰和反摧毁能力，是很难在这种电磁斗争中占据主动的。总之，现代防空作战中的电磁斗争，无论是在涉及范围，还是在装备性能和作战手段方面较之过去有很大的不同，这对防空系统的指挥控制提出了更高的要求。

3. 信息密度明显增大

信息密度是指单位时间内传播的信息量。任何形式的战争都离不开对战场信息的收集和处理，信息历来是战争胜负的重要因素之一。现代防空作战信息是敌我双方在空间进行对抗的客观反映，是指挥现代防空作战的依据。在战前、战中以至战后，各种信息总是源源不断地涌向各级指挥中心。随着武器和作战方式的发展，信息量的不断增加，战争节奏的加快，信息密度也随之增大。指挥员能否在纷繁万变的信息流中抓住有效的信息作为定下正确决心的依据，将直接影响着现代防空作战的进程和结局。现代防空作战信息种类繁多，获取信息的手段多样。按其来源可分为两大类，即敌方信息和己方信息。敌方信息包括敌空袭征候、空中敌情和敌战后动向等。己方信息包括来自上级、下级和友邻的信息。获取敌方信息的手段、方式又可分为雷达侦察信息、卫星侦察信息、无线电侦听信息和谍报信息等。上述各种信息是在极短的时间内急骤地发展、变化和传播，造成了信息密度明显增大，收集、处理、传递信息的工作十分繁重，这也是指挥控制手段由人工方式向自动化方式转变的重要原因之一。

4. 指挥控制活动空间更加广阔

现代防空作战是大空间立体战，指挥控制空间随着战略空天袭击兵器的发展和战略防空系统的形成而大大扩展。现代科学技术的发展，使得用于战争中的各种兵器，均有远程攻击和高、低空作战的能力。在空袭的实施过程中，敌人既可以使用轰炸机、歼轰机等实施临空轰炸，也可以使用巡航导弹、空地导弹等战略武器实施远距离攻击；既可能使用隐形飞机、导弹等兵器实施高空、高速突防，又可以使用低空性能好的兵器实施低空突防，低空攻击；既可能在前沿首先展开对抗，也可能对纵深内的各种目标实施同时或连续攻击。因此，空地对抗将在由不同性能的武器和火力所构成的大范围、全方位、全高度、大纵深的立体化空间内展开，而且在这个空间内，远近、高低、方向随时都可能转换。于是现代防空指挥控制系统不仅有地面指挥控制，而且出现了空地一体化的空中指挥控制平台——空中指挥机。将来还可能出现外层空间指挥控制平台，从而提高防空指挥控制能力和系统生存能力，为实现空间指挥控制提供了可能性。

5. 指挥控制对抗样式多样化

现代科学技术在防空中的广泛应用，使得防空指挥控制系统的效能大大提高。空袭一方为了突破现代化的防空作战体系，必须要采用新的手段和新的战法。而空袭兵器的高速发展，又为这些新手段和新战法的使用提供了可靠的物质基础。这种空、防双方互相排斥、互相促进的结果，将会使得未来战争中的防空作战指挥控制对抗更加激烈，更加复杂，并会产生诸如信息对抗、智能对抗、指挥控制战等许多新的对抗样式。

6. 指挥控制保障复杂

现代防空作战，参战军兵种多，武器装备复杂，自动化程度高，杀伤破坏力大。物资消耗量、人员伤亡率、武器装备损坏程度将较过去大大地增加，指挥控制系统保障能力的好坏对作战的进程和结局有着重要作用。这样就大大地提高了对指挥控制系统的保障要求。

1.4.2 现代防空指挥自动化指挥控制系统的发展趋势

在防空概念方面，针对新的空中威胁，提出了战区分层防空概念，分别以低空、超低空、中低空、中高空远程防空武器系统组成不同层次和规模的综合防空体系，将传感器网、各种不同类型的防空导弹、高炮、电子战系统等，组成统一系统，形成一定规模的防空单元体；多个单元体又可组合成更大规模的面防空或走廊式防空系统。这种单元体是可移动的，具有自主作战能力。为了适应上述防空体系，防空指挥控制系统将会呈现新的发展趋势。

指挥控制系统的体系结构将主要采取分布式结构，即采用多级的网络结构将指挥控制中心节点、分布的传感器系统和导弹火力单元互连起来，以指挥控制系统为中心，实现空域互补、信息共享的严密体系。这种多层网络结构，包括由控制节点向下辐射的火力通道网，将多个控制点互连的地域网，以及将武器控制节点与远程预警系统、机载预警系统和预警卫星互连的远程网或直接卫星信道。这种结构具有广泛的互通能力，能尽早获得预警信息，以对付包括战术弹道导弹和巡航导弹在内的多种威胁。这种结构是动态可重构的，具有很强的生命力。

指挥控制中心技术将主要发展以局部高速数据总线互连构成的实时分布式处理系统。它采取开放式结构，具有多种外部接口或网络互连设备。系统作战软件将是数值计算和符号运算混合构成的智能化软件系统，可以有效地解决多传感器的数据汇集、实现多目标跟踪、态势评定、资源分配（目标分配、发射决策、杀伤效果评定、电子对抗、传感器调度管理等）功能。这将大大地提高作战效率。指挥控制系统具有容错能力、防电磁泄漏和抗计算机病毒能力。系统的人—机界面将采用更高分辨力显示器、触摸式输入、语音识别、语音合成方式。

指挥控制系统将具有很好的互通性，主要的控制节点和具有反战术导弹能力的高空远程火力单元，可以通过配置的数据终端进入大规模数据分配系统（通信、导航、定位、识别一体化系统），也可以装备专用的终端与预警卫星系统互连。

各种新研制的防空武器系统，将进行武器和指挥控制系统的一体化设计，即进行统一的体系结构设计，确定相互间功能界面、数据流控制及接口规格和各种信息格式的约定、操作规程等，实现有效的功能集成。

总之，未来的防空指挥控制系统将具备以下特点：

(1)实时性。系统是在实时采集、实时通信、实时处理、实时显示、实时控制的条件下运转的，必须具备良好的实时性。要求具有高速信息处理、信息显示和信息交换的能力。

(2)高可靠性。防空指挥控制系统结构复杂，运行环境恶劣，要求具备更高的可靠性。任何一个子系统的失误，均有可能导致重大损失。系统设计中要重点考虑关键部件的容错技术、冗余技术及采取一系列必要的故障对策。

(3)综合性。必须综合考虑现代战争条件下所具备的各种战斗能力：协同作战能力、快速反应能力、电子对抗能力、战勤保障能力和生存能力等。

(4)人—机交互性。系统要考虑指战员参与决策、控制、监视和各种干预操作，需要有良好的交互性。人—机界面的设计要充分考虑操作简便、准确、有效，有很好的可操作性和友好性。

(5)网络化。未来防空战场是一个“信息化的战场”。在这个战场上是防空体系和空袭体系之间的系统对抗。因此，为了使防空指挥控制系统能把握住防御地区的制空权，要求系统网络化，即要求系统具有完备的预警网络、通信网络、信息处理网络和火力控制网络。

(6)智能化。几乎所有先进的指挥控制系统都将人工智能技术置于重要的地位。指挥控制系统的多数功能可采用人工智能技术实现，这些也正是要做深入研究的一些新课题：智能目标识别、智能信息融合、智能控制、智能目标分配等。

第2章 防空指挥自动化指挥控制系统的作用和组成

防空指挥自动化指挥控制系统是为实现防空作战指挥控制过程的自动化而建立起来的。因此,要了解防空指挥自动化指挥控制系统的作用和组成,首先必须要了解防空作战指挥控制的全过程。

2.1 防空作战指挥控制过程

防空作战指挥控制过程是指战区(区域)防空指挥员利用指挥控制系统对所属防空部(分)队按程序进行的全面管理行动。防空作战指挥控制过程是根据系统的目的和程序,及时地由一种状态向另一种状态的转换。在此以防空导弹武器系统为例简要介绍防空作战的指挥控制过程。

在防空导弹指挥控制系统中,一切指挥控制的实施都是通过信息(或指令)的传输和处理,来改变武器系统的动态行为,使之达到与作战目的和程序相一致的状态,在这一过程中,伴随着物质、能量和信息的交换,其中尤以信息的交换为特征。

2.1.1 防空导弹群的作战指挥控制过程

防空作战指挥控制过程,是指从指挥所收到敌机入侵征兆的情报开始,至战斗结束为止在指挥控制方面的活动时序和事件。

(1)指挥所进入一等战备。指挥所收到敌情报告后,迅速查明和判断空中的情况,包括目标的批次、性质、数量、坐标,并向下属部队通报,指示部队做好战斗准备,根据上级的命令或当敌机飞临指挥所进入一等战斗值班距离时,指挥所进入一等战斗值班。

(2)分析判断情况。主要内容包括判明敌空袭企图、规模入侵方向和可能进入火力范围的批次,特别是重要目标的批次、机型、架数、距离、高度、速度、航向和到达火力范围的时间等。

(3)射击部队进入一等战斗准备。

(4)指示和校对目标。

(5)定下作战决心、区分和下达射击任务。

区分射击任务的方法有按目标批次区分,按责任射界区分。通常应在敌机临近分配终线前,下达射击任务。

(6)组织和监督部队实施射击。严格掌握后续目标,组织转移火力,注意敌情变化,监督下属单位的作战活动,组织集中火力射击和空地协同。

(7)转为三等(或二等)战斗准备。

2.1.2 作战单位、火力单元两级的作战指挥控制过程

作战单位指挥控制中心从群指挥所领受战斗任务之后，开始进入其指挥过程。下面分别介绍作战单位和火力单元两级在作战过程中的任务边界和范围。

1. 防空导弹作战单位指挥控制中心的指挥周期

作战单位指挥控制中心的指挥参谋人员对每个空中目标的射击指挥活动是依次反复进行的，可以用指挥周期的概念来描述按时序进行的对一个目标的射击指挥任务。

防空导弹作战单位指挥周期，指从侦察设备发现目标时起，至消灭目标为止，指挥参谋人员指挥导弹火力单元完成全部射击任务所需的时间 T_c 为

$$T_c = t_{Bn} + L_s \tag{2.1}$$

式中 T_c—— 指挥周期的时间；

t_{Bn}—— 防空导弹作战单位指挥控制中心的工作时间；

L_s—— 防空导弹火力单元对该目标的射击周期时间。

指挥控制中心的工作时间是从作战单位指挥控制中心的设备发现目标起，至给导弹火力单元下达消灭目标的任务时止的时间间隔，即

$$t_{Bn} = t_p + t_e + t_a + t_t + t_{ke} \tag{2.2}$$

式中 t_p—— 作战单位探测设备发现目标和处理目标信息所需的时间；

t_e—— 指挥员了解任务及评定空情的时间；

t_a—— 指挥员定下消灭该目标的决心，进行火力分配所需时间；

t_t—— 指挥员给导弹火力单元下达战斗任务所需时间；

t_{ke}—— 指挥员（或其他战勤人员）判断对该目标射击效果的时间。

2. 导弹火力单元的拦截过程

导弹火力单元的拦截过程，可以用一系列典型的事件来表征，对不同类型的导弹或武器系统，每个事件的具体活动内容可能是不一样的，或者某些事件并没有显著的特征。但是，一般说来，可以用如下十大事件来表征：搜索、跟踪、敌我识别、拦截适应性检查、威胁评定、威胁排序、发射决策、武器分配或射击目标、监视和控制拦截、杀伤效果评定。

(1)搜索。根据上级或警戒系统的目标指示，确定搜索方式，控制雷达或其他传感器在指定的空域范围内搜索目标。一旦搜索到目标，进行跟踪装置的微调和锁定，进行随动规律计算，发射架瞄准发射方向。

(2)跟踪。在检测到目标之后，经过确认过程，软件开始航迹处理，建立航迹文件。在获得良好稳定的航迹之后，通过数据链路，向作战单位指挥控制中心报告，作战单位指挥控制中心把该目标与由其他火力单元、临近单位和群指挥控制中心送来的目标航迹，进行相关处理。如该航迹与其他的航迹相关，就将已有的目标识别信息和其他状态发送到火力单元；如果不相关，就建立新的航迹文件。这样就可以保持火力单元和邻近作战单位之间的航迹的连续性。

(3)敌我识别。为了确定航迹的敌我性质，应进行敌我识别询问，并将应答的结果，综合其他的行为、飞行计划等信息，根据预定的准则进行自动或人工敌我识别。

(4)拦截适应性检查。根据目标识别的结果和当前正在执行的武器控制状态，确定目标是否可以作为拦截的对象。

(5)威胁评定。为了最有效地使用火力，只对被确定为拦截对象的目标，进行目标的威胁

评定，一般的实用规则：如果目标飞近我方要地，且航路捷径不大于临界航路捷径，就确定为威胁目标。

对于低空/超低空乃至中低空武器，由于杀伤空域较小，武器靠近保卫要地部署，因此，沿武器主要目标线进袭的目标威胁最大；对于高空远程武器，其杀伤空域较大，一般远离保卫要地部署，这时应以所保卫要地的优先级来确定目标的威胁大小，要地优先级称为要地威胁值，当一目标对多个要地构成威胁时，应按最高的要地威胁值来确定目标的威胁。

评定目标的威胁也可以用人工来进行，一般是通过观察显示器上的目标速度向量与要地的相对位置来定。

(6)威胁排序。经威胁评定之后，要对目标的威胁进行优先排队，即在所有的威胁目标中，把它放在一个适当的位置，以确定拦截的顺序。排序的规则：

1)上级或人工指定的目标优先；

2)导弹类目标优先；

3)威胁大的优先；

4)遭遇点靠近杀伤区边界近的优先。

一般来说，应首先射击在发射区内停留时间最小的目标。

(7)发射决策。发射决策的主要目的是给目标通道分配导弹，确定分配导弹的类型和数量，可采用自动或手动的方法进行。它的主要工作内容是进行射击起始数据的评价和决定射击目标。射击目标的起始数据包括：

1)跟踪目标的数量和类型；

2)目标的特性和威胁度；

3)目标到达发射区远、近界的时间；

4)目标在杀伤区内的停留时间；

5)当前发射拦截点；

6)目标至飞出发射区的剩余时间；

7)准备好发射的导弹数量和发射装置上的导弹总数；

8)上级指挥所的命令。

在对上述信息分析的基础上，做出射击目标的决定，包括目标射击顺序、分配导弹数、射击形式和导弹发射间隔等。

(8)武器分配或射击目标。武器分配执行最后的拦截适应性检查，选择发射架，确定制导通道的工作状态和时机，执行最后的IFF(敌我识别器)检查。根据武器通道的条件，形成发射指令有效信号，此时可自动或人工启动不可逆程序，自动发射导弹，向上级及友邻发拦截通报，对目标群的射击一直进行到杀伤目标群中的所有目标为止。在干扰条件下要采取各种有效的对策。

(9)监视和控制拦截。导弹发射后，监视导弹从发射装置上离架，跟踪截获及向目标制导的状况。导弹未离架或导弹未被截获，以及中断制导时，补充发射导弹，以保证对目标射击所分配的导弹数量。

在射击过程中，对待发导弹的储备量及发射装置上的导弹进行监视。

(10)杀伤评定。根据杀伤效果评定的结果，来确定是否对目标进行补充射击，还是转移火力，并将结果报告给上级，以确定总的战术态势，判定任务的完成情况。

杀伤效果评定的依据：

1)导弹跟踪波门与被射击目标的回波重合；

2)目标回波分裂或消失；

3)目标径向速度的急剧变化；

4)目标应答信号中断；

5)干扰载机目标的有源干扰消失；

6)在目标被杀伤时，可以自动或手动方式释放相应的目标通道，并自动释放导弹通道。射击完所有的目标后，发出退出战斗状态的指令，停止雷达辐射。

2.2 防空指挥自动化指挥控制系统的地位和作用

2.2.1 防空指挥自动化指挥控制系统的地位

防空指挥自动化指挥控制系统在防空作战中的地位越来越重要。不难想象，面对今天和未来的空中威胁，缺乏自动化防空作战指挥控制系统，孤立部署的防空武器将不会有任何实际的作战效能。目前，防空武器所面临的威胁包括饱和攻击、电子干扰、反辐射导弹攻击、战术弹道导弹攻击、巡航导弹攻击、隐身攻击、低空突袭和全面攻击。随着空中威胁的高性能化和多样化，必然要求防空武器系统的高性能和多样化。在这样的战场环境下，能对多种传感器信息进行综合，准确掌握战场态势，并根据空中威胁，对各种防空武器进行集中指挥控制，形成统一的防空力量，充分发挥防空武器系统整体效能的高度自动化的指挥控制系统，是取得防空作战成功的关键。

防空作战指挥控制系统并不构成传统意义下的火力，但它所提供的自动数据处理能力、显示和辅助决策能力、自动化的监控能力，使各级防空作战指挥员能及时准确地掌握防空态势，合理有效地使用火力，从而最大限度地发挥防空武器系统的效能，使战斗效能得以成倍增大。世界各国为对付日益严重的空中威胁而发展的防空系统中，更是把指挥控制系统和控制中心的研制放在突出地位。

必须强调指出，防空指挥自动化指挥控制系统既是大规模防空网络系统的组成部分，也是防空武器系统的组成部分。它可以从预警网获得实时信息，与其他防空部队协同，与支援的战斗部队协同，从上级指挥系统领受任务和作战原则，报告武器系统的状态等，从而实现防空作战的统一指挥。这种承上启下和横向协同的要求，是防空指挥自动化指挥控制系统的重要职能。这种双重地位，使得其功能不仅要与防空武器的结构和特性相适应，同时也要与防空作战的环境、指挥关系相适应。

2.2.2 防空指挥自动化指挥控制系统的作用

防空指挥自动化指挥控制系统的职能是与防空指挥自动化系统担负的防空任务密切相关的。

在国土防空中，防空指挥自动化指挥控制系统主要担负防空部队的战术控制任务，组成拦截武器体系，纳入到国家的防空体系中。它接受上级的统一指挥，同时具有与预警、情报雷达网和其他友邻部队的互通能力，指挥控制所属防空部队攻击敌空袭和空中侦察。

在现代野战防空中，防空指挥自动化指挥控制系统的基本职能是能随时进入高度的战备状态，集中足够的防空火力，提供防空武器自身的密切协同能力，以及与被掩护部队的密切协同能力，执行防空和空域管理任务。

在战区防空中，防空指挥自动化指挥控制系统在战区指挥控制系统的统一的体系结构中，将在战区的前方至后方全纵深内部署的多种、多层拦截兵器有效组织起来，形成整体的战区防空力量，与其他部队协同，完成战区作战任务。

但不管防空指挥控制系统担负怎样的职责，相对于防空武器系统而言，防空指挥自动化指挥控制系统都具有相似的功能，主要包括：

1. 防空武器系统功能的集成

防空武器系统是由多种传感器、多个目标通道、多个火力通道和制导通道所构成的。指挥控制系统作为信息的汇集、处理、分发、交换的中心，执行监视和控制的功能，并通过人—机界面向指挥员提供及时、全面的战斗态势和辅助决策信息，从而实现防空系统功能的集成。

2. 缩短作战反应时间

防空武器系统的反应时间是指制导雷达检测到目标至导弹离开发射装置所经历的时间。对于防空指挥自动化指挥控制系统而言，则是从接到目标指示至下达发射指令所经历的时间。早期的防空作战过程，由人工标绘航迹，利用查表计算射击诸元，需要数十秒，时间太长，难以对付复杂的空情，更谈不上实现火力分配的优化。防空指挥自动化指挥控制系统在接到目标指示后，可控制所属各种传感器，特别是目标指示雷达和制导雷达实现搜索、检测、跟踪，识别航迹的属性，评估目标的威胁程度，分配火力，进行发射控制和拦截制导，这一过程可在数秒内完成。在无目标指示的情况下，也可以自主完成上述工作。从而大大地缩短了整体反应时间，提高了武器系统的火力强度和发射率，改善了对付复杂态势的能力，使指挥员集中精力处理异常的情况。

3. 对付饱和攻击，提高作战效能

人工控制限制了武器系统效能的发挥，因此缺乏足够的技术手段来组织对抗多目标饱和攻击。防空指挥自动化指挥控制系统则具有多目标处理能力、大容量实时显示能力和实时辅助决策能力，为指挥员正确区分射击任务、选择射击目标和射击方法及多个火力通道的使用提供充分的支持，实现同时多目标拦截。

在防空武器群一级的防空指挥自动化指挥控制系统中，可以把分散配置在一定范围内的多个同型或不同型的防空武器系统协调起来，集中优化分配目标，以克服单一兵器或单个火力单元的不足，使敌方在攻击策略的选择上受到严重的限制。这种协调可组成多层、纵深、全方位的火力，还可以解决孤立作战防空武器对目标的重复射击或漏射击问题，并能确保按目标的重要性进行拦截，从而实现射击指挥的优化，大大地提高防空系统的作战效能。

4. 建立统一的信息场，实现信息资源共享

防空指挥自动化指挥控制系统在协调控制多种或多个传感器组网观测，对多个信息源的数据进行融合处理、建立统一的信息场方面，起着突出的作用。

(1)组网观测。可以弥补单一传感器在覆盖空域上的不足，提高系统的探测和跟踪能力，从而为探测跟踪小散射面积的目标，防止低空突袭目标提供可能。

(2)在干扰条件下，保持系统的战斗能力。在干扰条件下，可以组织多站进行三角测量来交叉定位确定目标的距离，同时消除在多目标情况下三角测量可能造成的假目标，从而保持系

统的战斗能力。

(3)雷达辐射控制。多雷达辐射控制,也是提高系统综合抗干扰能力、抗反辐射导弹(ARM)攻击的重要手段,如控制同一区域内多部对空监视雷达进行交替辐射来提高抗干扰能力和生存能力。

(4)利用外部数据进行射击。对于航路捷径较大的目标,在近界进行拦截时,拦截点往往不在本火力单元雷达扇区内。这时可通过指挥控制系统,利用外部的数据继续进行射击。

(5)保持防区内目标航迹的连续性。指挥控制系统可有效组织防区内目标航迹的交班,当目标离开某一雷达覆盖区,进入另一雷达的覆盖区时,可以平稳交接,而无须重新截获。

5. 改进敌我识别能力,减少自我杀伤

充分利用来自友邻武器系统或防空情报网的间接识别信息,来自航行管制部门的我机飞行计划,以及通过对目标行为特征的分析等,来提高识别的准确性和可靠性,可以克服单纯依靠敌我识别器(IFF)识别的不足之处。通过识别信息在指挥控制系统的流通,来改进武器的使用,也为防空武器在拦截敌机的同时,保护我方执行任务飞机的安全,提供了有效的手段。

总之,防空指挥自动化指挥控制系统是为指挥员和指挥机关实现决策指挥和武器控制的自动化而建立的,其目的是提高作战指挥和武器控制的快速反应能力及决策的智能水平。因此,防空指挥自动化指挥控制系统的上述功能可以分为两类基本功能:

(1)信息处理功能;

(2)辅助决策功能。

除了上述两个基本功能外,防空指挥自动化指挥控制系统还应具有为指挥机关服务、减少参谋人员繁杂的业务处理功能,包括战时的战场管理功能,平时的作战值班、突发事件处理、战备和训练管理功能等。可见,防空指挥自动化指挥控制系统虽然并不构成传统意义下的火力,但它可以高度自动化地情报获取、数据处理、显示和辅助决策,使防空指挥员及时准确地掌握空中态势,合理有效地使用火力,从而最大限度地发挥武器系统的效能。

2.3 防空指挥自动化指挥控制系统的层次和组成

根据防空作战需要,防空部队要组成不同的指挥层次,负责大小不同的防空区。一方面为保证防空作战的协调和统一、迅速做出反应和发挥最佳效能,必须实施对防空部队的集中管理。另一方面,防空指挥员不可能指挥所有那些掩护不同目标的防空部队的各种行动。因此,为发挥下级指挥员的主观能动性,针对敌人的威胁迅速灵活的作出反应,分散实施防空任务也是必要的,并可通过下放执行任务的权利来实现。这样就形成了防空指挥自动化指挥控制系统的层次。

2.3.1 防空作战指挥控制系统的层次

防空指挥自动化指挥控制系统是一种多层次的系统,每一层对应着不同的指挥控制级别、范围和火力配系。防空指挥自动化指挥控制系统一般由四个层次组成,即战略级指挥控制系统、战役级指挥控制系统、战术级指挥控制系统(战术单位级、作战单位级)和武器系统级指挥控制系统(火力单元级)。在不同的级别上,根据它所执行的任务规模、武器系统对指挥保障能力的要求及友邻部队的协同组织等特点,来决定其具体的构成和要求。

战略级指挥控制系统是指国土防空的防空区以上级别的系统及战区级的系统。战役级指挥控制系统是指防空武器系统群或混编群级的指挥控制系统，负责统一和协调多个、多型武器系统混合配备的武器群完成防空作战任务。战术级指挥控制系统是指由多个火力单元构成的作战单位级系统，负责协调和控制多个火力单元作战。武器系统级指挥控制系统是指火力单元级的系统，是执行武器作战控制的实体单位。它在上级指挥控制系统的编成内，监视和评估责任空域的空情，实现射击指挥自动化，控制目标和火力通道，执行拦截。下面重点对战役级、战术级、火力单元级指挥控制系统进行介绍。

1. 战役级指挥控制系统

防空作战战役单位通常也称为防空武器群。防空武器群是由多种不同类型的防空武器系统(防空导弹武器系统)混合编成的火力系统。群指挥控制系统的作用是根据整体防空任务的要求，统一协调所属的武器系统，组成高度统一的多层纵深的防空火力。在国土防空中，它是区域防空作战中心与武器系统的结合部。在战区或野战防空中它作为一个功能实体，纳入合成集团军/军以上的军事指挥系统，接受上级防空指挥机构的火力控制命令和接收预警信息。它对所属的防空部队实施指挥、控制(包括电子辐射控制)，调整下属指挥控制系统的活动，与其他受援部队或航管系统联络，获取大范围防空警戒信息，评定火力群的作战态势，确定部队的状态，提供目标指示、分配和下达射击任务。

防空武器群的指挥控制系统基本要求是具有广泛的互通能力和较强的自动数据处理能力。一般配有本地的警戒和目标指示雷达。在防空武器群一级，可以对多达数十个火力单元进行火力协调，其典型作用范围达数万平方公里。在扩展的防空概念中，为了有效地对付战术弹道导弹的攻击，往往超越目前的战役级指挥的范围，需要在更大范围内对包括天基监视系统、卫星通信、多层拦截器在内的各种系统及其作战运用进行统一的指挥控制。

2. 战术级(作战单位级)指挥控制系统

战术单位一般是由多个同一型号的防空武器系统火力单元构成的火力整体，也称为作战单元级。根据空中威胁的性质、截获跟踪系统的能力和复杂的空情条件下指挥控制火力单元射击的特点，在作战单元级实施集中射击指挥是最有效的。它能充分保证防空武器系统使用原则的实施。这些原则包括：

(1)均衡的火力。合理部署各防空火力单元，对各个方向提供大致相同的火力，用以对抗全向攻击。

(2)重点防御。合理部署各防空火力单元，使合成火力指向重点来袭方向。

(3)相互支援。合理部署各防空火力单元，使火力单元的火力范围能达到临近火力单元的火力死区，火力相互支援可以大大地提高整体的生存能力。

(4)火力重叠。合理部署各防空火力单元，使之拦截区相互重叠。当防御区域较大，火力单元数目不够或者受到地形限制不能达到相互支援时使用，拦截区重叠可以在电子干扰条件下通过三角测距来提高系统整体的抗干扰能力。

(5)早期拦截。合理部署各防空火力单元，使之能在保卫要地和区域的边界之外，在敌机投放武器之前进行拦截。

(6)纵深防御。将各防空火力单元纵深部署，对空袭敌人进行有组织的多次拦截，从而逐渐消弱并最终消灭其攻击力。它可以减小由于飞机的机动对火力单元拦截能力的影响。

要实现上述原则，必须依靠统一、集中的协调控制能力。

战术单位接受战役单位的指挥控制，并与友邻的作战单位协同，集中协调和监控多个火力单元，统一分配目标和下达射击任务。它要求具有高速数据处理能力、火力单元间的实时数据传输能力和复杂的动态相互作用能力。如作战条令和作战方式的集中设置，数据的相关汇集，跟踪交班，解决识别冲突，进行实时作战越级指挥等。

战术单位对多个火力单元进行集中控制，其典型作用范围为数千平方公里。

3. 火力单元级指挥控制系统

防空火力单元是能够对目标进行射击的基本实体。典型的火力单元由截获跟踪设备、制导控制设备、导弹发射设备、指挥控制通信设备等部分组成。不同类型的防空武器系统，其具体的组成和设备有很大的差异。对于大多数近程防空武器系统，上述各种设备都是装载在同一个自行装置上，高度集成为一体，由同一个操作控制台来进行跟踪、制导和发控等操作。近程导弹的指挥控制，往往由搜索截获雷达结合在一起的指挥控制中心来实施。它通过专用的数据链路和武器终端设备将多个武器组成网络。

中高空和高空远程武器系统，一般由包括多功能相控阵雷达在内的多种传感器系统（如红外跟踪系统、测距系统、敌我识别系统等）、制导照射装置（对于半主动寻的制导系统）、多部独立的多联装发射装置和指挥控制系统等组成。它们分散配置在数百米至数千米的范围内。其中，指挥控制系统的作用：

(1)作为通信交换和联络的中心；

(2)作为信息汇集、处理和评定的中心；

(3)作为系统检测和监控的中心；

(4)作为决策和拦截控制中心；

(5)作为更大的防空武器网络的节点。

火力单元级指挥控制系统还提供各火力通道设备间的高速、可靠和抗干扰的有线或无线的数据链路。

因此，不难看出指挥控制系统功能的强弱对防空武器系统的作战能力会发生重大的影响。三级指挥控制系统互连组成统一的防空网络，从而大大地提高防空作战的效能。

2.3.2 防空指挥自动化指挥控制系统的组成

防空指挥自动化指挥控制系统由各级指挥控制中心及各种保障系统（如情报系统、通信系统网络及各种外部接口）组成。

1. 指挥控制中心

指挥控制中心包括战术单位（或武器群）指挥控制中心、作战单位指挥控制中心（视群编制内的作战单位数目而定）和火力单元指挥控制中心（视防空火力单元的数目而定）。每个指挥控制中心在武器群的统一指挥控制系统内执行其指挥控制任务。

各级指挥控制中心尽管在功能上不同，但其设备的组成部分是相似的。数据处理系统由实时控制计算机、指挥控制软件和相应的外部设备组成，控制计算机应满足武器系统对实时性、精度、多任务处理和通信组网能力的要求及工作物理环境、动力学环境、安全性、可靠性方面的要求。指挥控制软件是系统的核心，一般由作战软件、测试维护软件和训练仿真软件及实时系统软件组成。显示控制台则由显示装置、字符灯光显示板和控制按键等组成，它是对武器系统实施人工作战控制操作的部位。另外，指挥控制中心还装配有训练模拟设备、时统设备、记录重放设备、各种外部接口，以及通信系统中的交换设备、终端设备、语音设备和控制台，其具体设置视指挥控制中心的层次和武器系统的配制而定。

2. 情报系统

为了取得防空作战的成功，需要建立起相应作战态势下的战备状态，进而有效地使用武器进行抗击。这就要求必须在可能的作战或战斗区域和空域建立起多种平台(敌我识别装置、ESM 装置等)和传感器网络组成的情报系统。这些系统应能有效地覆盖所监视的空域或地域，及时发现和识别目标，测定其坐标和运动参数，为及时展开和使用防空武器，定下射击决心提供信息保障。

传感器网络由系统编制内的各种对空监视传感器、跟踪制导传感器、敌我识别装置及电子支援措施和其他的外部系统、远程预警雷达站、预警机等互连的接口设备组成。各级指挥控制中心对有关传感器的数据进行汇集，形成责任防区的全面空情。

3. 通信网络

通信系统的主要任务是保障体系内部各种情报信息、指挥控制信息、武器状态信息、勤务信息，以及与友邻部队或有关的民用机构之间的协同信息的传输。因此，作为大型防空体系的指挥控制能否成功实施，基本上取决于指挥控制系统内信息传输的能力。

对通信系统的要求可简单归结为在指挥控制体系的各种组成部分之间实时、准确和安全地传输信息。战术使用角度对通信系统的要求：

1)高可靠性和可用性；

2)在恶劣环境下的高生存能力；

3)高抗电子干扰能力；

4)高安全性；

5)易于操作与维护；

6)对于特定要求和用户特性的适应能力。

为了较全面和准确地理解防空指挥自动化指挥控制系统对通信系统的要求，下面分别从三个不同层次的防空指挥自动化指挥控制系统的功能要求出发，来加以说明。

(1)火力单元指挥控制系统对通信的要求。火力单元是防空武器系统的基本组成部分，是执行作战控制的基本实体，火力单元指挥控制系统的基本功能是将火力单元的各种分系统连成整体、解决功能的集成和系统的监控，实现作战自动化。火力单元指挥控制所需传送的主要信息包括：

1)指挥和管理信息；

2)制导雷达站的目标航迹数据；

3)目标通道、火力通道设备的控制信息和设备状态的报告信息；

4)上级指挥控制系统的目标指示和火控命令；

5)雷达情报网的监视预警信息；

6)友邻火力单元的目标信息和协同信息。

火力单元级通信的重点是保障分布的火力通道设备的监测和控制。为了发挥火力，提高系统的生存能力，这些设备分布在距指挥控制系统数千米范围内，这部分通信链路的特点是实时性强、数据率较低、高可靠性和可用性。

(2)作战单位指挥控制系统对通信的要求。作战单位的主要功能是统一协调和监视多个火力单元协同作战,综合处理防区各种传感器的空情信息、指示和分配目标,组织航迹交班,解决识别冲突,评估目标对保卫目标的威胁,统一协调和分配火力,为不同火力单元之间提供情报和火力支援,组织与特殊目标的对抗,建立和维护统一的信息场。作战单元指挥控制系统收、发的信息主要包括:

1)下属火力单元指挥控制中心的航迹数据和状态;

2)配备的远程搜索雷达数据;

3)雷达情报网的空情数据;

4)战役级指挥控制中心的目标指示和命令信息;

5)友邻指挥所的航迹数据和协同信息;

6)定位定向系统数据;

7)向配备其他防空武器系统终端发送的数据。

在作战单位级各武器火力单元分布在一定的地域范围内,根据作战任务的要求,各火力单元雷达覆盖区可部分重叠,火力可交叉支援。作战单位级指挥控制系统对通信系统的主要要求:

1)形成地域覆盖;

2)可移动性,以确保自身的生存能力;

3)动态网络拓扑结构;

4)高数据率,低延时,防空各火力单元雷达数据的汇集和信息共享,要求较高的传输带宽,同时要求低传输延时;

5)多种业务信息的传输,网上要传输作战、情报、勤务等多种数据、话务信息,信道和终端应是复用的。

(3)战役级指挥控制系统对通信的要求。战役级指挥控制系统负责统一协调和控制多种武器混编组成的区域纵深防空,其功能是接收和分发远方空情,汇集传感器网的数据,评估态势,确定部队战备态势,统一监控和调度防区资源,区分和下达射击任务,进行远近目标校对,确立拦截规则和辅助的火力控制手段。其主要通信对象包括:

1)作战单位和火力单元指挥控制中心;

2)传感器网;

3)空中预警机;

4)卫星预警系统;

5)上级指挥控制中心;

6)友邻指挥所;

7)航管系统;

8)其他军兵种的战役、战术指挥所。

其通信系统的主要特点:

1)覆盖范围大,可达上万平方米;

2)互通性。互通性不仅意味着在两个不同指挥控制系统间存在着通信信道,而且还要求将另一系统的输入作为本系统决策的信息源,如要求实现与战区其他部队、空中预警机的互通。

第3章 防空指挥自动化指挥控制机制与方式

3.1 防空指挥自动化指挥控制机制

防空指挥自动化指挥控制系统是防空系统的组成部分。它是由防空指挥员、指挥机关、指挥手段和指挥对象等要素组成的分层链式系统。这些要素总是按一定的结构形式(在一定的时空范围内排列与组合的样式)和相互关系(隶属关系、指挥关系、协调关系、职责关系等)连为一体的,我们把防空指挥自动化指挥控制系统的结构形式和内部联系称为防空指挥自动化指挥控制的机制(简称防空指挥控制机制)。

按照系统论的观点,结构和联系决定系统的整体功能。系统的结构愈合理,联系愈紧密,其整体功能就愈好。反之,其整体功能就愈差。因此,指挥控制机制决定着指挥控制系统的效能,进而影响整个防空系统的效能。正因为如此,指挥控制机制问题受到了各国军队普遍的重视。

防空指挥控制机制直接受军事思想、军事战略、传统经验、地理环境、国际环境、防空兵力数量和武器装备、指挥控制设备的技术水平等因素制约。因此,在当今世界各国的军队中,存在着各种各样的防空指挥控制机制。按防空指挥控制系统的宏观结构区分,有空防合一和空防分立两种控制机制。按指挥层次(或指挥递阶)数量区分,有双层次(单递阶)和多层次(多递阶)的指挥控制机制。

3.1.1 空防合一与空防分立

空防合一体制,是指防空部队不自成一个军种,而是编入空军或陆军建制,作战指挥控制则由空军统一实施。世界上多数国家的军队实行这种机制。据统计,全世界拥有200架以上作战飞机的国家共有30多个,属于此列的就有22个国家,如美、英、日、印度、以色列、意大利等国。这种指挥机制的特点是防空协同作战的程度高,将空中进攻力量和防空力量融为一体,便于统一使用力量,组织抗击和反击,避免了不同军种部队作战指挥控制的交叉;可以减少指挥控制机构和保障机构人员,也可以减少装备数量,节约经费开支。然而,空防合一机制带来的问题是增大了指挥控制、建设和管理的复杂性。一是指挥控制复杂且工作量大。由于攻防兼备、指挥控制对象增多,要求指挥控制系统必须功能多、效率高,否则将使指挥控制顾此失彼、造成失误。二是建设和管理复杂。在建设上含有防空力量的空军,兵种多、摊子大,诸兵种协调建设、各种武器装备管理和发展都相当复杂,处理失当就会造成建设和发展的失调。地面防空力量编入陆军建制的,又造成了指挥控制交叉和指挥与管理的脱离,不利于指挥和协同。

空防分立体制，是防空部队自成一个军种，并统一指挥防空行动。实行这种机制的国家，是以俄罗斯为代表的少数国家，如越南、埃及、利比亚、叙利亚等国。

空防分立的突出优点是指挥和管理专一，各级指挥员及指挥机关能集中精力筹划和指挥防空作战，筹划和领导防空力量建设。这就便于对防空作战实施有力的指挥，有利于组织训练和管理，有利于指挥人员专业化和装备技术的发展。但是，这种体制降低了空防协同作战的程度，增加了空军与防空军之间的指挥协同，不便于统一组织力量进行抗击和反击。另外，武器装备重复，军费开支大，也是个明显的弱点。

空防合一和空防分立两种机制孰优孰劣，如同其他军事问题一样，最终需经现代战争的考验。因此，现在对两种机制的优劣问题做出肯定的评价结论尚为时过早。而唯一能够做出结论的是实行空防合一的体制通常应建立相对独立的防空指挥控制机构。这是由于现代防空的战略地位、指挥控制特点和为克服空防合一的弱点所决定的。因此，实际上实行空防合一机制国家的军队，在空军编成内，普遍建立了相对独立的指挥控制机构，负责对全国防空实施统一指挥控制。如美国空军的“北美防空防天司令部”、英国空军的“本土打击司令部”、法国空军的“防空司令部”、巴基斯坦空军的“防空司令部”和韩国空军的“防空指挥控制中心”等都是专司防空指挥控制的机构。

3.1.2 双层次和多层次

双层次和多层次的指挥机制，是按指挥控制层次或指挥递阶的数量，从防空指挥控制系统的纵向结构上来区分的。所谓指挥控制层次，是指指挥控制系统本身一层和下层子系统分层的总数。而指挥控制递阶，单指下属子系统分层的数量。如一个团在纵向结构上，下属营、连、排、班。对团指挥员来说，指挥层次为5，指挥控制递阶为4。可见，指挥控制层次和指挥控制递阶所表示的意义是一样的，都是指挥控制系统纵向长度的反映。只是指挥层次易于人们的理解罢了。这里，我们所区分的防空指挥机制，具体是按从最高指挥控制机构至防空基本战术单位（一般为团级）之间的指挥控制层次或指挥控制递阶来进行的。国家的幅员越大、防空部属的兵力越多或指挥控制手段、武器装备性能越落后，指挥控制层次或指挥控制递阶就越多。反之，指挥控制层次或指挥控制递阶就越少。因此，在世界上不同国家和地区形成了双层次（单递阶）和多层次（多递阶）的多种指挥控制机制。

1. 双层次（单递阶）机制

这种指挥控制机制是指整个国家或地区范围即为一个防空区，其作战指挥控制中心直接对防空部队进行指挥和控制。这样整个防空系统只有两个指挥控制层次（一个指挥控制递阶）。如台湾地区的半自动化指挥控制系统，可对全岛的战斗机、防空导弹、高炮部队实施指挥和控制。韩国的防空作战指挥控制中心则通过“王星”指挥引导中心直接向部队下达任务。这种机制指挥控制层次（递阶）少，反应灵敏，对情况处置快，指挥控制效率高。如中国台湾防空指挥控制系统从雷达发现目标到命令飞机起飞拦截的时间，约为10 s。但是由于指挥控制层次少，不能指挥大量防空兵力。因此，这种机制只适用于幅员范围小的国家和地区。

2. 三层次（两递阶）机制

这种机制，通常是将全国划分为若干个防空区，由区指挥控制中心直接对防空部队指挥和控制。这样就构成了全国防空指挥控制中心—区指挥控制中心—防空部队3个层次2个递阶。如美国的防空在北美防空防天司令部统一指挥控制和协调下，由美空军防空防天司令部负责对美国本土的防空实施统一指挥控制,并将其本土分成两个防空区,区作战指挥控制中心直接指挥控制部队。英国也把本土防空划分为南、北两个扇区,由全国防空作战中心组织和协调两个扇区指挥控制中心,扇区指挥控制中心集中控制本防区内的防空力量。三层次指挥控制机制,指挥层次较少,反应较灵敏,协同配合方便。但生存能力较弱,同时对指挥控制手段现代化水平要求较高。对于像美国这样幅员辽阔的国家,必须依靠先进的指挥控制通信情报系统方能实现。

3. 四层次(三递阶)机制

这种机制是在三个层次的基础上,将防空区又划分为若干个防空分区。由防空分区指挥控制中心直接指挥控制防空部队。这样就形成了全国防空指挥控制中心—防空区指挥控制中心—防空分区指挥控制中心—防空部队4个层次3个递阶。如俄罗斯防空,在防空军总司令部指挥下,把全国划分为若干个防空区,由防空集团军负责,每个防空区又划分为防空分区,由防空师负责。防空分区指挥控制中心直接指挥控制防空部队。四层次机制,指挥控制层次较多,能够指挥控制大量的防空兵力,尤为适用于国土辽阔的国家及不便在全国范围内实施集中指挥的国家。但也带来了指挥控制机构重叠,反应不够灵敏、快速,协同比较复杂,需要的人员、装备数量多等问题。

4. 五层次(四递阶)机制

这种机制是在四层次机制基础上,把防空分区又分为若干个防空扇区,由防空扇区指挥控制中心直接指挥控制部队。这样就形成了最高防空指挥控制中心—防空区指挥控制中心—防空分区指挥控制中心—防空扇区指挥控制中心—防空部队5个层次4个递阶。这种机制,通常为多国联合大区域防空所采用。如北大西洋公约组织欧洲地区的联合防空系统。该系统分为4个防空区:南部区,含意大利、希腊、土耳其和地中海地区;中部区,含原联邦德国、法国、比利时、卢森堡、荷兰;北部区,含丹麦、挪威及其沿海地区;大不列颠区,又叫大西洋防空区,包括英国、舍得兰群岛和法罗群岛。其中欧洲大陆的三个防空区由欧洲盟军最高司令部作战中心统一指挥控制。在三个防空区中,通过盟军司令部或战术空军司令部指挥控制该区的防空。防空区以下又设防空分区,防空分区以下又设若干个防空扇区,扇区设作战指挥控制中心,由其直接指挥控制防空部队。欧洲联合武装司令部指挥联合防空系统的兵力兵器,战区联合武装司令部指挥防空区的兵力兵器,联合战术空军司令部对防空分区和防空扇区的兵力兵器实施指挥控制。

指挥层次(或递阶)与指挥跨度紧密相连,互相制约。所谓指挥跨度,是指指挥员直接指挥控制的下属子系统数。它反映了指挥控制系统的横向宽度。如一个防空区,下属3个防空分区,那么防空区的指挥跨度为3。在一定数量的防空兵力条件下,指挥控制层次越多,指挥跨度越小;反之,指挥跨度越大。指挥控制层次和指挥跨度,从指挥控制系统纵向和横向结构上共同决定着系统的效能。在同一个防空指挥控制系统中,增加指挥控制层次,可减少指挥跨度,使指挥员的负担减轻,但指挥控制系统反应速度减慢,人员增多、协同复杂。同理,减少指挥控制层次,必增大指挥跨度,可使指挥控制系统反应灵敏,人员减少,协同简单,但指挥员的负担加重。这就告诉我们,一个指挥控制系统必须有一个合理的指挥控制层次(递阶)和指挥跨度结构,指挥控制层次过多或指挥跨度过大,都会造成指挥控制的低效率。因此,当一个防空系统决定采用何种层次的指挥控制机制时,必须兼顾指挥跨度的因素。

3.2 防空指挥自动化指挥控制方式

指挥的过程,是指挥者对指挥对象按一定的目的和程序实施控制的过程。要实现这种控制,指挥者总是通过一定的方式来进行的。指挥者为实现控制所采取的方式,称为指挥控制方式。指挥控制方式对指挥效能有直接影响。采取恰当的指挥控制方式,能使控制有度,行动有序,从而产生较高的指挥控制效能。如果采取了不恰当的指挥控制方式,就可能造成控制失度,或者统得过死,限制了指挥控制对象的积极性,或者指挥失控,导致行动混乱,从而降低指挥控制效能。

在防空作战中,由于客观情况不同,指挥方式也就不同。如集中行动和分散行动,正常情况和紧急情况,主要作战方向和次要作战方向,通信联络畅通与中断,情报保障得好与坏,空袭规模的大与小,防空兵力的多与少,作战水平的高与低、防空区域的大与小等,都决定着指挥者对指挥对象控制的程度。因此,也就决定着指挥者相应采取的指挥控制方式。

指挥控制方式,根据指挥者对指挥控制对象的控制程度,分为集中指挥控制和分散指挥控制。根据指挥对象所处的层次,分为按级指挥控制和越级指挥控制等。

3.2.1 集中和分散指挥控制

防空作战集中指挥控制,是指将本级的指挥职责和指挥内容全部集中于本级实施而进行的统一指挥,亦称集中统一指挥控制,它是部队集中行动时必须采用的指挥控制方式。采取此种指挥控制方式,指挥员须及时定下作战决心,规定作战准备的内容和完成时限,统一区分作战任务,确定组织运用兵力(火力)的方法和协同方法,及时掌握监督作战活动情况。指挥对象和所属部队必须按统一的号令行动,不得各行其事。从这个意义上说,集中指挥控制是一种指令式指挥控制。显然,集中指挥控制方式利于部队协调一致、准确及时的行动,充分发挥防空系统的整体威力。它是贯彻集中统一指挥控制原则的保证,在防空指挥控制中具有最重要的意义。

然而,由于战时情况复杂多变,作战空间广大,对抗激烈,实施集中指挥控制必须具备下列条件:一是指挥保障良好,通信联络畅通,空中情报掌握得全面、连续,各种信息的传递、处理及时,能为防区内所属部队实施准确、及时、不间断的指挥控制提供可靠保障;二是指挥控制系统具有合理的指挥跨度结构,指挥控制跨度过大,指挥工作量过大,指挥员负担过重,则难于实施集中指挥控制;三是指挥控制系统稳定,生存能力强,当某些环节遭到破坏,能通过应急手段继续指挥,或迅速修复,恢复指挥;四是防区范围与指挥控制所能及的空间范围相一致,如果前者超过后者,那么就难于在全防区内实施集中指挥控制;五是明确划分各级指挥控制层次的指挥控制职责和指挥控制内容,便于各级指挥员按自己的职责和指挥控制内容实施指挥控制,否则,集中指挥控制容易形成包办代替。实施集中指挥控制,必须同时具备上述条件,缺一不可。然而,在很多情况下,是难以做到的。于是,就需要采取另外一种指挥控制方式——分散指挥控制。

所谓分散指挥控制,是指在一定时间内,指挥员根据情况,将部分本级指挥职责和指挥内容交由下级指挥员实施而进行的指挥控制。它是部队分散行动时采取的指挥控制方式。采取此种指挥控制方式,上级指挥机关对作战的准备与实施,通常只作原则的指示,赋予基本任务,而不作具体方法方面的规定。下级指挥机关根据上级意图和作战计划,独立自主地实施指挥控制。因此,分散指挥控制是一种指导性指挥控制。美军"交待任务式"指挥控制、苏联的"委托式"指挥都是同一意义。实施分散指挥控制,能最大限度地调动下级指挥机关的积极性、创造性,增大指挥控制的灵活性,利于应付突然、复杂的情况,在现代防空作战中具有重要意义。因此,分散指挥控制日益被人们重视。

分散指挥控制通常有如下两种情况:当不可抗拒的情况造成不具备实施集中指挥控制的条件时,被迫采用分散指挥控制。我们把这种分散指挥控制称为被动式分散指挥控制。过去,人们总是以为分散指挥控制是被动采取的,实则不然。在现代战争条件下,为了应付突然、复杂的情况,主动采取分散指挥控制可能更为有利。我们把主动采取的分散指挥控制称为主动式分散指挥控制。当然,采取主动式分散指挥控制有一定的风险性,需要各级指挥机关具有良好的军事素质和较高的指挥水平,部队有较强的独立作战能力。

在整个指挥控制过程中,集中指挥控制和分散指挥控制既可单独使用,也可结合使用,这要根据具体情况而定。但两者结合使用是可能经常发生的。比如,在某些指挥控制层次、某些时段、某一主要作战方向或在抗击敌主要突击力量、在兵力部署集中的条件下可能使用集中指挥控制;而在其他指挥控制层次、另外一些时段、某些次要作战方向或在抗击敌非主要突击力量、在兵力部署分散的条件下则可能采取分散指挥控制。

3.2.2　按级指挥控制和越级指挥控制

按级指挥控制,是依照隶属关系逐级实施的指挥控制。这种指挥控制方式,能使各级指挥员充分履行自己的职责,全面执行指挥任务,利于保持所属部队行动的协调统一,因而经常被普遍地采用。但是,按级指挥增长了作战信息的采集、传递和处理的时间,特别是指挥层次较多时更是如此。因此,为了实施按级指挥控制,应尽量减少指挥控制层次(要与保持适当的指挥跨度统盘考虑),简化指挥程序,改进指挥控制设备,建立半自动化、自动化指挥控制系统,尽量缩短作战信息的采集、传递和处理时间,提高指挥控制效率,以适应现代防空指挥控制快速性突出的特点。然而,在有些情况下,不允许或不可能实施按级指挥控制时,而实施越级指挥控制则是必然的。

所谓越级指挥控制,是指超越一级或数级指挥控制层次,直接对间接下属进行的指挥控制。越级指挥控制,由于减少了指挥控制层次,可以提高指挥的时效性。同时由于实施越级指挥的指挥员,通常掌握情况更全面,经验更丰富,因而可收到加强指挥控制之效。但是,越级指挥控制使被越过的指挥机构不能发挥作用,因此,越级指挥控制不是经常普遍采用的,而是在特殊情况下采用的指挥控制方式。这些特殊情况主要指情况紧急,若实施按级指挥控制有可能来不及采取防空行动,甚至造成贻误战机的严重后果时;任务重要,为了直接对执行任务的部队实施集中指挥时;为了准确、迅速地对部署于两个防空区域结合部的防空部队进行协同指挥时;当直接下属因某种原因不能实施指挥控制时。

实施越级指挥控制必须具备两个条件:一是通信联络必须保证任何一级指挥控制层次能对间接下属的指挥控制层次沟通联络;二是指挥机构应全面掌握情况,并对间接下属的指挥控制了如指掌。否则,越级指挥控制难以保证,并可能造成不应有的损失。

3.3 防空指挥自动化指挥控制方式的演变

在防空部队出现之后，其指挥控制系统也就产生了。但早期的系统自动化程度低，主要的远程情报获取手段，是各种机械扫描的警戒雷达。其缺点是数据率低、精度差、缺乏自动录取信息的设备，靠报、话方式来传递警报和情报信息，延时大，信息率低，信息质量低。指挥所的作战参谋人员，根据口报的目标数据，用人工标图方式在图板上标绘出目标的航迹，最好的标图员每分钟只能标绘十几批目标，参谋人员利用射击标图尺来确定射击诸元，对一批目标计算诸元的时间约 40s。敌我识别手段主要依靠老式的敌我识别装置(IFF)。由于设备本身的可靠性不高，加上密码、频率变更时发生失调的情况，以及易受敌方侦收和欺骗，这样就容易造成识别错误，误伤己方的飞机或误判敌机为友机。战争的实践，使人们认识到利用信息技术来提高武器系统的效能，将会起到巨大的兵力倍增作用。

防空指挥控制方式随科技、工业和空袭武器的发展而变化，即从人工方式演变到自动化方式。

3.3.1 人工指挥控制方式

1. *人工指挥控制方式的工作程序*

在完成防空指挥控制任务的过程中均依靠人工操作的工作方式称人工指挥控制方式。人工指挥控制方式又可分为早期人工方式和后期人工方式。

20 世纪 30 年代以前，为早期人工指挥控制时期，以第一次世界大战为标志。这个时期，空袭飞机多为木布结构，体积小，活动半径短，速度慢，批数少。发现和监视飞机是通过人的目视、听觉进行跟踪、判别和识别，对飞机的指挥引导通常使用的是布板、信号弹、灯光和烟火等手段。飞机与地面之间通常以飞机的飞行姿态或打信号弹进行联络。

40 年代至 50 年代中期为后期人工方式时期，以第二次世界大战为标志。这个时期，空袭飞机载弹量大，并有很强的射击军械，速度加快，批数多。不仅空袭武器装备性能明显提高，而且出现了炮瞄雷达、光学测距和射击指挥仪构成的初级炮火控制系统，出现了警戒雷达、通信设备和战术态势板构成的初级作战指挥控制系统，即人工防空指挥控制系统，指挥员的指挥部位从室外移入指挥室内。

其工作程序大致如下：

n 个雷达站用来搜索空中目标，其做法是雷达探测空中目标显示在雷达显示器上，雷达操纵员用视觉发现目标并观测出目标的坐标高度数据，用口报出；雷达站记录员记下这些数据，并由报务员用通信设备(电话、电台)将空中情报传送到区域作战中心。区域作战中心的 n 个标图员，将收听到的空中情报用润滑铅笔标在空情标图桌上。标图桌就是粘到玻璃板上的地形图。在标图桌上以地图为背景用手工标出敌机和我歼击机的飞行航线，能使指挥员和参谋人员看见本区域内的情况。情报军官在标图桌上，对各雷达站报来的空中情报进行综合处理，并将处理后的情报命令报读员编批报出。报读员报出的综合空情由记录员记录下来，然后由报务员发往各使用情报的单位。

技侦情报、气象情报、飞行情报及所属部队、武器的战备状态和设备状况均由站勤军官收集、处理后标记在状况显示板上。识别军官将标图桌上标示的每批目标航迹位置及参数与状态显示板上的飞机计划及技侦情报进行比较分析，当识别出某批是敌机时，便报告防空司令官。司令官做出威胁估计的判定，并根据所属部队的位置、距离和战备状态等方面的情况做出选择何种武器的决定。若决定歼击机拦截，便由截击军官用领航尺计算引导参数，并负责引导我机飞向拦截位置；若决定由地空导弹（或高炮）拦截目标，则由导弹拦截军官向地导部队指示目标。

2. 人工指挥控制方式中存在的主要问题

在人工指挥控制方式中，从雷达信息的获取、传递、雷达情报的坐标转换、平滑滤波、预测外推、航迹综合、编批、识别到利用综合后的空情进行威胁估计、武器分派、引导解算等都是通过人工完成读取口报、标图、参谋综合、领航计算等工作的。这种人工方式有如下缺点：

(1)情报利用率低。雷达情报靠人工总和，气象情报靠人工分发、人工填图、人工预报，技侦情报靠人工分析整理，致使各类情报的利用率很低。

(2)目标容量小。空情的收集、显示和综合靠人工完成，各种引导数据靠人工计算、话音引导，致使处理的目标批次少。

(3)精度低，差错多。空情的观测靠操纵员，传送靠服务员，显示靠标图员完成。由于判断错、听错、操作错、漏报、漏收等，造成空情精度低，差错多。

(4)人员多，时延大。从雷达、气象、技侦情报传送到作战中心，要经过多道环节、多人次的传送，所以需要人员多，情报时延大。

从上述中可以看出，以雷达、光学为主要探测手段，以电话、电报为主要通信方式，以标图桌（或板）为中心的指挥方式，是适应早期常规武器战争需要的防空指挥系统的主要特征。

3.3.2 自动化指挥控制方式

自动化是指相应的科学方法和自动化设备的综合使用。自动化指挥控制方式的含义就是在保持人的创造性的智力活动起主导作用的情况下，把繁重的指挥控制工作改由电子计算机和其他电子设备承担。在防空指挥控制系统中，由于它的特殊性，定下决心是特殊的创造性过程。指挥的主要职能——定下最后决心，仍由人即防空司令官担负。因此，任何军队指挥系统不可能完全自动化，而只能是最大限度的自动化指挥控制方式。按自动化程度高低，又分为半自动化方式和自动化方式。

1. 半自动化方式

(1)半自动化方式的工作程序。20 世纪 50 年代末至 60 年代中期，为半自动化方式时期。这个时期，随着核武器和喷气技术的发展，飞机的性能得到了飞速的发展。无论是速度、航程和高低空突防能力都有很大的突破。战争的突发性、破坏性、复杂性对防空系统提出了很高的要求。于是在所有发达国家的军队中，加紧寻求从技术上解决整个防空指挥控制系统从上到下取得快速反应的各种途径。最后，这个问题在无线电电子学中得到了解决——用电子计算机、快速通信设备和信息显示装备等来代替人的手动操作。限于当时发展水平，这一时期仅有美国和苏联装备了半自动化防空系统。

(2)半自动方式的特点。半自动方式与人工方式相比，具有以下特点：

1)收集和传递情报信息的手段多样化。在防空系统中使用计算机后，首先必须解决情报信息进入计算机的问题。为此，在当时技术条件下，采用了多种输入手段，如雷达情报信息的输入是根据雷达性能的不同，采用不同的输入手段，对反干扰能力差的雷达采用键盘和手动录取，对性能好的雷达采用半自动录取。所谓半自动录取，就是操纵员在PPI显示器上发现新批目标点后，通过手录方法将该点位置送入计算机开始建立航迹，并给计算机提供几个观测到的相继的目标位置。计算机将使用这些信息来预测并在每个相继的雷达扫描周期中，在PPI上产生综合的目标显示。如果计算是正确的，雷达显示和计算机显示将重合，此后，计算机将提供目标数据，操纵员需要做的事只是周期地监视计算机显示和雷达显示的一致性。当它们不一致时，操纵员将再次人工输入雷达显示目标位置来改正计算机的数据。

在传递情报信息时，使用了几种通信线路:架空明线路、电缆线路和无线电通信。

2)通信处理的半自动化。计算机代替人的部分脑力工作，诸如坐标转换、引导解算、情报分发由计算机自动完成；目标识别和武器选择由计算机辅助人完成，减少了指挥人员非创造性活动的时间消耗。

3)信息显示自动化。用显示器(或电子标图仪)代替人工标图桌。作战中心给各类指挥军官均配有操作控制台，配置的数量随空情和军情的变化程度而定。每个操作控制台装有必要的显示器和输入设备。在显示器上，指挥人员可以看到各式各样的跟踪轨迹或雷达数据、地图背景、预定的截击点或由计算机输出用来帮助判断的特殊显示。人可以通过键盘按钮将数据或命令送入计算机，以使计算机执行指挥人员的决策。

2. 自动化方式

20世纪60年代末至今为自动化方式时期。在这个时期，随着固态技术的发展，全数据式MTI在雷达上的应用，从而大大改善了雷达性能，为用计算机处理雷达信息创造了良好的条件。因此，到了60年代末，一个以计算机为核心，包括通信、雷达和显示的自动化防空指挥控制系统如雨后春笋一样在许多国家建立起来了，如日本的“巴其”BADGE(Base Air Defense Ground Environment)、北约的“奈其”NADGE、法国“斯特里达”STRIDA等。这些系统，以“赛其”系统为基本模型，是根据本国的防空特点，采用了当时较先进的设备构造起来的，使自动化程度有了明显的提高，基本上实现了防空指挥控制的自动化。实现了自动化的防空指挥控制具有以下这些过程:收发雷达站提供的空情信息；接收和处理不同来源的雷达信息；将信息用显示设备显示出来；收集、综合并显示防空兵器的战备情况；提供原始数据，以便定下抗击空中敌人袭击的决心；给执行者下达任务、指示目标和引导反击兵器(指歼击机、地空导弹)。所有这些相互联系过程的自动化，使从一个过程转为另一个过程时不造成困难，也就是说实现了综合自动化。

自动化指挥控制方式同人工指挥控制方式相比，指挥中心从目标截获到下达拦截命令所需要的时间大为减少。如“巴其”系统同人工防空系统相比，拦截单个目标所需时间可减少至人工系统的1/3，拦截10个目标时，可减少至1/10。此外，它还能提高数据处理和拦截兵器控制的精确度。“巴其”系统处理和显示目标的数量，为人工防空系统的10倍，而控制拦截兵器的数目则为人工防空系统的6倍。自动化防空指挥控制系统与人工防空指挥控制系统的比较如表3.1所示。

今后，随着军事系统工程理论和电子计算机技术的发展，系统的自动化程度将进一步提高，从而使指挥员更能全面地、实时地掌握战场态势，以增强其指挥决策能力。系统的各组成部分将向多种体制、多样手段发展，在总体上保证系统具有更高的可靠性、更快的反应速度、更大的情报容量、更强的生存能力和抗干扰能力。

表 3.1　自动化防空指挥控制系统与人工防空指挥控制系统的比较

项　目	人工防空指挥控制系统	自动化防空指挥控制系统
探测目标	雷　达	雷　达
目标位置录取与跟踪	人工方法	自动跟踪计算机
空情报告	人工方法(电话或电报)	自动(数据传输)
空情处理	人工方法	自动(计算机)或半自动(人—机结合)
空情显示	人工标图	自动(装有信息显示设备)
敌我识别	人工识别	自动识别(计算机)
威胁估计	人工方法	人—机结合
武器分派	人工方法	人—机结合
截击引导	人工方法	人—机结合

3.4　防空指挥自动化指挥控制系统的结构

3.4.1　防空指挥自动化指挥控制系统的一般结构

防空指挥自动化指挥控制系统是由自动化指挥、通信、情报技术设备与指挥、操作人员、专业技术人员共同组成的"人—机"系统。其任务是在指挥控制过程中,更多地使用自动化设备来代替人工操作,完成信息的采集、存储、计算、处理、传递和方案评估、指挥决策及武器控制等各个作战环节的工作。因此,现在所说的防空指挥自动化,应包括两个过程:一是作战指挥过程,即运用各种高效率的自动化指挥设备以半自动或自动的方式来完成信息的采集、存储、计算、处理、传递和判断情况、定下决心、拟制行动方案等工作;二是武器系统控制过程,即自动控制防空兵器,完成搜索分配目标、引导防空兵器杀伤目标及检验射击效果等任务。

防空指挥自动化指挥控制系统的建立,是与体制、作战编成和指挥控制系统的结构形式相适应的。其结构应具有网络化、包容性和置换性的特点。所谓网络化,是指系统上下沟通指挥联系,左右沟通协同联系,形成纵横联系的网络,做到既能实行集中指挥控制,又能实行分散指挥控制;既能实行按级指挥控制,又能实行越级指挥控制。所谓包容性,是指每一级指挥控制系统的终端数量要按本级指挥控制的最大数量设置。这样,一旦需要增加指挥控制对象时,可迅速把增加的指挥控制分系统对接到本级系统空余的终端上。所谓可置换性,是指任何一级指挥控制系统,既是上级指挥控制系统的一个分系统,又是一个能完成本级指挥控制任务的独立系统。它可以从一个指挥控制系统置换到另一个指挥控制系统中去。总之,现代防空指挥控制系统是能分能合、纵横相连、对内闭合、对外开放的分层网络系统,如图 3.1 所示。

防空指挥自动化指挥控制系统发展到现阶段一般包括以下几个基本组成部分:信息(情报)收集分系统、信息传输分系统、信息处理分系统、信息显示分系统、信息监控分系统和执行分系统。这些分系统有机地结合成统一的闭环式的整体,如图 3.2 所示。

信息收集分系统的功能是及时收集敌我双方与防空作战有关的各种信息,如兵力部署、敌我作战行动及其态势变化、战场环境等情况。信息传输分系统的功能是实时、准确、连续、保密地传输各种信息，并能自动进行信息交换、加密、解密和优化传输路径。信息处理分系统能对输入的各种信息进行综合、分类、存储、复制、计算和更新，并能进行比较分析，为指挥员拟出最优作战行动方案。信息显示分系统，能以文字、符号、图形、图像、表格等形式直观地显示各种信息。信息监控分系统能按决策预案，对所属各级指挥控制系统进行监视，对武器系统可实施控制。执行分系统是被控制对象接收到控制信号后，自动(或人工干预)执行决策命令。执行的结果又通过信息收集分系统实时收集，以便指挥员进行监督，根据执行情况制定新的决策。

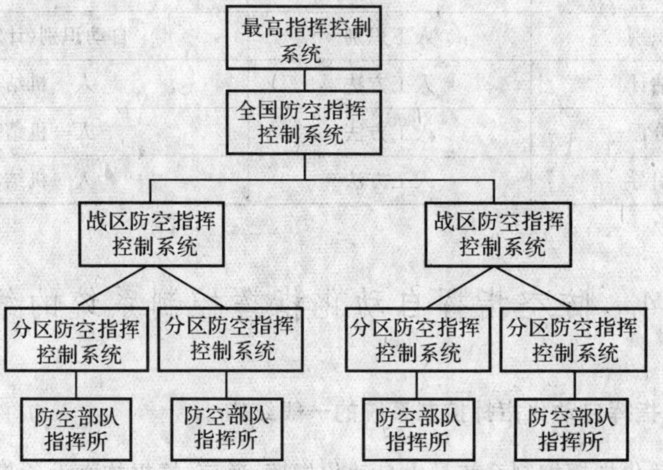

图 3.1　防空指挥自动化指挥控制系统的层次结构图

防空指挥控制系统的自动化是现代防空指挥控制的发展方向，在现代防空作战中起着越来越重要的作用。但事物总是一分为二的，采用自动化指挥，最突出的问题是对技术设备依赖性大，若某一环节出现故障，或遭破坏，或发生计算机病毒，将出现不堪设想的后果。因此，在现代防空作战的指挥控制系统中，我们既要重视防空指挥自动化指挥控制系统的应用，又要有应付“自动化”一旦失灵的准备，某些有价值的人工作战指挥控制手段予以保留也是必要的。

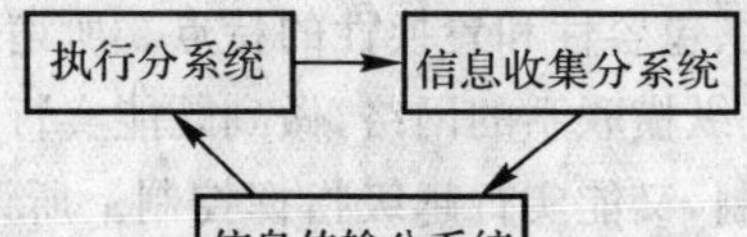

图 3.2　防空指挥自动化指挥控制系统的基本组成

3.4.2　防空指挥自动化指挥控制系统的典型结构

现代防空指挥自动化指挥控制系统综合运用以计算机为核心的技术设备，并与指挥人员相结合，把防空指挥、控制、通信和情报有机地结合成一体，构成对部队和武器系统实施指挥与控制的人—机系统。其基本功能是实现各种防空信息的采集、传递、处理自动化和指挥控制决策方法科学化，并具有预警、抗毁、机动、电子对抗、快速反应和合成作战指挥等能力；平时能满足部队管理和训练等需要。其典型结构是按体制、作战编成和指挥控制配备构成的。从纵向看，它上下逐级展开，左右相互贯通，构成一个有机的整体(见图 3.3)。这种层次性等级结构的低一级指挥控制系统既是上一级指挥控制系统的组成部分——指挥控制对象和信息源，又是独立的子系统。这种按等级的指挥控制层次性结构，既加强了原指挥控制体系的功能，适应战略、战役和战术指挥控制的需要，又便于集中指挥控制、越级指挥控制和分散指挥控制。从横向上看，现代防空指挥自动化指挥控制系统可以视为由若干个不同专业的分系统组成的大系统。

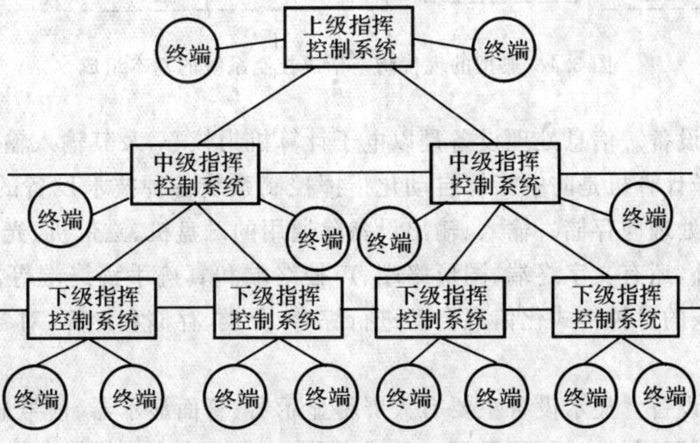

图 3.3　现代防空指挥自动化指挥控制系统典型结构示意图

现代防空指挥自动化指挥控制系统不论其规模大小和执行任务的差异，其典型结构组成应包括四个部分：信息收集分系统、指挥控制中心、通信网络和执行分系统。从技术角度和系统相互关系上进行划分，包括信息收集、信息传输、信息处理、信息显示、决策监控、执行等六个分系统。这些分系统有机结合，构成一个统一的整体，功能之间关系如图 3.4 所示。这种概略模型可适用于许多系统，当然实际系统要较这个基本组成复杂得多。

典型的现代防空指挥自动化指挥控制系统的装备由硬设备和软设备组成。

1. 硬设备(或称硬件)

硬设备是以电子计算机为中心，通过通信网络与各种终端设备相连接组成的自动化系统，通常称为系统的技术设备。

(1)信息收集设备。指侦察探测用的各种设备，主要有侦察卫星、侦察飞机、雷达、光学摄像机、遥感器及其他探测设备等。如海湾战争中多国部队动用航天、航空、地面、海上各种侦察设备收集伊拉克及其战场情况的情报信息，为指挥人员定下决心提供了实时、准确的情报信息。

(2)信息传输设备。信息传输设备主要是有线或无线的电子设备所组成的通信网络，通常包括各种信道终端设备、交换设备和通信用户(末端)设备。信道终端设备主要有有线(明线、电缆、光缆等)设备、无线(卫星、微波、散射、短波等)设备;交换设备主要有电话自动交换机、电报和数据自动交换设备等;用户设备主要有电传机、传真机、汉字终端机和电话机等。这些设备通过通信线路组成具有各种功能的通信网。

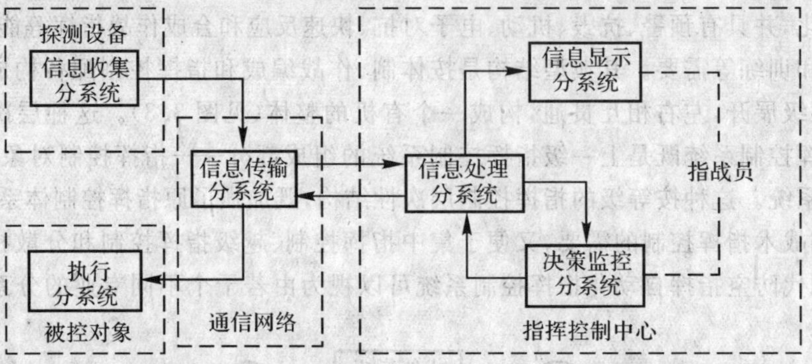

图 3.4 典型的现代防空指挥控制系统的基本组成

(3)信息处理设备。信息处理设备是以电子计算机为核心,及其输入输出设备所组成的数据处理系统。电子计算机是防空指挥自动化指挥控制系统各种技术设备的核心,用来进行文字、图形和数据的处理与存储。输入、输出设备除通用的磁盘机、磁带机、光电输入机、键盘,打印机和绘图仪以外,还有文字终端、图形终端、声控终端和真迹手稿终端等。信息处理设备通过应用软件对输入的各种格式化信息自动进行综合、分类、存储和计算,对各种方案进行模拟、比较、优选等。

(4)信息显示设备。显示设备主要有大屏幕显示器、管面显示器、信号显示板、光学投影仪和记录仪等。根据不同的应用,可采用一种或多种、一台或多台显示设备。提供单人或多人所需的视觉信息,供指挥人员直观地了解情况。一般要配置输入设备,以便实现人—机对话,实施指挥和控制。

(5)决策监控设备。决策监控设备主要是指指挥员用于对部队进行指挥和监督的设备,如指挥控制台、操作控制台,通过指挥控制台向系统输入控制信息,监视系统和被控对象的工作情况。在控制台上通常设置有管面显示器、键盘输入设备和信息输出设备。

(6)执行设备。主要由自动或人工把命令和决策信息变成行动的执行设备组成。如防空导弹的发射控制和制导装置、防空火炮的发射控制装置及各种遥控设备的执行机构等。部队执行命令的情况及武器的射击效果,可通过信息收集系统实时地收集上来,以便指挥员进行决策。

上述硬设备不仅包括防空指挥、控制、通信和情报的功能,还应包括相应的反制功能。

2. 软设备(或称软件)

现代防空指挥自动化指挥控制系统除了配备各种技术设备外,还需要大量的软件将各种设备的工作有机地联系起来。软设备是保障整个系统正常运转并完成指挥控制职能的各种程序的总称,通常分为系统软件、支援软件和应用软件三大部分,它是发挥现代防空指挥自动化指挥控制系统效能的至关重要的部分。

系统软件是指保障计算机正常运转，并对其进行操作、管理的全套程序，主要包括计算机的操作系统、数据库管理、语言编译，以及设备的控制、检查与诊断等程序；系统软件是属于计算机系统中最靠近硬件的一层。其他软件一般都通过系统软件发挥作用。

支援软件是支援其他软件的编制和维护的软件。

应用软件是用于作战领域的专用软件，它主要用来辅助指挥人员应用计算机系统完成作战信息的处理任务。由于现代战争对指挥控制的准确性和灵活性要求更高，各种新型硬件的使用、军事预算与兵力增减，所以指挥控制的软件将变得愈发重要。防空指挥控制的应用软件应能完成六种主要的数据处理任务。

(1)联机的数据管理和显示。数据文件必须根据诸如敌我力量、天文气象、战场分配等条件的变化情况自动更新，以提供使用；决策人员接收计算机的情报检测服务、数据率服务及计算服务；随时将需用的数据与信息显示出来。

(2)计算机辅助计算。武器系统射击诸元的计算，射击效率与毁伤效率的计算，战斗行动的计算，防核防化的计算，通信与后勤保障的计算，敌我双方兵力、火力、机动力等计算。

(3)兵力运用最佳化。利用各种数学模型和算法，以便在既定的条件下尽可能有效地选择武器，确定兵力数量和作战目标。另外，在受到打击以后，必须具有重新选择最佳方案的能力，以便还击或对付再次的打击。

(4)实时数据的输入、处理和传输。为了及时地提供和判断有用信息和存入数据库中的重要信息，必须对实时的数据在输入时加以过滤，以消除噪声，然后加以处理，以分离出重要的信息。输入信息和输出信息必须适当的变换，统一格式后，在防空作战部队与上级机关之间传输。

(5)联机辅助指挥控制决策。包括综合各种选择方案，根据限定条件选择最佳方案，提供结果供指挥员决策，辅助拟制作战计划等。

(6)实时模拟演习。包括自动产生情况，对外部因素和环境因素进行灵活的实验性的控制、记录与评价模拟演习的结果等。

综上所述，现代防空指挥自动化指挥控制系统不仅包括指挥(Command)、控制(Control)、通信(Communication)和情报(Intelligence)的基本功能(简称 C^3I)，而且包括反指挥、控制、通信和情报的基本功能(即 C^3ICM 或 C^3IEW)，是供指挥员在现代战争中掌握情况、分析判断情况、定下决心、迅速做出决策、下达作战命令和指挥协调部队作战的人—机系统。在实现这些功能过程中，人和指挥控制系统的设备发生联系，相互作用，以人为主体促使指挥控制系统运转，达到指挥控制部队的目的。由此可见，现代防空指挥自动化指挥控制系统涉及的范围很广。

在实现防空指挥自动化中，要求广泛应用运筹学、电子学、系统工程等有关学科的成果，解决一系列复杂的作战组织、军事学术和科学技术问题，如指挥过程的数学处理和模拟，确定系统的信息流程与作战功能，制定信息收集、处理、存储、分配的工作程序，提出各种技术设备的战术技术性能要求等。防空指挥自动化设备虽能辅助指挥员工作，但不能完全代替指挥员的思维判断，只有使自动化设备的作用与指挥员的创造性结合起来，才能实现高效能的防空作战指挥。

从功能的角度来看，防空指挥自动化指挥控制系统的基本功能是实现防空指挥、控制、通信和情报保障的自动化，满足现代战争对防空作战指挥控制的要求。

指挥功能：承担指挥员及其机关判断情况、定下决心、制定计划的全部工作；

控制功能：使所属兵力、兵器能按命令行动、动作，并把结果反馈给指挥员。指挥员根据动作结果和战场态势变化调整防空行动计划和兵力部署，使战事向期望的目标方向发展；

通信功能：保证指挥员与上级、友邻、部属之间能传递命令和情报信息；

情报功能：通过利用各种传感系统观察、监视战场态势和敌方行动来获取各种情报，从侦察战场情况到指挥员定下决心，完成情报收集、处理、存储、检索、决策等一系列的工作。

上述四个功能是紧密结合在一起的，任何一项都不可忽视。从功能层次上可划为三个层次，如图 3.5 所示。最底层的通信功能是防空指挥自动化指挥控制系统的基础；第二层的情报功能是防空指挥自动化指挥控制系统的核心；最上层是由指挥与控制综合而成的指挥决策功能，是防空指挥自动化指挥控制系统的主导功能，通信功能和情报功能都是为防空指挥自动化指挥控制系统决策提供支持、服务和保障的。由于上述三个层次的功能都是围绕信息展开的，因此三个层次都必须考虑信息的安全保密，这就构成了贯穿三个层次的安全保密功能。而现代防空指挥自动化指挥控制系统由于本身既不能给敌人直接造成损失，也不能防卫自己免遭敌人攻击，因而又必须具有反指挥、控制、通信和情报的功能（即 C^{3}ICM 或 C^{3}IEW），从而形成现代防空指挥自动化指挥控制系统主要功能的五个层次性结构。

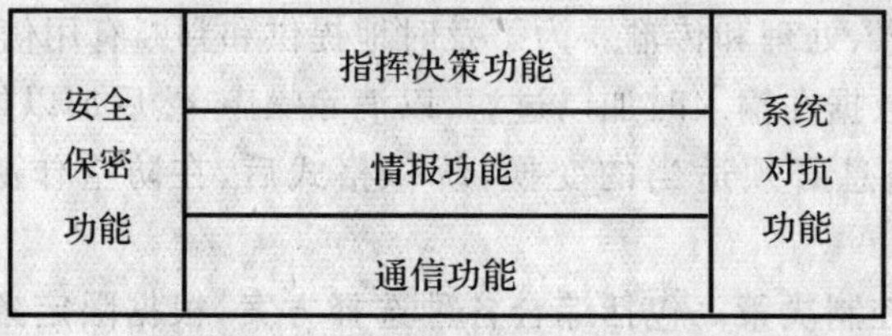

图 3.5 现代防空指挥自动化指挥控制系统功能层次结构示意图

第 4 章　防空指挥自动化指挥控制系统的信息处理

指挥员在防空作战指挥中离不开信息，特别是敌方的情报信息。"知己知彼，百战不殆"。为此要竭尽全力采用各种可能手段来收集情报。当前科学技术的发展，用于情报收集的传感器已呈现多种类型，如有源传感器的搜索雷达、跟踪雷达、制导雷达等，无源传感器的通信侦察和雷达侦察传感器(无源测向、测距)等。它们可以根据需要设置在空中、地面和海上的各类平台上，以增加情报的收集范围。此外，防空指挥自动化指挥控制系统还可以得到采用其他技术收集到的情报，如人工情报、电子情报、来自外部的通信情报等。各类情报信息对战场目标的描述均各有其特定的方面，无论是对目标空间状态的描述，还是对目标属性的描述，各类情报信息之间的关系不外三种：独立、重叠或交叉。因此，为从多情报源收集的情报信息中提取出准确、有用、超出单类情报可信度的目标信息，必须要对多源情报进行有效的融合处理，去掉冗余部分，并把各批情报所携带的有效信息尽可能多的提取出来，从而为指挥员不失时机地定下决心，制定正确的作战方案提供及时、准确的情报信息。

4.1　防空指挥自动化指挥控制系统信息处理的概述

防空指挥自动化指挥控制系统的基本要素是信息，从这个意义上说它是一种军事信息系统。因此，认识各种信息在指挥控制系统中形成与变化的过程，以及分析信息之间的相互作用和关联方式，是我们研究防空指挥自动化指挥控制系统的重要内容。

一切防空作战指挥控制过程，首先是信息的形成、转换、传输和运用，对于防空作战指挥控制系统而言，信息是为完成防空作战任务，履行其固有的职能所必需的各种数据的组合。各个指挥级别都有与其特点和完成任务的范围相适应的信息需求。因此，信息处理是防空指挥自动化指挥控制系统的重要功能之一。

现代防空作战信息是敌我双方在空间进行对抗的客观反映，是指挥现代防空作战的依据。在战前、战中以至于战后，各种信息总是源源不断地涌向各级防空指挥中心。随着防空武器系统和空防对抗作战方式的发展、信息量的不断增加、战争节奏的加快，防空作战信息密度也随之增大。防空指挥员能否在纷繁复杂的信息流中抓住有效的信息作为定下正确决心的依据，将直接影响着现代防空作战的进程和结局。现代防空作战信息种类繁多，获取信息的手段多样。

防空作战信息按其来源可分为两大类，即敌方信息和己方信息。敌方信息包括敌空袭征候、空中敌情和敌战后动向等。己方信息包括来自上级、下级和友邻的信息，如图 4.1 所示。按获取敌方信息的手段、方式，又可分为雷达侦察信息、卫星侦察信息、无线电侦听信息和谍报信息等。上述各种信息是在极短的时间内急剧地发展、变化和传播，造成了信息密度明显增大，收集、处理、传递信息的工作十分繁重，这也是防空指挥手段由人工方式向自动化方式转变的重要原因之一。

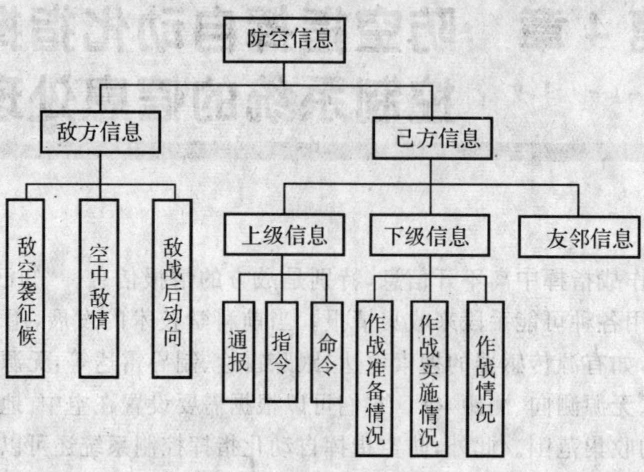

图 4.1 防空信息的分类

更为重要的一种分类方法是将防空作战信息按其用途分为情报信息和指挥信息。

1. 情报信息

情报信息按照防空作战指挥控制需要，又可以概括分为两类：预警和空中监视情报、战斗情报。

(1)预警和空中监视情报。用于全局性的概括分析空情、与友邻协调任务，使防空作战火力单元进入规定的状态，以便掌握战机，最大限度地发挥其战斗力。防空作战对空中监视的基本要求是尽远、尽早发现空中目标，测定其坐标，判明目标的性质，及时测报目标诸元。对于已经发现的目标，要不间断地掌握其活动情况，保持情报的连续性。

(2)战斗情报。战斗情报用以保证作战单位和火力单元对防空武器系统直接实施射击指挥和拦截制导控制。战斗情报的特点是实时性要求高，在紧急情况下，从发现目标至发射导弹只有几秒至几十秒，要求较高的数据率。目标坐标的精度和分辨力应能保证区分出敌突击队形中的战术使命编队，以确保完成射击指挥的主要任务——按空中目标分配火力，并实现所下的决心。

2. 指挥信息

指挥信息主要包括指挥命令，状态与情况通报，询问(请求指示)，指挥文电，战备值班及传输服务等。

(1)指挥命令。

1)状态转换。指挥所战斗值班等级转换、部队战斗值班等级转换、指挥所工作状态转换、对时等。

2)目标性质与空域划分。方向定义与取消、方向性质指定与取消、区域定义与取消、区域性质指定与取消、目标性质指定与取消。

3)射击决心。预先决心、射击决心取消、下级决心批复。

(2)状态与情况通报。

1)部队状态。自动化设备开、关机，指挥所现等级，部队现等级，指挥所现状态，地理坐标定位，雷达遮蔽角等。

2)目标跟踪和射击状态通报、目标校对结果。

3)兵器状态。作战单位与火力单元兵器状态、故障情况、故障排除情况等。

4)射击结果。某批射击效果、统计射击效果。

5)飞行通报。我机起飞预报、我机航行预报、我机返航预报、拦截目标预报、航行预报取消。

(3)询问(请示)。综合、性质、目标、方向、区域询问(请示)等。

(4)指挥文电。日常战备、防空作战指挥实施过程中，系统内部、系统与外部指挥机构往来的主要文电信息。

(5)战备值班。作战值班登记、战备检查登记、战备演练登记、重要战备活动。

(6)传输服务。明白报、请求重发、报文作废等。

防空指挥自动化指挥控制系统的信息处理功能是系统将所获取的原始信息变为有用信息的能力。对应上述两种信息，防空指挥自动化指挥控制系统的信息处理功能主要包括情报信息处理和指挥信息处理两种信息处理类型。情报信息处理的核心是雷达情报的三次处理，目的是为防空指挥自动化指挥控制系统的辅助决策做准备；指挥信息处理的核心是命令和文电的处理，目的是为防空作战实施指挥控制。

关于信息处理功能主要包括信息处理的目的和任务、信息处理的内容、信息处理的机制、信息处理的方法、信息处理能力的度量等内容。

通过各种传感器获取的信息通常情况下是来自各种信息源的零散信息，也就是说原始信息，必须要按照一定规则进行处理。信息处理的目的，一是消除冗余，确立信息的置信度；二是把多种格式的原始信息转化为便于传递、分析、显示或进一步应用的格式，使原始信息可以在系统中流通和应用；三是剔除无用信息、压缩原始信息数量，提高信息质量，便于信息的存储，以备必要时进行查询或使用。因此信息处理的基本任务主要包括对原始信息筛选过滤，提取有用信息，并进行编辑整理；格式检查和转换，对格式化的信息进行综合、存储，以备必要时提取和使用；对信息进行融合、分析或计算；对信息进行质量评估。

对一般的防空指挥自动化指挥控制系统而言，信息处理的内容主要包括情报信息处理、指挥文电信息处理、数据资料信息处理、系统状态信息处理等。这些一般性的信息内容可以根据不同的指挥工作或各种性质的席位和终端，分解成各种具体的信息内容，例如情报信息可以分解成雷达情报信息、技术侦察情报信息、航空管制情报信息、气象情报信息等，而雷达情报信息又可以分解为警戒雷达情报信息、引导雷达情报信息、空中预警机雷达情报信息、航空管制雷达情报信息等。

信息处理的机制是指防空指挥自动化指挥控制系统一般的信息处理过程，这个过程可以这样进行描述：依据指挥对信息的需求，通过各种信息获取渠道，收集分布于各个信息源的数据，形成原始信息；经过信息处理转化为具有相应置信度和格式要求的指挥信息，进行融合和综合，成为融合或综合信息；经过态势评估、分析或计算，成为供辅助决策使用的态势信息或方案信息；经过指挥人员特别是指挥员的决策(定下决心)，成为决策信息(或称为再生信息)，这是实施指挥的基础信息；根据决策信息，制定命令、指示、计划、方案，生成控制信息；通过发布命令、指示、计划、方案将控制信息传输到指挥控制对象，并将控制信息施效情况通过信息源反馈回来。这个过程循环往复地进行。

信息处理的方法是多种多样的，例如数据融合方法、情报综合方法、辅助决策方法、一般数学方法等。信息处理方法的运用过程也是极为复杂的，例如数据融合方法是信息处理技术中科技含量较高、应用范围广泛但应用难度很大的信息处理方法。数据融合方法对信息的处理过程可分为三个阶段：一是以多传感器为基础，对信息源进行识别，并判断信息源位置，这一阶段处理的结果为“标号集”。这些标号集标志着三维空间的一组点信息源的特性和运动，此外，还为每个点信息源制定了位置轨迹和预测位置；二是针对特定的问题，在前一阶段处理的基础上，在有关数据的支持下，进行信息源数据的相关分析，包括提炼、抽象、评估、预测；三是对某一项具体应用问题进行使用。因此，采用哪种信息处理方法，应该根据原始信息的情况和指挥需求进行选择。

信息处理能力可以用以下指标来度量。一是信息综合比。信息综合比是指经过处理后的综合信息量与输入系统的原始信息量之比，信息综合比反映系统对原始信息的综合处理能力，这种能力越强，就越能以尽可能少的综合信息，准确、全面、精炼地反映事物的本质，就可能以少而精的高质量信息提供给信息的使用者，其度量以百分数表示。二是信息处理密度。信息处理密度是指单位时间内信息处理的总量，其单位以事物/s、字节/s 等表示。三是信息存储量。信息存储量是指可存储的用户信息总量，其单位以 MB 表示。四是资源开销比。资源开销比是指用户信息所占资源容量与系统总信息资源容量之比，其度量以百分数表示。五是信息处理质量。信息处理质量是指经过系统处理后的信息的置信度，即信息处理精度，其度量一般以好、较好、一般、差等定性分析的指标度量来表示。

防空指挥自动化指挥控制系统的信息处理是一个非常复杂的过程，随着信息科学技术的不断发展，信息处理功能也在不断地完善。

4.2 防空指挥自动化指挥控制系统信息处理的内容与过程

4.2.1 防空指挥自动化指挥控制系统信息处理的内容

防空指挥自动化指挥控制系统中的信息分为四类：

(1)侦察(探测)信息；

(2)指挥信息；

(3)关于自己部队及兵器的战斗准备、战斗行动等报告信息；

(4)手册与报表之类的静态信息。

侦察信息包括作战范围的空中情况，目标特性等情报。雷达站作为侦察信息源，可以发现目标，确定目标坐标和特性。原始的雷达信息包括大量多余的情报，需要进行预处理。

指挥信息是决策信息的总和。指挥信息由指挥系统指向被控制系统(自上而下)，它是系统内部产生的，因而是稳定的。

自下而上的报告信息是各种各样的报告，它们来自系统的执行单元。这些信息包括自己的飞机和导弹的不同准备等级，已经发射和剩余导弹等情况。这些信息由系统内部产生，不需要进行专门的处理。

手册与报表性质的信息由一些综述性信息组成，如气象条件、自己人员、装备的损失、材料和技术设备的储备情况等。这些不需要进行预处理。

所有在指挥自动化系统中传送的信息流，只有雷达信息需要经过预处理。下面简单介绍一下雷达信息处理的方法和技术。

对雷达信息有以下要求：

(1)获取雷达信息的及时性，以保证在确定的界限内消灭目标。雷达信息应快速处理，并以最小的延迟时间传送到用户。

(2)雷达信息的充分性。信息应该包括区域内的全部空中目标。此外，每个目标都有所要求的信息组成部分(速度、飞机类型等)。

(3)雷达信息的高可靠性。

(4)足够高的雷达信息精度。它在很大程度上决定了指挥系统的功效。

在雷达情报系统中各个雷达站的信号都要向雷达情报处理中心(或称情报站)传送。雷达信息的处理，分别在雷达站和雷达情报处理中心进行。对雷达信息的处理过程细分为三个阶段：

一次处理——雷达站单个扫描周期内的信息处理。

二次处理——单个雷达站几个扫描周期内所获得信息的处理。

三次处理——也称为综合处理。对来自几个雷达站的信息进行处理。

(1)一次处理的任务。在雷达接收机输出的信号中，从杂波干扰背景中检测出有用目标的回波，判定目标的存在；录取目标的坐标(方位、距离、高度)；录取目标的其他参数，如目标大小、架数、国籍、发现时间，并对目标进行编号。

(2)二次处理的任务。按照一次处理提供的数据，对运动目标建立航迹，计算并存储运动参数。必要时，对目标进行坐标变换；对目标进行跟踪，判断每次扫描的回波信号是否是同一参数；预测并判断运动目标的未来情况，计算目标的运动参数，如目标的航向、运动速度和加速度等。

(3)三次处理的任务。在多站的雷达系统中，包括多部雷达、分布在不同的地点，需要将各雷达站的雷达信息传递汇集到雷达情报处理中心，各雷达站的雷达信息虽然经过两次处理，但汇集到雷达情报处理中心后，不能直接使用，需要进行三次处理。它的任务是：

将目标的坐标和运动参数统一到一个坐标系和计时系统。这是因为一次和二次处理都是按各雷达站的坐标系统进行的，各雷达站的工作在时间上是不同步的，因此，将这些雷达站的数据汇集起来以后，首先要统一坐标和时间的标准。

将各雷达站的点迹数据(包括目标的坐标、运动参数及其他各种特征参数)加以识别，归入相同的目标航迹数据中去。这是因为有的目标同时被几个雷达站探测，它们各自将数据集中到雷达情报处理中心，由于各雷达站的测量精度不同，数据计算和传递过程中所引入的误差也不同。因此，由不同雷达送来的目标数据在坐标系统和计时系统被统一后，还要解决目标归并问题。因为在多目标情况下，就需要建立一种准则，以区分哪些数据是属于同一目标的，哪些数据是属于另外目标的；辨认出同一目标的各种数据之后，还要规定一种标准，将这目标的不同数据归并为一个点迹。

在以上两步处理的基础上，计算目标的运动参数，建立统一的航迹，实施统一的跟踪和其他处理。

雷达情报经过三次处理后，获得关于目标的综合航迹信息，这些信息被送到防空指挥自动化指挥控制系统的指挥决策模块，指挥决策模块根据综合的航迹信息及其他敌、我双方的情报，完成目标识别、威胁评估、诸元计算、目标分配等任务。其结果作为指挥信息流送往下级单位，最终实现对地空导弹等武器系统的控制和引导截击机等。

可见，雷达情报三次处理过程与防空指挥自动化指挥控制系统的关系最为紧密。因此，雷达情报三次处理往往成为防空指挥自动化指挥控制系统分析、设计以及开发的一部分。下面将详细介绍雷达情报三次处理的有关内容。

4.2.2 防空指挥自动化指挥控制系统信息处理的过程

防空指挥自动化指挥控制系统对情报信息处理功能最根本的要求，是利用多传感器的数据进行多目标跟踪，建立统一的信息场。将多部雷达的数据送到指挥控制中心进行处理，对这些目标数据进行正确的组合，可以获得比单站测量有更高质量的航迹，而由于各雷达站相对于目标的视角不同，可以减少目标的起伏、闪烁、地形遮蔽的影响，同时还可以采取频率分集、空间分集，以及三角测量等技术来提高反电子干扰的能力。此外，利用多部雷达所提供的冗余度，可以提高系统的任务可靠性，减少单站雷达的工作盲区，使防空武器火力单元有可能利用外部的数据进行射击。

除了各种雷达站外，还可以将其他的传感器，如预警机、红外成像跟踪器、被动无线电侦察接收机、激光跟踪器等结合起来使用，从而更充分地利用电磁波谱，特别是被动传感器的使用可以改善系统的无线电静默，从而提高系统的生存能力。

1. 航迹管理

(1)多传感器数据接收处理。

(2)航迹数据的坐标转换。由各传感器的本地坐标系转换到公共的基准坐标系。

(3)航迹数据的空间和时间校准。补偿各传感器航迹数据的空间和时延的校准误差。

(4)航迹相关。确定来自不同传感器的航迹是否是同一目标。

(5)航迹状态估计。进行航迹滤波，滤波器根据假定的目标运动模型和测量的目标数据估计参数，并预测目标的位置，反馈至目标相关模块，供下一周期的目标航迹相关。

(6)属性分类。根据传感器报来的目标特征参数，形成合成的 n 维测量向量，每一维表示目标的不同属性，并与各种类型目标的事先测量属性比较，将合成的测量值分类成 m 种可能的目标属性之一。

(7)形成系统航迹文件。使系统航迹具有唯一的编号，并将航迹成分加以组织，形成可以有效管理的文件，供进一步处理、评估和显示使用。它要根据新的输入，不断地进行更新。

2. 航迹相关和系统航迹的形成

(1)航迹相关。航迹相关是为了正确组合两个以上的传感器数据，对这些数据加以比较，以确定它们是否属于同一目标的决策过程。这与单站雷达的点迹——航迹——相关是相似的。不同雷达传感器可以提供不同类型的数据，其精度也各不相同，为了将这些测量值适当地配对，可将航迹的位置和速度相近的数据关联起来。作为位置和速度相近的数据，应与雷达的测量精度、校准精度和目标机动能力相适应。

(2)系统航迹的形成。将单独的传感器航迹组合成雷达情报处理中心的系统航迹的简单方法是雷达情报处理中心对传感器航迹周期性地进行组合，用新组合成的航迹来代替前面已形成的航迹，对航迹文件进行更新，这一过程一直重复下去。

每当对雷达情报处理中心的航迹文件进行更新时，都要将已形成的雷达情报处理中心的航迹与传感器新送来的当前估值进行比较，为此，首先将每个传感器的航迹外推到统一的融合时间点，然后用新的数据更新原有的数据，在形成雷达情报处理中心的初始航迹文件时，可以全面考虑精度、分辨率、检测能力等因素，执行航迹融合算法，选择最好的传感器航迹作为系统航迹，然后，逐次与其他传感器的航迹相关，形成雷达情报处理中心的航迹文件和新的状态估计。

4.2.3　防空指挥自动化指挥控制系统信息处理的方式

经雷达发现、录取的目标情报信息，必须通过通信设备传送到雷达情报处理中心或防空作战指挥控制中心进行处理，经处理后的雷达情报才能提供给作战部队使用。情报处理系统对雷达情报的处理分为人工处理和计算机自动处理两种不同的方式。

1. 人工处理方式

人工处理方式处理过程大体如下：标图员通过收听情报，将经过通信设备（电报、电话）收到的情报进行分类和检查有无差错，即人工收报。对听到的正确情报，标图员根据所收情报类型及标图规范要求，用润滑铅笔标在空情标图桌上，即人工标图。然后，情报处理参谋人员或指挥员根据情报处理原则，对标图桌上各雷达站掌握的空中目标航迹进行综合处理（含目标航迹正确性判断、多站航迹相关、目标识别、冲突探测、上报批确定等），并将处理后的目标航迹命报读员编批报出。最后，由报读员将指定上报的目标航迹按规定的情报编组格式报出；报读员报出的综合空情由记录员录下来，然后报务员发往各使用情报的单位。这样的情报处理方式，从收报至发报的全部过程中全是由人工完成，不仅花费大量的人力和物力（标图笔和标图版），而且速度慢，容易出错，很难确保雷达情报的迅速、准确、连续和保密。

2. 计算机自动处理

计算机情报处理系统具有速度快、能自动存储大量信息、具有数据管理能力等特点。对于上述的雷达情报处理，只要设计具体的处理程序，计算机系统完全可以代替人工的繁重劳动，实现雷达情报的自动化或半自动化处理。

计算机情报处理方式是以计算机为中心的雷达情报处理过程。它和人工处理方式基本相同，包括五个阶段，即收报、加工处理、现实、人工干预和发报。

雷达情报处理的第一阶段是情报的手迹，即收报。各情报源的发送电路均与计算机的通信控制器相连。来报电路送来的信息通过通信控制器，以一定的编码形式存入到计算机系统中，在接收一份完整的情报之后，计算机自动对此情报进行加工处理。

情报的加工处理是雷达情报处理的核心，一般包括情报编组格式检验、分报类进行处理。例如对一份包含目标坐标的报文（如坐标报）要进行误差补偿、坐标变换、航迹点正确性判断、多站航迹相关、目标识别、冲突探测、上报确定等处理。

显示空情就是将情报加工处理结果（如有目标航迹、数据、判定结果等）信息在显示器上显示出来，以便让一些需要辩证思维而计算机却难以实现的复杂情况，由人来处理；或者对计算机处理的结果进行把关、审核。

人工干预是人—机交互的重要手段，是雷达情报处理过程中不可缺少的部分。当指挥人员需要对加工处理结果进行干预时，可向计算机输入相应命令，计算机根据该命令事先确定的规则对有关信息进行相应的处理。

雷达情报处理第五阶段就是情报输出。情报输出是将加工后所得到的情报,通过各种方式输出,其输出方式主要是发报,其次是记录。各使用雷达情报信息单位的收报电路均与计算机的通信控制器相连,当发报电路空闲时,立即取一份报文进行发送。

由上述可见,一个雷达情报处理中心,实现计算机自动、半自动处理雷达情报,只要有少量的工作人员就足以胜任全部处理工作。同时如果要改变雷达情报处理方法,扩充处理功能,只要改变相应的处理程序就能方便的实现。

4.2.4 情报信息处理的任务及过程

1. 情报信息处理的任务

情报信息综合处理,就是对本级所属传感器和友邻站报来的空中目标的坐标、高度、性质等数据进行查证、判断、选择,使之成为准确、完整、连续的空中情报。其具体任务如下:

(1)情报格式处理。就是对以不同的录取方式获得的目标数据,进行格式和码制的统一。在雷达情报系统中,常用录取方式有自动录取、手动录取、电传(或键盘)打码三种,它们既有格式上的不同,又有码制上的差别,因此必须在加工处理之前进行统一。

(2)检错及排错。就是对每份情报格式和数据进行正确性检查,对错误情报进行记录,对错误情报中能利用部分尽量利用,不能利用则丢掉。对情报格式的正确性检查,就是查看来报格式是否符合规定的格式。因情报格式不符合规定,经计算机处理后,就会得出错误结果。因此,对每份来报格式,在内加工处理之前必须严格检查,以便排除不符合规定格式的情报。每份情报数据的正确性检查,就是检查情报中的坐标值、高度值、密语等是否超出一定的范围。

(3)坐标变换。就是将上报的目标坐标数据,进行坐标归一。由于每一个雷达站或友邻站报来的目标坐标数据,是在不同的坐标系,并以不同的坐标基点测报出来的,因此,在对数据处理之前,必须转换成以本级站为中心的统一直角坐标值。

(4)时间统一。在情报综合时,把一个处理周期内,各站在不同时刻测量的雷达航迹通过外推和内插统一到同一时刻。在无法与上级和友邻站对时的情况下,主要靠统一时间标准,并在传递情报时,同时传递情报的发生时刻。

(5)判重复批。就是判定上报的多批目标航迹中哪些是同一目标的航迹。在系统中,有时一架飞机能同时被多个雷达发现,这些雷达都上报了这架飞机的有关数据,在处理这一目标的航迹时,就需要从多站上报的多条航迹中选取最精确的一条,并且要保证这批目标航迹的连续,不发生中断。为此,要对各雷达上报的目标进行判重复批处理。

(6)选择主、副批和上报批。

1)选择主、副批。就是从同一目标的多条航迹中选择最精确的一条作为主批(也称主航迹)。其余几条作为副批(也称副航迹)。在此目标需上报时,主批用于上报,副批作为主批的补充;当主批消失时,再从副批中选择一条较为精确的航迹代替原来的主批。

2)选择上报批。就是从各上报的多批目标中经过分析判断、综合整理和统一编批后,选择其中符合上报规定要求的目标批进行上报。

(7)显示。就是将各雷达站上报的目标数据在显示器上显示出来。在系统中,情报的综合处理加工是依靠计算机和显示设备的自动化再结合人工干预来实现的。为了充分发挥人的主观能动性,让一些需要辩证思维而计算机却难以实现的复杂处理,由人来处理,让人控制机器,或者对机器的工作把关,审核、批准机器的判断、决策。因此,需要将有关目标数据和处理结果在显示器上显示出来,以便指挥人员进行检查和处理。

(8)目标数据的管理。就是用上报的目标数据去建立或更新目标数据结构。由于计算机对目标情报的综合处理,是根据每批目标当前的和过去的有关数据及处理标志进行处理的,因此,在系统中对每批目标都要设立一个目标数据结构,用来记录该批目标当前及过去的有关数据和处理标志,当一批新批目标出现时,就建立该批的数据结构;当一批老批目标新数据上报时,就用新的数据更新老的数据;当一批目标消失时,就删除该批目标结构中的数据。

(9)定时处理。就是定时检查各上报的每一批目标在规定的时间内是否有新的数据上报。如果一批目标在规定的时间内无新点上报,就要根据时间的长短,对该批目标进行消失或暂消处理。

4.3　防空指挥自动化指挥控制系统信息处理的组成与结构

防空指挥自动化指挥控制系统的信息处理子系统,简称防空指挥控制信息处理系统,正是为保障防空指挥自动化指挥控制系统信息自动收集、传递、处理和显示信息,辅助指挥人员对防空部队和防空武器系统实施指挥控制而建立的一种人—机系统。

防空指挥控制信息处理系统是防空指挥自动化指挥控制系统中的一个分系统,是一个典型的实时信息处理系统。它是以计算机为核心,及其输入、输出设备所组成的信息处理系统。计算机是防空指挥自动化指挥控制系统各种技术设备的核心,用来进行文字、图形和数据的处理与存储。输入、输出设备除通用的磁盘机、磁带机、光电输入机、键盘、打印机和绘图仪以外,还有文字终端、图形终端、声控终端和真迹手稿终端等。信息处理设备通过应用软件对输入的各种格式化信息自动进行综合、分类、存储和计算,对各种方案进行模拟、比较、优选等。

防空指挥控制系统的情报信息是指由各种传感器(特别是雷达设备)录取输出或人工报出的所测目标的坐标和属性等情报。在此,以雷达情报为例,介绍防空作战指挥控制系统中的信息处理系统。

4.3.1　情报信息处理的流程

情报综合加工处理的程序大致可以分为以下三个部分:

(1)预处理程序:完成情报格式整理、量纲和码制统一、检错排错、坐标变换。

(2)内加工处理程序:完成各类情报综合加工处理。

(3)结束处理程序:将内加工处理程序装填好的各种情报输出信息表传送给各"情报输出处理任务"。

"情报综合处理任务"平时处于等待"情报输入任务"传送信息的到来。一旦"情报输入任务"把装填好的情报信息表排入情报加工队列,并激活本任务。开始对情报加工队列中情报信息进行综合加工处理,首先由预处理程序判断情报队列是否有情报信息等待处理?如果情报加工队列空,就等待"情报输入任务"传送信息;如果不空,就从队列中取出一份情报进行预处理。在情报的预处理过程中,若情报数据、格式正确,就将预处理结果送情报数据区,并转入内加工处理程序;如果有错,就进行出错处理。预加工结束时,要将这份情报原来所占用的数据块进行清空,退回空区队列,以便再调用。

在内加工处理程序中，对每一种情报都有一个专门的处理模块；有多少情报，就有多少个处理模块。每种情报的处理程序都严格按照情报综合处理的原则进行，以便对不同的情报进行相应的处理。如对坐标情报要进行诸如计算目标速度、判错点、判重复批、确定主副批、确定上报批、显示更新目标数据、填写有关输出信息表等。

4.3.2 防空指挥控制信息处理系统的基本组成

一个典型的防空指挥控制信息处理系统，如图 4.2 所示。

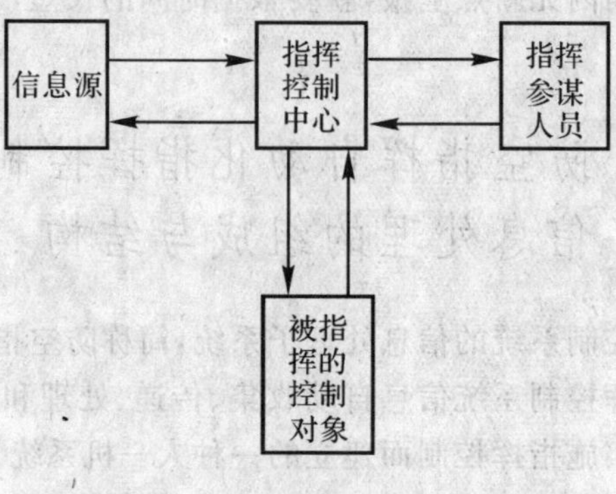

图 4.2 典型的防空指挥控制信息处理系统

从图 4.2 的描述可以知道，组成防空指挥控制信息处理系统的主干有四大部分：信息源、指挥控制中心、被指挥的控制对象和指挥参谋人员。

为了使系统能够运行，必须完成各部分之间的信息传输；还需将有关信息显示出来，提供给指挥参谋人员。由指挥参谋人员进行决策指挥。所以从技术角度和系统的相互关系上考虑把系统划分成信息收集、信息传输、信息处理、信息显示、决策指挥和执行六个分系统。另外，还有一些电源、维护和维修设备组成的辅助分系统。所谓分系统，就是将一个完整的大型系统按某种特征划分为若干部分，这些部分就称为分系统（或子系统）。一个分系统由若干设备所组成，能独立完成系统的某些重要功能。

1. 信息收集分系统

功能：及时收集空中情报、技侦情报、气象情报等。

设备：主要技术设备有雷达、空中预警飞机、预警卫星，以及各种信息录取设备等。

2. 信息传输分系统

功能：迅速、准确、保密和不间断地传输各种信息；自动进行信息交换、加密、解密和选择路径。数据信息能经过信道自动进入计算机，书面或口头情报可由人工格式化后经信道直接输入计算机。

设备：信息传输设备，指用来传递信息的各种信道设备、交换设备和通信终端设备。信道设备有有线载波、微波接力、散射、卫星通信及光纤通信设备等；交换设备主要有电话自动交换机和电报、数据自动交换机等；通信终端设备主要有电传机、传真机、汉字终端和电话机。通常由这些设备组成具有各种功能的通信网。对雷达数字信息的传输，主要采用窄带传输方式；而对雷达的原始视频信息传输，主要采用同轴电缆和宽带微波方式；对于飞行计划信息，气象情报、技侦情报和各类电报的传输，一般是通过自动转报系统进行的。总之，通信设备的选取主要是根据各种防空指挥控制中心的信息源的分布，自动化程度和雷达站的环境条件进行综合考虑。

3. 信息处理分系统

信息处理分系统的功能是对输入计算机的各种格式化信息自动进行综合、分类、存储、更新、检查和计算等，进行军事运筹和辅助决策。信息处理的基本过程是对接收到的空中情报，进行坐标变换，正确处理几部雷达所提供的重复情报，并编排批次，建立敌我双方的综合航迹；分析敌方目标的活动企图和威胁程度，结合计算机内部存储的己方兵力部署及气象、武器状态等情况，计算出决策方案，供指挥员决策时参考；根据所选拦截武器的战术技术参数，进行拦截控制的计算，产生控制指令。

电子计算机是防空指挥自动化指挥控制系统各种技术设备的核心，用来进行数据处理。

4. 信息显示分系统

信息显示分系统以文字、符号、表格等各种形式，直观地显示计算机处理后的各种信息。如空中作战态势、辅助决策方案、命令指示和兵力部署等。

设备：信息显示设备，指用来显示信息的设备，可供指挥人员直观地了解情况。显示设备主要有大屏幕显示器、管面显示器、信息显示板、光学投影仪和记录仪等。

5. 决策指挥分系统

指挥员根据情况作出决策，并将其转化为各终端便于执行的命令，并监督命令的执行，这里需要指出的是指挥员的决策是根据信息处理分系统中的辅助决策和指挥员的经验判断作出的。指挥员既可以认可辅助决策提供的对策方案，又可否决或只认可部分辅助决策的内容。信息处理分系统中的一系列计算机辅助决策过程属于信息处理过程，而决策指挥分系统中的决策指挥属于指挥过程，是指挥员对整个系统的干预。

主要有各种功能的监视控制台和工作台等，用来监视系统的工作情况，并向系统输入控制信息。在监视控制台上通常设置有管面显示器、键盘输入设备、打印机、电话和录音机等。

6. 执行分系统

被指挥的控制对象接收到控制信息后，执行分系统能自动（或人工）执行指令，如在武器控制系统中，能自动（或人工）进行武器控制。部队执行命令情况及武器的打击效果，又能通过信息收集分系统实时地收集上来，以便指挥人员检查。

执行设备，指用来自动执行系统决定，把信息变成行动的装置，如导弹的发射控制和制导装置、火炮的发射控制装置，歼击机的自动驾驶装置等。但必须指出，对于由人工控制的武器，通常是在被指挥对象的所在位置设置显示终端，指挥控制中心的命令用数据线发送到该终端，被指挥者根据显示出的命令（包括指令）来控制武器。

7. 其他部分

(1)连接装置。计算机连接装置用于保障计算机与系统的其他部分和其他防空指挥自动化指挥控制系统发生功能联系。与被指挥对象的连接装置，用于保障系统与被指挥对象的自动化装置进行功能上的联系。连接装置通常是一个计算机与通信设备的接口装置。

(2)电源设备。用于给系统指挥控制中心的整个自动化综合设备供电。

(3)检查和维修装置。用于及时发现和维修系统中设备的故障。

4.3.3　防空指挥控制信息处理系统的结构

结构就是系统的物质骨架，是系统的基础。本节介绍的系统结构，是防空指挥控制中心内部系统的结构。在一个防空指挥控制中心内部，包括计算机分系统、显示分系统、内部通信分系统及其他分系统。这些分系统都起着重要的作用。核心是计算机分系统，这是因为传感单元送来的情报数据，指挥控制人员的人工干预数据和发给武器控制部分的各种控制信息及反馈信息，都要由计算机分系统接收、处理和分发。由于各种数据处理要由计算机来完成，所以系统的结构设计事实上是围绕着计算机进行的，是围绕着如何处理计算机分系统内部组成之间，计算机分系统和其他分系统之间的关系展开的。

防空指挥控制信息处理系统的典型结构有集中式结构、分布式结构、混合式结构和公共总线结构。

1. 集中式结构

集中式的系统结构，主要是指在系统中设置中心计算机，无论是远程终端还是本地终端都直接与中心机连接。系统中所有的数据处理任务，其中包括雷达信息、显示信息和指挥控制信息处理等，均是由中心计算机完成。

集中式数据处理，是指雷达信息的二次处理和三次处理同在一个处理机内进行。也就是说，雷达情报处理中心的计算机对各雷达站送来的目标点迹进行综合处理，输出各个目标的多雷达目标航迹，图 4.3 所示是这种处理方式的结构图。从图中可以看出，雷达站数据录取器输出的雷达目标点迹，直接经通信线路送往雷达情报处理中心的计算机进行综合处理。

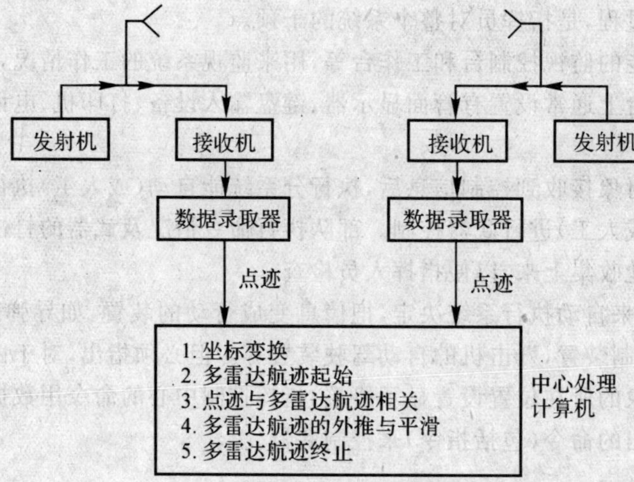

图 4.3　集中式数据处理方框图

2. 分布式数据处理

分布式数据处理，是指雷达信息的二次处理和三次处理分别在不同处理机内进行。也就是说，每个雷达站用一部计算机根据单部雷达的点迹完成二次处理功能，然后把单雷达航迹送往雷达情报处理中心的处理计算机进行组合，确定各个目标的唯一的多雷达航迹。分布式数据处理的结构如图 4.4 所示。

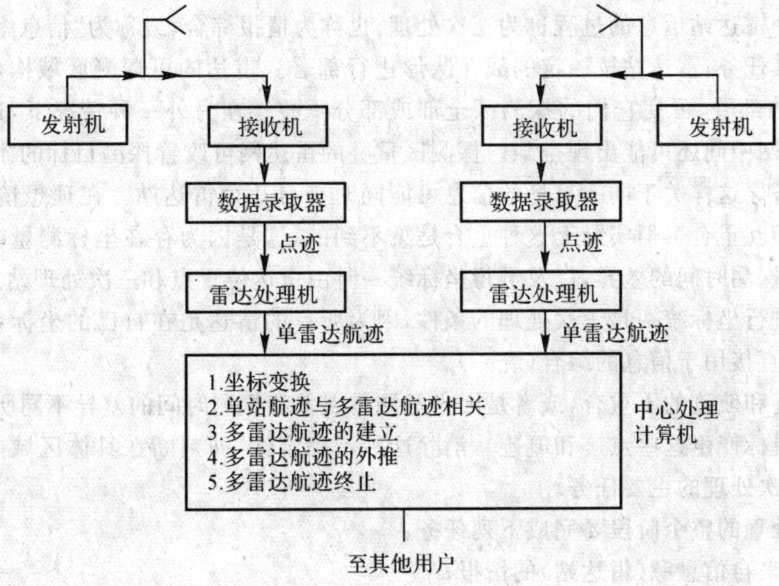

图 4.4　分布式数据处理方框图

集中式数据处理与分布式数据处理相比,具有以下特点:

(1)跟踪精度高。在集中式数据处理方式中,多雷达站的数据录取器输出的目标点迹全部送入数据处理机,因而雷达情报处理可以获得较高的点迹数据精度。

(2)数据传输容量较大。数据录取器输出的真假目标点迹全要经数据传输线路传送到雷达情报处理中心,所以数据传输容量较大。

(3)雷达校准要求较高。同一目标可以被多部雷达发现,由于定位误差的存在就可能引起点迹与航迹相关发生混乱。为了解决雷达校准问题,通常要采用不同方式进行雷达校准处理。第一种方式是把所有的综合搜索雷达以一个参考源(通常是远程三坐标搜索雷达)来校准。跟参考雷达有关的其他雷达的偏移被计算出来,随后,从每个雷达来的点迹就根据计算出来的偏移进行修正。第二种校准方式是综合搜索雷达以引导雷达或武器控制跟踪雷达为基准来校准。它通过比较一个选定目标的相同航迹,计算用做调整的数据偏移,提供给所有搜索雷达。对于共站式雷达网,还可以采用固定目标进行校准。

集中式数据处理方式,通常用于多部雷达位置相同的共站式雷达网。在非共站雷达组成的分布式雷达网中,若雷达网的重叠系数较大,也可以采用这种数据处理方式。

4.4　防空指挥自动化指挥控制系统的情报综合

4.4.1　防空指挥自动化指挥控制系统情报综合的过程

在一次处理和二次处理阶段,处理的信息只来自单个雷达站。指挥自动化系统在完成指挥控制任务时,必须有足够大空域内的目标信息,只靠单个雷达站是保证不了的。因此只有用多个雷达站组成一个雷达网来获取信息。处理多个雷达站所获信息的任务是形成总的空情态势图。

处理多个雷达站信息的过程称为三次处理，也称为情报综合，或称为“信息融合”。

为完成其任务，雷达站按一定的战斗队形进行部署。雷达的可探测区域构成雷达网。通过对雷达站的部署，可使它们的探测区全部或部分重叠。在另外一种情况下，这种重叠不存在，并且雷达网中间还可能出现空隙。探测区重叠的雷达网可改善探测目标的条件，但需要更多的雷达设备。这样关于同一目标的信息可能同时来自几个雷达站。在理想情况下，这些目标点迹应该相互重合。但实际上这种重合是见不到的，这是因为存在坐标测量时的系统误差和随机误差、探测时间的差异，以及进行坐标统一时由雷达位置点和三次处理站之间视差所引起的误差。进行坐标统一是三次处理的条件，因为所有的雷达是在自己的坐标系里确定目标坐标的，不能直接用于信息的综合(统一)。

通常点迹和航迹的不重合，或者是因坐标测量误差和探测时间的差异不同所引起，或者是因为有多个目标产生这些点迹和航迹。消除这种不确定性，即判断在具体区域内有多少个目标存在，是三次处理的主要任务。

在三次处理的整个阶段要完成下列任务：

(1)收集来自信息源(雷达站)的情报；

(2)把目标点迹的坐标变换到统一坐标系内；

(3)把点迹统一到同一计时时间；

(4)点迹核对(或称为相关)，即做出点迹属于确定目标的判决；

(5)对同一目标的几个点迹进行坐标平均，以获得更精确的坐标。

1. 时空统一

要测量和描述一个运动物体的状态，必须精确地给出各观测量的时刻、某时刻物体所处的位置和速度等参数，这就需要相应的时间系统和坐标系统。

对于一个多传感器系统，首先是单个传感器在各自的时间和空间系统内进行测量，然后对各自的测量结果进行时空统一，只有在统一的时间和坐标系统内才能进行多传感器信息融合。

时间系统和坐标系统一样，应有其尺度(时间)与原点(历元)。只有把尺度与原点结合起来，才能给出统一的时间系统和坐标系统。

(1)时间统一的方法。一定范围内的时间统一根据不同阶段分为三种：

一种是信息源(雷达站)在平时状态，其工作时钟取我国标准时间——北京时间；

另一种是作战状态，以指挥中心的时钟为基准，其他各站(信息源与武器系统)通过通信系统与指挥中心对时，对时过程中应考虑通信的延时；

再一种是在进行情报综合时把一个处理周期内，各站在不同时刻测量的雷达航迹点通过外推或内插统一到同一时刻。

和上级、友邻的时间统一，在无法对时的情况下，主要靠统一时间标准，并在传递情报时，带情报的发生时刻。

(2)空间统一。一个多传感器信息融合系统要用到多种坐标系。在单个传感器进行测量时，使用测量坐标系；在进行情报综合时，使用计算坐标系；在表示地球上的点时，使用地心大地坐标系，各种坐标进行变换时，还可能用到一些中间坐标系。防空指挥自动化指挥控制系统中常用的坐标系：

1) 站心地平极坐标系(测量坐标系)。雷达获取的目标直接观测值，使用站心地平极坐标系来表示。以雷达站为原点，(ρ,ε,β) 为目标在站心地平极坐标系中的坐标，ρ,ε,β 分别为斜距、高低角、方位角。

2) 站心地平直角坐标系（计算坐标系）。以雷达站为原点，x,y,z 轴构成右手直角坐标系。y 轴沿经线方向指向正北，x 轴指向正东，z 轴指向天顶，(x,y,z) 为站心地平直角坐标系中目标的坐标。

3) 地心大地坐标系（简称为“大地坐标系”）。以地球椭球中心 O 为地心大地坐标系的原点，L,B,H 分别为（大地）经度、纬度、高程。

经度分为东经（从格林威治子午线向东为正）、西经（从格林威治子午线向西为正）。

纬度：从赤道开始，向北为正（$0\sim 90°$），向南为负（$0\sim -90°$）。

高程：目标在雷达站水平切面上的高度。

4) 地心空间直角坐标系。以地球椭球中心 O 为空间直角坐标系的原点，Oz_D 轴与椭球的旋转轴一致，Ox_D 轴位于起始大地子午面与赤道面的交线上，Oy_D 轴在赤道面上与 x 轴正交的方向上，$Ox_Dy_Dz_D$ 构成右手直角坐标系。(x_D, y_D, z_D) 为地心空间直角坐标系中的坐标。

5)九九方格。方格坐标系以地心大地坐标系为基础，表示某一分区范围内点的坐标，九九方格网表示的经度跨度为 100°，纬度跨度为 50°。人工情报传递时常用九九方格来表示。方格分为大、中、小方格。

根据用途，可将坐标变换转为两类，即情报处理时的坐标变换和情报显示时的坐标变换，指挥自动化系统中用到的坐标变换主要有：

1)站心地平极坐标系与站心地平直角坐标系的相互转换。

2)站心地平直角坐标系与地心空间直角坐标系的相互转换。

3)地心空间直角坐标系与地心大地坐标系的相互转换。

4)九九方格与地心大地坐标系的相互转换。

以上几种变换方法是以地心空间直角坐标系作为统一中间坐标系进行的，适合于范围广的分布式系统。

5)地心大地坐标系与站心地平直角坐标的投影转换。此变换利用雷达数据处理中常用的球极平面投影技术，在一定范围（如 400 km）内有比较好的精度。

6)地图投影变换，常用的变换方法有正轴圆锥投影、高斯-克吕投影等，主要用于在屏幕上显示地图背景和远方情报航迹。

2. 点迹核对

所有的雷达站独立地处理信息（在各自的探测区内），并把获得的数据以情报的形式送到三次处理站。考虑到雷达探测区有重叠的情况，在情报的组成中会有重复的情报，它是来自几个雷达关于同一目标的信息。

在核对过程中做出判决，并确定：

如果关于目标的情报来自几个雷达站，到底有多少目标存在；

送来的情报怎样按目标进行分配，即哪些属于同一目标；

做出判定的基础是分析点迹不一致的程度。不一致程度是指两个点迹矢量之间的差异程度，即

$$\Delta \boldsymbol{R}_{ijkr} = \boldsymbol{R}_{ij} - \boldsymbol{R}_{kr}$$

式中，i 和 k 表示得到情报的雷达站编号；j 和 r 表示情报（点迹）编号；$\boldsymbol{R}_{ij}$，$\boldsymbol{R}_{kr}$ 是由各分量组成

的矢量。

$$\boldsymbol{R}_{ij}=(x_{ij},y_{ij},H_{ij},v_{x_{ij}},v_{y_{ij}},S_{ij},\cdots)$$

式中，x_{ij}，y_{ij}，H_{ij} 表示目标坐标；$v_{x_{ij}}$，$v_{y_{ij}}$ 表示速度分量；S_{ij} 表示目标属性。此外，还包括其他附属特征，如目标在本周期内的丢失特征、航向等。

信息核对的任务更具体地表达如下：

设有 m 个独立的信息源，处理站从它们中各自获得关于 n_i 个目标的情报：

从 1 号雷达获得 $\boldsymbol{R}_{11},\boldsymbol{R}_{12},\cdots,\boldsymbol{R}_{1n_1}$；

从 2 号雷达获得 $\boldsymbol{R}_{21},\boldsymbol{R}_{22},\cdots,\boldsymbol{R}_{2n_2}$；

……

从 m 号雷达获得 $\boldsymbol{R}_{m1},\boldsymbol{R}_{m2},\cdots,\boldsymbol{R}_{mn_m}$。

核对的结果是必须确定哪些点迹是属于同一目标的。通常核对分两个阶段实现：粗核对阶段，精核对阶段。有时也把这两个阶段称为粗相关和精相关。

(1) 粗核对(粗相关)。在核对的第一阶段是比较信息矢量 $\boldsymbol{R}_{ij}$ 和 $\boldsymbol{R}_{kr}$ 中的坐标和速度分量，有时为了简化，只使用这些分量的某种组合进行比较。注意，相应的分量先要变换到同一坐标系和同一计时时间。

如果情报 $\boldsymbol{R}_{ij}$ 和 $\boldsymbol{R}_{kr}$ 来自同一目标，那它们的坐标在允许偏差范围内是一致的。情报选择准则是利用同名坐标偏差值，该偏差值应小于允许范围，即

$$\left.\begin{aligned}|x_{ij}-x_{kr}|&\leqslant\Delta x\\|y_{ij}-y_{kr}|&\leqslant\Delta y\\|H_{ij}-H_{kr}|&\leqslant\Delta H\\|v_{x_{ij}}-v_{x_{kr}}|&\leqslant\Delta v_x\\|v_{y_{ij}}-v_{y_{kr}}|&\leqslant\Delta v_y\end{aligned}\right\}\tag{4.1}$$

用同样的方法比较其他情报。所有满足式(4.1)的情报组成一个组，这些组中的每一个都叫做粗核对信息组(简称组 A)。式(4.1)简记为

$$|\boldsymbol{R}_{ij}-\boldsymbol{R}_{kr}|\leqslant\Delta\boldsymbol{R}\tag{4.2}$$

意味着所有分量都满足不等式。

为形式化表示该过程，用下面公式表示情报属于组 A 的特征：

当式(4.2)成立时，$\prod_c(\boldsymbol{R}_{ij},\boldsymbol{R}_{kr})=1$；

当式(4.2)不成立时，$\prod_c(\boldsymbol{R}_{ij},\boldsymbol{R}_{kr})=0$。

通常在处理站选择一个雷达站作为基站，它的点迹也当成基点。被选为基站的雷达，在发现距离、测量精度、发现概率等方面的技术性能最好。考虑到综合(核对)的周期小于或等于雷达扫描周期，那么，在综合周期从基站雷达来的所有情报都应被归属到不同的目标。因此在基站雷达的每一个点迹周围按尺寸 $\Delta\boldsymbol{R}_l$ 建立一个波门，用于产生自己的组 A。而后检查所有从其他雷达站来的点，并选择所有进入波门的点。然后在别的雷达站没有进入前面波门的点迹周围建立波门，并依此类推。

输入信息分组的两维几何模型如图 4.5 所示，基点情报选为 $\boldsymbol{R}_{11}$ 点。在本例中，所有点迹都在波门内，它们组成组 A。粗核对时，重要的一点是选择允许偏差值(波门尺寸)。如果增大坐标

的允许偏差范围，则同一目标点迹相关正确的概率高，但同时也增加了来自其他目标点迹的错误相关概率。

考虑到有精核对阶段，选择式(4.1)中允许偏差的条件为属于同一目标的所有非错误情报进入组 A 的概率应接近 1。

可以认为，属于某一目标的不同情报的距离偏差，服从正态分布，其均方值 $\sigma_{\Delta x}$ 的计算公式为

$$\sigma_{\Delta x}=\sqrt{\sigma_{x_{ij}}^2+\sigma_{x_{kr}}^2}$$

式中，$\sigma_{x_{ij}}$（$\sigma_{x_{kr}}$）表示同一情报的坐标均方偏差，它由以下的原因所造成：

1) 雷达站有测量误差 σ_1，并转换到了处理站所在的坐标系；

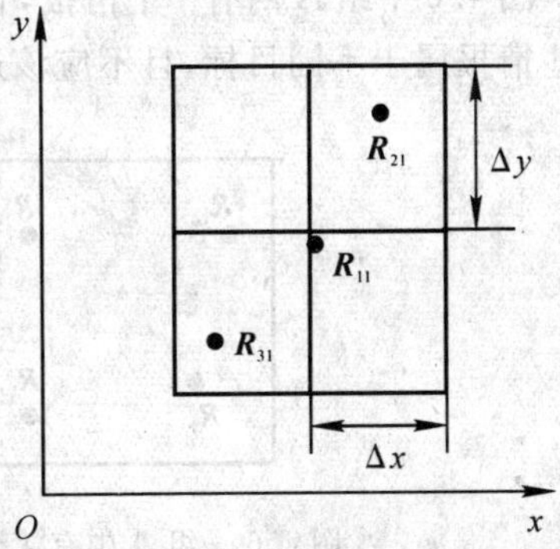

图 4.5　分组的两维几何模型

2) 当把点迹统一到同一空间与时间系统时，有变换误差 σ_2；

3) 由目标机动所造成的动态误差 σ_3，即可写为

$$\sigma_{x_{ij}}=\sqrt{\sigma_1^2+\sigma_2^2+\sigma_3^2}$$

允许偏差由式 $\Delta x=k\sigma_{\Delta x}$ 选取，此处 k 为系数，它根据所要求的正确核对概率选择。

考虑上述误差，得到足够大的允许误差。计算显示，当距离、方位和高度的测量精度较高($\sigma_r=200$ m，$\sigma_\beta=10'$，$\sigma_H=400$ m)且目标机动弱时，值 Δx，Δy 达到 4～6km。

实际上，考虑目标的机动，以及在几个周期内可能有丢点，选取 Δx，Δy 的范围为 10～15 km。

从上面引用的允许偏差值可知，它(即使在不考虑目标机动)应该高出雷达分辨率的好几倍。因此粗核对的情报组可能包括几个目标的情报，因而需要进一步的逻辑处理，以提高核对精度。

(2) 精核对(精相关)。为解决在情报组 A 中有什么样的和多少的目标存在的问题，首先应该遵守下面的逻辑规则。

规则 a：如果组 A 的所有情报来自同一个信息源，则认为这些情报属于不同目标，因为从一个信息源不可能得到同一目标的两个情报。当然，在这里假设对同一目标，组 A 中不存在来自一个雷达站相邻两扫描周期的情报(即综合周期不大于雷达扫描周期)。

规则 b：如果所有的情报来自不同的信息源，则认为这些情报属于同一目标。这个规则不是没有条件的，因为可能存在这样的情况，即同时有不好的能见度，一个目标由第一部雷达发现，而另一个由第二部雷达发现。这样规则 b 就不正确了。但实际中这种情况很少见。

规则 c：如果从每个信息源来的情报数都一样，则认为组内总的目标数等于一个信息源来的情报数。当按单个目标对这些情报分组时，遵守规则 a，即来自同一信息源的情报属于不同目标。

规则 d：如果从几个信息源来的情报数不一样，则认为得到情报数最多的信息源给出的空情最可靠，组 A 中的目标数就由该信息源确定。

在图 4.6～图 4.9 中，显示了两维情况下上述几种方案中组 A 的情报分布，并给出了应用情报分组规则的结果。

图 4.6 中组 A 内有 4 个情报，它们来自同一信息源($i=1;j=1,2,3,4$)，根据规则 a，所有这些情报属于不同目标，且不应该进行合并。

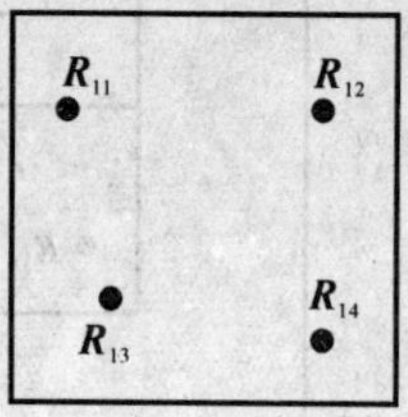

图 4.6　组 A 中有 4 个目标

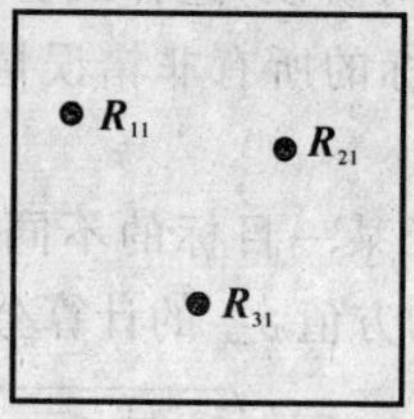

图 4.7　组 A 中有 1 个目标

在图 4.7 的组 A 中有属于三个不同信息源的情报($i=1,2,3;j=1$)，根据规则 b 所有这些情报都属于同一目标。

在图 4.8 中的组 A 中有 4 个情报，来自两个信息源各两个($i=1,2;j=1,2$)。根据规则 c，组 A 中的情报来自两个目标。为产生两个统一情报，对 $\boldsymbol{R}_{11}$，$\boldsymbol{R}_{12}$，$\boldsymbol{R}_{21}$，$\boldsymbol{R}_{22}$ 分组的可能方案，在图中分别用实线和虚线表示。

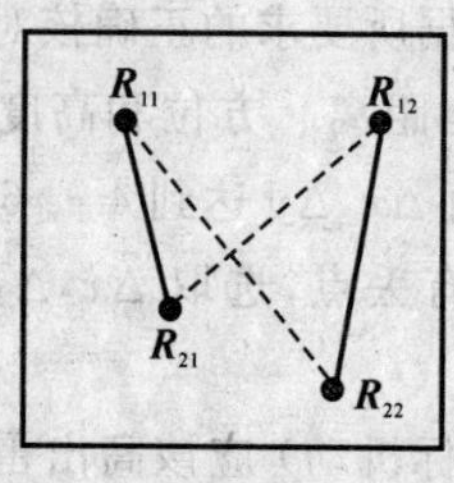

图 4.8　组 A 中 2 个目标

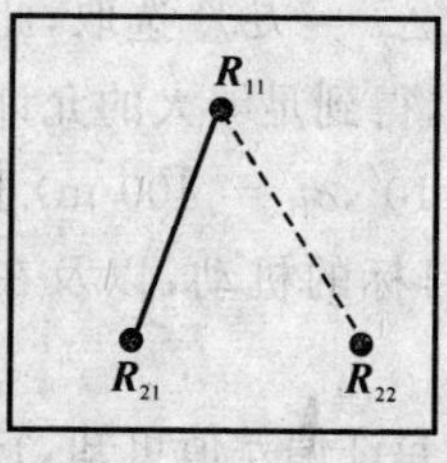

图 4.9　组 A 中 2 个目标

在图 4.9 中的组 A 中有三个被选的情报，根据规则 d，在该组中有两个目标。通过对组 A 形成过程的讨论和根据规则对这些组的分析，可得出以下结论：

1) 按式(4.1) 和规则 $a\sim d$ 所解决的核对问题，可以形成对每个目标的初步分组方案。

2) 按规则 a，b 的分组方案是最终的方案。按另外两规则的分组方案还需要进行处理，以选择最佳的分组方案。

3) 按规则 c 和 d 得到的点迹分组方案具有非唯一性。组中的总目标数等于来自单个信息源的最大情报数。数量最多的这些情报适合用来作为基准。从其他信息源来的情报应当与基准情报一起分组，根据所选的准则使情报属于给定目标是最佳的。如果几个信息源来的情报数都一样，则应选择测量最精确的信息源为基准。

在核对时，实际上还有前面周期内核对过的航迹。在粗核对的过程中，进入组 A 的也有核对过的航迹。这时的任务是，对新来的情报与已有的综合航迹进行相关。完成该任务有两种方法。

第一种方法是把新来的情报与综合航迹进行最佳分组，综合航迹在这里被当成基准。

第二种方法是先对新来的情报进行最佳分组，然后对核对后的情报与已存在的航迹进行相关。

这两种方法的分组质量虽不一样，但最佳核对的实质是一样的。

最合适的最佳核对法是最大似然法：给出点迹的所有可能分组方案，计算每种方案的似然函数，并选择值最大的一种方案。

用最大似然法选择分组方案，虽然可以得到最佳结果，但是实现起来很复杂。实际中常使用一些比较简单的方法，如最小距离法和最近邻域法等。下面通过一个例子对最小距离法进行介绍。

用最小距离法进行相关时，只考虑目标的坐标矢量，即

$$\boldsymbol{R}=\begin{bmatrix}x\\y\\z\end{bmatrix}$$

分别从两个雷达来的情报 $\boldsymbol{R}_{ij}$，$\boldsymbol{R}_{kr}$ 的矢量差记为

$$\Delta\boldsymbol{R}_{ijkr}=\boldsymbol{R}_{ij}-\boldsymbol{R}_{kr}=\begin{bmatrix}x_{ij}-x_{kr}\\y_{ij}-y_{kr}\\z_{ij}-y_{kr}\end{bmatrix}=\begin{bmatrix}\Delta x_{ijkr}\\\Delta y_{ijkr}\\\Delta z_{ijkr}\end{bmatrix}$$

用 l_{ijkr}^2 表示两情报之间的距离平方，即

$$l_{ijkr}^2=\Delta x_{ijkr}^2+\Delta y_{ijkr}^2+\Delta z_{ijkr}^2$$

用 Q_l 表示第 l 种分组方案的距离平方和，则选择的分组假设为距离平方和最小，即

$$Q_l=Q_{l\min}$$

例 4.1　组 A 中有来自两个雷达站的 4 个情报：

$$\boldsymbol{R}_{11}=[x_{11}\quad y_{11}\quad z_{11}]=[100\quad 70\quad 10]$$

$$\boldsymbol{R}_{12}=[x_{12}\quad y_{12}\quad z_{12}]=[101\quad 71\quad 9]$$

$$\boldsymbol{R}_{21}=[x_{21}\quad y_{21}\quad z_{21}]=[105\quad 70.4\quad 9.5]$$

$$\boldsymbol{R}_{22}=[x_{22}\quad y_{22}\quad z_{22}]=[100\quad 70.5\quad 9.5]$$

根据规则 c，组 A 中有 2 个目标。总共有两种分组方案：

$$H_1=\begin{cases}\boldsymbol{R}_{11},\boldsymbol{R}_{21}\text{—— 关于目标 1 的情报}\\\boldsymbol{R}_{12},\boldsymbol{R}_{22}\text{—— 关于目标 2 的情报}\end{cases}$$

$$H_2=\begin{cases}\boldsymbol{R}_{11},\boldsymbol{R}_{22}\text{—— 关于目标 1 的情报}\\\boldsymbol{R}_{12},\boldsymbol{R}_{21}\text{—— 关于目标 2 的情报}\end{cases}$$

对每种假设求出距离平方和，即

$$Q_1=l_{1121}^2+l_{1222}^2=\Delta x_{1121}^2+\Delta y_{1121}^2+\Delta z_{1121}^2+\Delta x_{1121}^2+\Delta y_{1222}^2+\Delta_{1222}^2=$$
$$0.5^2+0.4^2+0.5^2+0.8^2+0.5^2+0.5^2=1.8\ \text{km}^2$$

$$Q_2=l_{1122}^2+l_{1221}^2=1.4\ \text{km}^2$$

取假设 H_2 作为分组决定，因为

$$Q_2=Q_{2\min}$$

即情报：

$\boldsymbol{R}_{11}$，$\boldsymbol{R}_{22}$—— 属于目标 1；

$\boldsymbol{R}_{12}$，$\boldsymbol{R}_{21}$—— 属于目标 2。

（3）航迹的相关验证。多站目标数据处理中最复杂的问题，也许是多站目标航迹的跟踪问题。当目标航线交叉或目标编队飞行时，由于目标之间距离甚近，除了会发生模糊相关外，还会

发生如图4.10所示的情况。图中P_1是甲站掌握的系统航迹，P是乙站在t_1时刻发现的新航迹。从图中可以看出，若仅仅依据两条航迹在某一时刻的一个当前点(或某几个时刻的几个当前点)能满足各条相关准则的要求就确认为同一目标的航迹，就会发生航迹组合的错误，即把不是同一目标的两条航迹确认为同一目标航迹。因此，在航迹的相关过程中，除必须进行航迹的粗、精相关处理外，还必须进行航迹的相关验证。

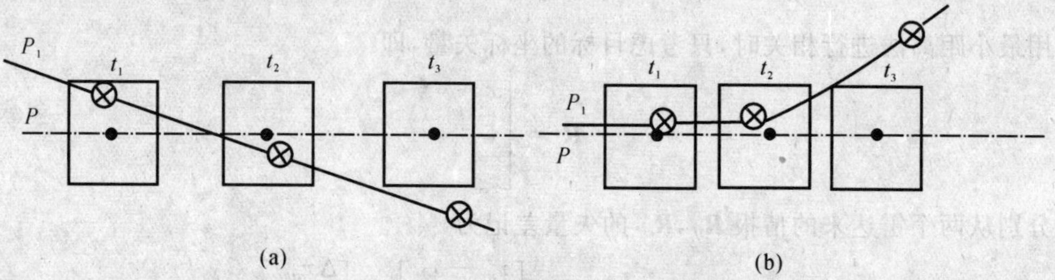

图4.10　两条航迹不是同一目标的情况

(a)两条航迹交叉；(b)两条航迹编队

所谓航迹的相关验证，是指对满足粗、精相关准则要求的多雷达航迹继续进行相关处理，验证系统航迹是否由这条或这几条航迹创建。若在验证过程中出现后续点不能满足一定准则要求的情况，则取消相关(即不再认为两条航迹是同一目标的航迹)。航迹的相关验证，对于不同的系统可能有不同的处理准则和处理方法，下面仅介绍几种可用的处理方法。

1) 相关质量计数法。相关质量计数法是航迹相关验证最简单的一种方法。为了进行相关验证，应为每条多雷达航迹设置一个能指示连续各点相关情况的标志，称相关质量标志。这些标志随同目标航迹的其他数据一起构成目标数据块，在该数据块中指定若干位作为相关质量计数器。计数时可规定，当两条航迹经粗、精相关处理后确认为同一目标时，就给计数器加2；以后每判定两条航迹的同一时刻当前点相关时，就给计数器加1，分数累计到4时，为航迹相关质量的最高分数，以后两条航迹相关时计数器的分数保持4不变；如果两条航迹不相关，要在计数器的分数中减去1，当计数器分数减至零时，则不再认为该两条航迹是同一目标。

按照上述积分规定，在两条航迹粗、精相关后的条件下，若以后接着两次航迹不相关则将撤销两条航迹相关；当以后接着一次航迹相关，相关质量积分增加到3，若接着三次航迹不相关，则将撤销相关；当以后接着二次航迹相关，相关质量积分增加到4，若接着四次航迹不相关，也将撤销相关。

从上述中可以看出，这种航迹相关验证方法是非常简单的，在计算机中很容易实现。可根据雷达情报质量的不同，定出不同的计数规则。

2) 滑窗加计数法。这种方法是在每一条多雷达航迹数据块中设置一个滑窗检测器和一个航迹延伸的相关计数器。这里所谓滑窗检测器，实际上是在计算机内存中设置的n个位置的位寄存器(也就是说滑窗宽度为n)。这个窗口中的n次相关信息按照这样的规律更新：每当两条航迹相关一次，它就抛掉一位最老的相关信息，以便接纳本次新的相关信息，当本次航迹相关时，相应的新的相关信息位为“1”，否则为“0”；这样，窗中实际上保留着前$n-1$个航迹点的相关信息，并且，当两条航迹n次不相关时，窗中基本是“0”，当n次连续相关时，窗中基本是“1”。可以想象，这个滑动窗随多雷达航迹点的移动而同步滑动着，每来一个新航迹点，滑窗就滑动一步。航迹延伸的相关计数器用来对滑窗相关情况进行计数，计数规则与相关质量计数法基本相同，其不同点是，每当滑窗中两条航迹的相关信息满足 m/n 准则时，计数器加 1，否则减 1。

在使用这种方法时，要周密确定滑窗的相关准则和计数准则，如果确定得不合适，将会影响两条不是同一目标航迹的撤销速度。

3）相关状态转移法。这是一种比较复杂的航迹相关验证的处理方法，它不但考虑了正常相关情况和不相关情况，而且还考虑了模糊相关的情况，并把航迹相关质量分成若干个等级，再按不同的相关情况进行转移。下面以图 4.11 为例说明这种航迹的相关验证方法。

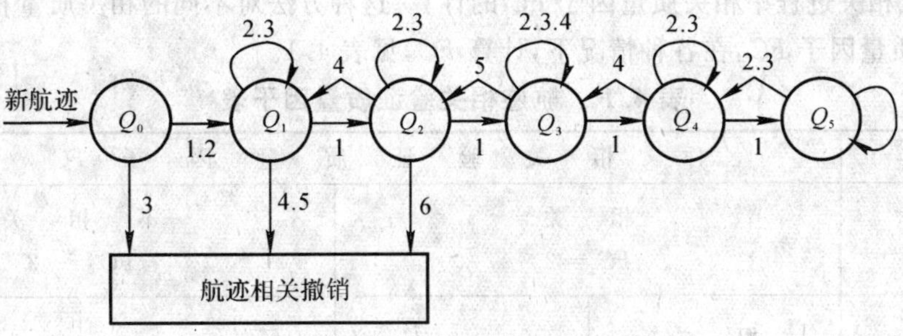

图 4.11　航迹的相关质量的转移

例 4.2　在图 4.11 中，把航迹相关质量分成 Q_0，Q_1，…，Q_5，共 6 个等级，并依次遵循以下规则：① 正常相关；② 模糊相关；③ 第一次不相关；④ 第二次不相关；⑤ 第三次不相关；⑥ 第四次不相关，进行转移。

Q_0：新航迹首次相关。如果一条新航迹首次和一条系统航迹相关，则相关质量升为 Q_1；如果不相关，则予以撤销。

Q_1：如果新航迹下一周期目标航迹点与系统航迹正常相关，则相关质量升为 Q_2；如果发生模糊相关，相关质量仍为 Q_1。如果发生不相关，相关质量也保留不变。但如果第二次不相关，则两条航迹相关予以撤销。

Q_2：如果下一周期目标航迹点与系统航迹正常相关，则相关质量升为 Q_3。如果发生模糊相关，保留 Q_2；如果两次不相关，相关质量降为 Q_1；第三次还是不相关，则两条航迹相关予以撤销。

Q_3：如果下一周期目标航迹点与系统航迹正常相关，相关质量升为 Q_4；如果发生模糊相关，一次不相关或两次不相关，相关质量均保持不变；如果第三次不相关，相关质量降为 Q_2；如果第四次不相关，则两条航迹相关予以撤销。

Q_4：如果下一周期目标航迹点与系统航迹正常相关，则相关质量升为 Q_5；如果发生模糊相关或一次不相关，相关质量不变；如果两次不相关，相关质量降为 Q_3；如果三次不相关，则相关质量降为 Q_2；如果四次不相关，则两条航迹相关予以撤销。

Q_5：这是航迹相关质量的最高级。如果两条航迹发生正常相关，则相关质量保持不变；如果发生模糊相关或一次不相关，则相关质量降为 Q_4；如果两次不相关，则相关质量降为 Q_3；如果三次不相关，则相关质量降为 Q_2；如果四次不相关，则两条航迹相关予以撤销。

例 4.2 说明了航迹相关质量的转移过程。按照这个流程，可以编制出相应的航迹相关验证程序。但必须指出，对于不同的系统，所考虑的状态和等级的划分是不同的。随着系统对航迹相关质量管理的严格程度不同，等级的划分和所考虑的状态的复杂程度也将不同。

4）动态多因子航迹相关验证法。在上述介绍的几种航迹相关验证方法中，是以两条航迹各个当前点相关情况是否满足粗相关的准则为条件进行的，并未考虑在每一次具体的相关过程中，两条航迹的各相关因素的相关情况。这样容易造成因一些偶然因素，使本是同一目标的两条航迹，在相关验证过程中被撤销相关。动态多因子航迹相关验证法可以克服上述几种方法中在这方面的不足，它既考虑到每次相关的情况，又考虑到各次相关过程中各相关分量的相关情况。下面简要介绍这种相关验证方法。

ⅰ）一次相关过程中相关质量因子 FC 的计算。这种方法对不同的相关质量相关分量给予不同的相关质量因子 FC，在各种情况下，计算 FC，见表 4.1。

表 4.1 航迹相关验证质量因子表

<table>
<tr><th>相关类</th><th colspan="8">相 关 验 证 质 量 因 子 FC</th></tr>
<tr><td>位置、速度</td><td colspan="4">相 关
FC = 2</td><td colspan="4">不 相 关
FC =− 2</td></tr>
<tr><td>高度</td><td colspan="2">相 关
FC = 3
(+1)</td><td colspan="2">不 相 关
FC =− 1</td><td colspan="2">相 关
FC =− 2</td><td colspan="2">不相关
FC =− 3
(−1)</td></tr>
<tr><td>航向</td><td>相 关
FC = 4
(+1)</td><td>不相关
FC =− 1</td><td>相关
FC =− 1</td><td>不相关
FC =− 2
(−1)</td><td>相关
FC =− 2</td><td>不相关
FC =− 3
(−1)</td><td>相关
FC =− 3</td><td>不相关
FC =− 4
(−1)</td></tr>
</table>

位置、速度相关：若位置、速度相关均被满足，则 FC 加 2；若有任一个条件不满足，则不相关，FC 减 2。

高度相关：如果高度相关条件被满足，若 $FC > 0$，则 FC 加 1；若 $FC < 0$，则 FC 值保持不变。如果高度相关条件不被满足，若 $FC < 0$，则 FC 减 1；若 $FC > 0$，则 FC 取值为 -1。

航向相关：如果航向相关条件被满足，若 $FC > 0$，则 FC 加 1；若 $FC < 0$，则 FC 值保持不变。如果航向相关条件不被满足，若 $FC > 0$，FC 取值为 -1；若 $FC < 0$，则 FC 减 1。

ⅱ）多次相关 FC 因子计算及相关验证准则。在相关验证的过程中，考虑到一次不相关不能马上取消相关，因此根据上述的相关准则，多次相关 FC 因子计算方法及相关验证准则是：若本次相关的 $FC > 0$，则相关验证是好的；若本次计算的 FC 大于上次 FC，则保存本次的 FC。若本次相关验证 $FC < 0$，则将 FC 加上次保留的 FC，若其和大于 0，则仍为相关，且将其和作为 FC 保留；若其和小于或等于 0，则取消相关，FC 取 0 值。

(4) 坐标平均。点迹核对的结果可得到关于每个目标的一组情报。对 4.4.1 小节例 4.1 所讨论的例子，目标 1 由点迹 $\boldsymbol{R}_{11}$ 和 $\boldsymbol{R}_{22}$ 表示，则有

$$\boldsymbol{R}_{11} = \begin{bmatrix} x_{11} \\ y_{11} \\ z_{11} \end{bmatrix}, \quad \boldsymbol{R}_{22} = \begin{bmatrix} x_{22} \\ y_{22} \\ z_{22} \end{bmatrix}$$

应当由它们形成一个用统计平均分量表示的综合点。有不少求平均的方法，现讨论其中几个。

1）加权平均法。用该方法平均，考虑每个信息源的加权系数，公式为

$$\bar{x}=\frac{\sum_{i=1}^{m}\delta_{x_i}x_i}{\sum_{i=1}^{m}\delta_{x_i}},\quad \bar{y}=\frac{\sum_{i=1}^{m}\delta_{y_i}y_i}{\sum_{i=1}^{m}\delta_{y_i}},\quad \bar{z}=\frac{\sum_{i=1}^{m}\delta_{z_i}z_i}{\sum_{i=1}^{m}\delta_{z_i}} \tag{4.3}$$

式中，所选的权系数 δ_i 与第 i 个雷达站的坐标测量方差成反比，即

$$\delta_i=\frac{1}{\sigma_i^2}$$

式中，$\bar{x},\bar{y},\bar{z}$ 为坐标平均值；m 为点数。

加权平均法使算法复杂化，因此，只有当信息源的精度不相等时使用。如果各信息源的精度特性一样，则它们的权近似相等，式(4.3) 变成了算术平均形式，即

$$\bar{x}=\frac{\sum_{i=1}^{m}x_i}{m}$$

这时综合坐标的均方差是单个点的误差的 $1/\sqrt{m}$ 倍，即

$$\sigma=\frac{\sigma_{x_i}}{\sqrt{m}}$$

2）根据权系数选最好点。有时为简化算法，放弃详细的计算，而使用选择最好点的方法，即从组中选择一个点，而放弃其他点。当然，这种方法给出的是粗略的结果，因为没有平均的过程，所以误差值也没减小。但当信息源中有一个的精度比其他的好时，这种方法是合适的。当一个信息源的权系数比其他的大得多时，对应式(4.3) 有

$$\bar{x}=\frac{\sum_{i=1}^{m}x_i\delta_i}{\sum_{i=1}^{m}\delta_i}\approx x_1,\quad \delta_1\gg\delta_i$$

3）根据信息到来时间选择最好点。这种方法假设的条件是，到得最晚的消息是最可靠的。因此，根据这一假设，当 $t_{ie}=t_{iemin}$ 时，平均坐标取为

$$\bar{x}=x_{ie}$$

根据到来时间选择最好点的方法适合于机动目标的信息处理，因为此时它与其他方法相比获得的平均精度最高。输出坐标的随机误差由单个雷达确定，而系统误差取决于信息到来的速度、雷达数量和跟踪的目标数。

(5) 三次处理的信息综合算法。雷达信息三次处理的信息综合任务通常用下述两种方法完成。

ⅰ）按周期处理法；

ⅱ）连续处理法。

1）按周期进行的信息综合算法。这种方法的实质是在某一时间间隔 T_0 内进行信息积累，然后外推到同一个时间点并进行综合。每一步的信息综合都不考虑以前的综合结果。

这种方法可获得较好的结果，但计算机存储器要存储一个综合周期内获得的一次雷达信息，以及关于每一个目标的数个综合信息，这增加了对机器存储容量的要求。

下面分析如图 4.12 所示的按周期进行信息综合的算法结构图。

接收完当前信息后，进行坐标变换，并外推到当前的综合时间点(见图 4.12 的步骤 1,2,3)，这些步骤完成情报核对前的预备工作。下一步开始当前的综合工作，根据允许偏差准则产生情报组(步骤 4)。接下来对形成的组按规则 $a \sim d$ 进行分析，以确定组内的目标数和按目标的一次信息分配方案(步骤 5)。

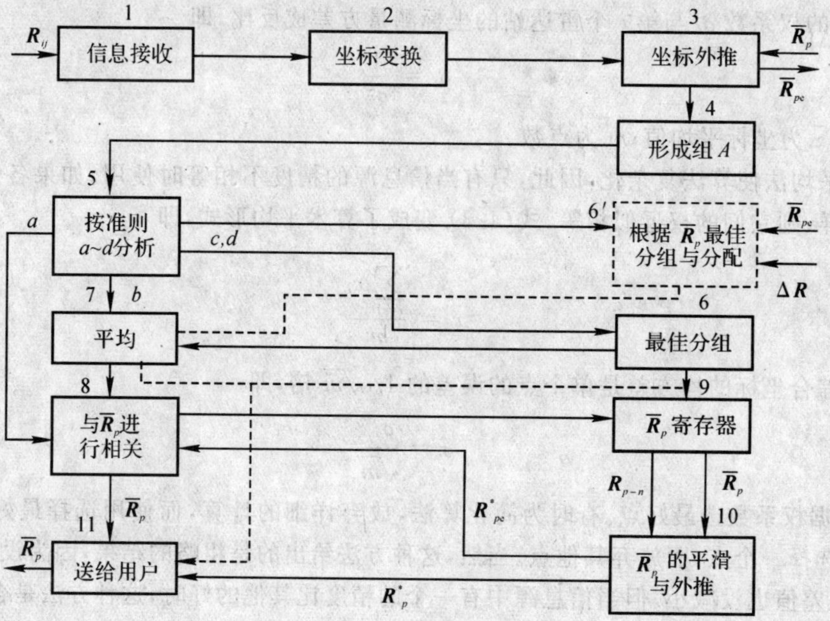

图 4.12 按周期的信息综合算法结构图

如果组 A 满足规则 a，则组内的每一个情报属于不同的目标。接下来这些情报应与相应的综合航迹 $\overline{\boldsymbol{R}}_{pe}$ 进行相关(步骤 8)，然后送到用户。

如果组 A 的情报满足规则 b，则认为它们属于同一目标，下面的处理是根据组内一次信息的坐标，计算综合情报的平均坐标(步骤 7)，并对综合情报与相应的航迹进行相关(步骤 8)。

当组 A 满足条件 c 或 d 时，说明组内有两个或更多的目标，对该组信息的进一步处理有两条途径：

第一条途径：首先解决情报最佳分组的问题，此时要把已有的综合航迹分到各组(步骤 6′)，然后计算新的综合情报的平均坐标(步骤 7)，并把综合信息送到用户(步骤 11)。沿该路径的处理质量最好，但很笨重且对计算机要求高。

第二条路径：依次完成下述操作：

选择最佳的一次信息分组方案(步骤 6)，在该过程中根据所确定的组 A 内目标数，把组 A 分成更小的组，但暂不确定它们具体属于哪个目标；

计算每一个小组的平均坐标(步骤 7)，这样得到了与组 A 内目标数相符的新的综合情报；按已有航迹分配新的综合情报，并对新的综合情报进行编号(步骤 8)；

把综合信息送到用户。

完成步骤 6′ 时，对组 A 中一次信息的外推坐标与已有的综合信息的外推坐标进行比较。因此在这一步中根据下式选择外推综合信息，即

$$(\boldsymbol{R}_{ije}-\bar{\boldsymbol{R}}_{pe})\leqslant\Delta\boldsymbol{R}$$

式中，$\Delta\boldsymbol{R}$ 为一次信息与综合信息之间坐标允许偏差。

同样，在完成步骤 8 时，新的综合情报坐标(表示为 $\bar{\boldsymbol{R}}_k$)与已有综合情报的外推坐标进行比较。比较的规则为

$$\bar{\boldsymbol{R}}_k-\bar{\boldsymbol{R}}_{pe}\leqslant\Delta\boldsymbol{R}$$

因此，为完成步骤 6′ 和 8，要求输入综合信息的外推坐标 $\bar{\boldsymbol{R}}_{pe}$ 和允许偏差 $\Delta\boldsymbol{R}$。

这样，在综合过程中要进行目标坐标和航迹参数的平滑，所以算法中应增加两个新的步骤 9 和 10。

在步骤 9 中保存 n 个相邻周期内的目标综合坐标，这里 n 为用来平滑的航迹点数。步骤 10 要完成的任务是寻找综合情报的平滑与外推坐标的最佳估值，平滑坐标 $\bar{\boldsymbol{R}}_p^*$ 送到信息用户，而外推坐标 $\bar{\boldsymbol{R}}_{pe}^*$ 代替 $\boldsymbol{R}_{pe}$ 用于完成步骤 8。

2) 信息的连续综合算法。该方法的实质是不等下一个情报的到来，就在机器中对每一个输入情报进行处理。这种方法，保存信息的容量不大，但处理质量要差一些。

连续综合算法不需要在计算机操作存储器中存储一次信息，但假设有用于分析以前综合结果的备查表。下面假设在存储器中有两个综合备查表：在表 4.2 中，它的输入为雷达站编号(i)和目标在该雷达站的编号(j)，而输出(p)为对应的综合情报编号($ij\rightarrow p$)；在表 4.3 中，它的输入为综合信息编号，而输出为产生该综合信息的雷达站编号($p\rightarrow i$)。

表 4.2　综合备查表(一)

j	i			
	1	2	3	4
1	6	3	2	1
2	1	5	3	4
3	3	4	1	2
4	5	1	4	3
5	2	2	—	—

表 4.3　综合备查表(二)

p	i			
	1	2	3	4
1	6	3	2	1
2	×	×	×	×
3	×	×	×	×
4	×	×	×	×
5	×	×	×	×

表 4.2 用于缩短已有综合结果的情报(编号为 ij)的处理时间，表 4.3 用于作为新情报 $\boldsymbol{R}_{ij}$ 与一个综合情报 $\bar{\boldsymbol{R}}_p$ 相关的判决。

算法基本步骤和完成顺序如图 4.13 所示。所完成步骤的实质如下：

ⅰ) 对新收到信息 $\boldsymbol{R}_{ij}$ 的处理从分析其丢点特性 $\prod_{mij}$ 开始(步骤 2)。这个特性在二次处理过程中形成，如果在当前扫描周期内雷达站没有收到来自目标的回波，而代之发送的是外推点数据，那么丢点特性此时等于 1。如果丢点特征等于 1($\prod_{mij}=1$)，则对 $\boldsymbol{R}_{ij}$ 的下一步处理是调整表 4.2 和表 4.3，以去掉相应的情报编号。如果综合情报只是由一个编号为 ij 的一次信息产生的，则该综合情报被擦掉(步骤 5 和 4)。当 $\prod_{mij}=0$ 时，对坐标进行变换(步骤 3)，变换到情报接收站所在的点。

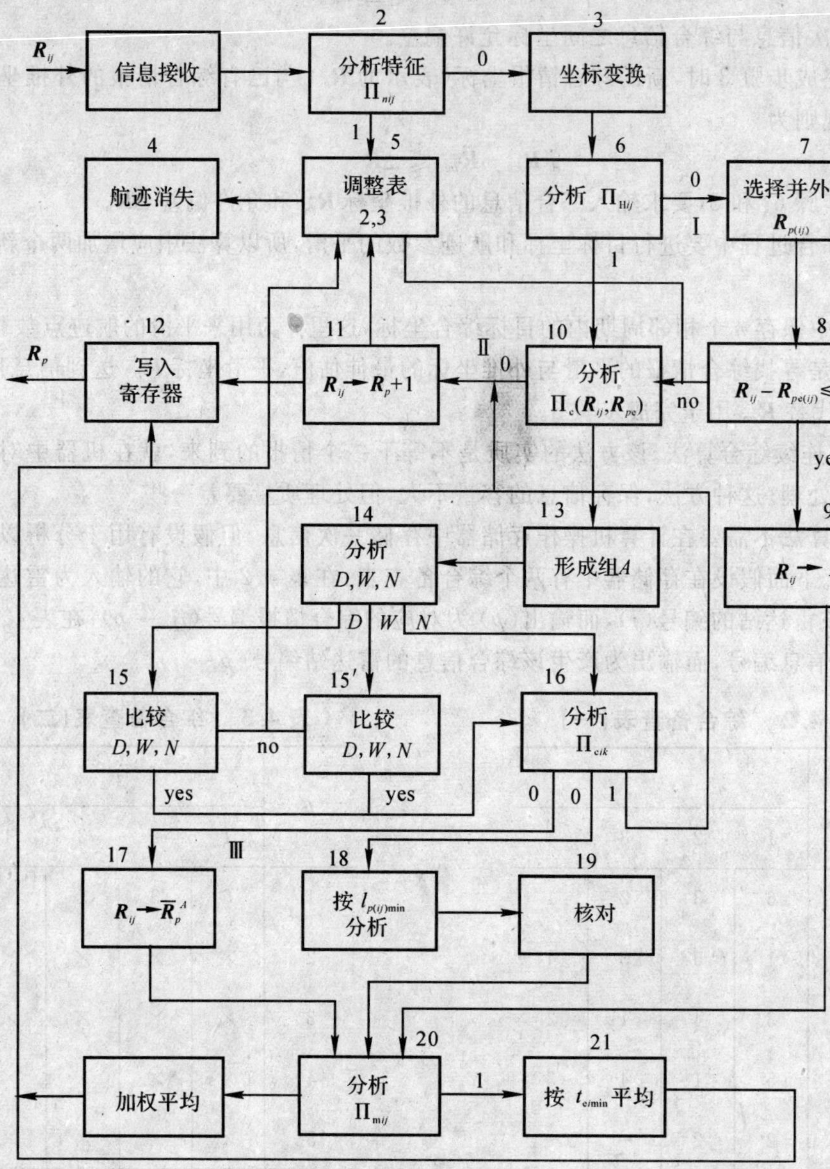

图 4.13 信息连续综合的结构图

ⅱ）接下来分析新目标特征 $\prod_{\mathrm{H}ij}$（步骤 6）。如果是雷达第一次获得的情报，并被给予新的编号，则 $\prod_{\mathrm{H}ij}=1$。如果雷达已发送过该编号的情报（“老”目标），则新目标特征为 0（$\prod_{\mathrm{H}ij}=0$）。根据 $\prod_{\mathrm{H}ij}$，接下来的处理过程有两条质量不同的途径。

当 $\prod_{\mathrm{H}ij}=0$ 时，说明编号为 ij 的情报以前发送过，在表 4.2（见图 4.13）中有关于它的数据。表 4.2 中有综合情报 $\bar{\boldsymbol{R}}_p$ 的编号，它的组成中有以前的编号为 ij 的情报（步骤 7）。然后，比较新情报 $\boldsymbol{R}_{ij}$ 和所选的综合情报 $\bar{\boldsymbol{R}}_{p(ij)}$ 的坐标。$\bar{\boldsymbol{R}}_{p(ij)}$ 的坐标预先被外推到了 $\boldsymbol{R}_{ij}$ 到来的时刻。比较坐标时检查不等式（步骤 8），即

$$\boldsymbol{R}_{ij}-\bar{\boldsymbol{R}}_{pe(ij)}\leqslant\Delta\boldsymbol{R} \tag{4.4}$$

式中，$\bar{\boldsymbol{R}}_{pe(ij)}$ 为信息 $\bar{\boldsymbol{R}}_{p(ij)}$ 的外推坐标；$\Delta\boldsymbol{R}$ 为坐标允许偏差。

当不等式(4.4)成立时，综合情报用 $\boldsymbol{R}_{ij}$ 进行更新(步骤 9)。当不等式不成立时，必须对表相应地进行调整，情报 R_{ij} 将沿更复杂的路径进行处理，即把其坐标与所有的综合情报的坐标进行比较(步骤 10)。

相关路径(Ⅰ)，包括步骤 1,2,3,6,7,8,9 是最短的路径。沿该路径处理绝大多数进入稳定工作状态的输入信息(将近 90% 的信息)。可见，根据有没有新目标特征，对处理进行的分支，可以减少处理“老”目标时的步骤。

当 $\prod_{\mathrm{H}ij}=1$ 时，开始把新来的情报与所有的综合情报进行坐标比较，比较的过程是检验不等式，即

$$\boldsymbol{R}_{ij}-\bar{\boldsymbol{R}}_{pe}\leqslant\Delta\boldsymbol{R} \tag{4.5}$$

式中，$i,p=1,2,3\cdots$。

比较的结果是形成特征 $\prod_{\mathrm{c}}(\boldsymbol{R}_{ij},\bar{\boldsymbol{R}}_{pe})$(步骤 10)，则有

当式(4.5)成立(哪怕只有一个情报)时，　$\prod_{\mathrm{c}}(\boldsymbol{R}_{ij},\bar{\boldsymbol{R}}_{pe})=1$；

当式(4.5)不成立时，　$\prod_{\mathrm{c}}(\boldsymbol{R}_{ij},\bar{\boldsymbol{R}}_{pe})=0$。

ⅲ)如果 $\prod_{\mathrm{c}}(\boldsymbol{R}_{ij},\bar{\boldsymbol{R}}_{pe})=0$，则情报 $\boldsymbol{R}_{ij}$ 对该雷达站来说是新的，对信息收集站来说也是新的。因此，该情报被授予下一个编号 $p=p+1$，它作为新的综合情报输出，该处理过程结束(见步骤 11 和 12)。沿路径 Ⅱ(见图 4.13)，包括步骤 1～3,6,10～12，在稳定工作状态，该路径的情报最少。

ⅳ)当 $\prod_{\mathrm{c}}(\boldsymbol{R}_{ij},\bar{\boldsymbol{R}}_{pe})=1$ 时，选择所有满足该特征的综合情报，然后进行进一步的分析，产生由 $\boldsymbol{R}_{ij}$ 和选取的综合情报 $\bar{\boldsymbol{R}}_{pe}^{A}$ 组成的组 A(步骤 13)。

接下来对组 A 的处理是，做出 $\boldsymbol{R}_{ij}$ 与一个综合情报 $\bar{\boldsymbol{R}}_{pe}^{A}$ 相关的判决。

ⅴ)分析情报 $\boldsymbol{R}_{ij}$ 的国家属性 D,W,N(步骤 14)。对国家属性分析的结果是获得以下特征：我方目标、敌方目标、不明目标——缺少敌我特征。当情报 $\boldsymbol{R}_{ij}$ 有“敌我”属性时，它与组 A 中有同样属性的综合情报进行比较(步骤 15,15′)。

当组 A 中缺少与 $\boldsymbol{R}_{ij}$ 有相同国家属性的综合情报时，则认为 $\boldsymbol{R}_{ij}$ 是新的，下面将沿路径 Ⅱ 进行处理。

另外一种情况，即当 $\boldsymbol{R}_{ij}$ 有“不明”的国家属性，或者组 A 中有综合信息与 $\boldsymbol{R}_{ij}$ 的国家属性或“不明”属性相符，则对组 A 的信息进行进一步的分析。

ⅵ)为分析组 A，作一个原始的假设，即组 A 中不可能有一个雷达站来的关于同一目标的两次情报。作出这样的假设是因为 $\prod_{\mathrm{H}ij}=1$，以及采用了以前综合结果是正确的假设，这说明前面不可能把一个雷达的两个情报综合到一起(规则 a)。

因此，下一步的处理规则如下：

把组 A 中获得综合情报数据的雷达站编号(k)，与获得最新情报 $\boldsymbol{R}_{ij}$ 的雷达站编号 i 进行比较；分析特殊特征(步骤 16)，则有

$$\prod_{clk}=\begin{cases}0, & \text{只要有 } k \text{ 满足 } i\neq k\\ 1, & \text{对所有的 } k \text{ 都满足 } i=k\end{cases}$$

式中，k 为雷达站编号，根据其数据产生了综合情报 $\bar{\boldsymbol{R}}_{p}^{A}$。

对组 A 中的所有的情报，依次分析特征 $\prod_{cik}$ 可得出以下结果。

a) 对所有的 $\bar{\boldsymbol{R}}_{p}^{A}$ 有 $\prod_{cik}=1$。这表明，在组 A 中每一个综合情报的组成中，都有来自 i 信息源的部分。这样，情报 $\boldsymbol{R}_{ij}$ 不可能与组 A 中的任何一个综合情报相关。情报 $\boldsymbol{R}_{ij}$ 确定为新的，其处理将沿路径 Ⅱ 继续。

b) $\prod_{cik}=0$，组 A 中只有一个综合情报 $\bar{\boldsymbol{R}}_{pl}^{A}$ 满足该条件，这时 $\boldsymbol{R}_{ij}$ 与 $\bar{\boldsymbol{R}}_{pl}^{A}$ 相关(步骤 17)。

c) $\prod_{cik}=0$，组 A 中有几个综合情报满足该条件。这时在原则上 $\boldsymbol{R}_{ij}$ 可与任何一个满足 $\prod_{cik}=0$ 的综合情报相关。

ⅶ) 为解决情报相关问题，必须对它的坐标和按特征 $\prod_{cik}=0$ 选出的综合情报进行比较分析。情报 $\boldsymbol{R}_{ij}$ 与综合情报 $\bar{\boldsymbol{R}}_{p}^{A}$ 的相关准则为

$$l_{pij}=l_{pij\,\min}$$

即情报 $\boldsymbol{R}_{ij}$ 与按特征 $\prod_{cik}$ 选择的每个综合情报之间的距离是最小的(步骤 18 和 19)。

情报 $\boldsymbol{R}_{ij}$ 的处理路径 Ⅲ(见图 4.13)，包括步骤 1～3，6，10，13～19 是最长的，也是最难的。但沿该路径处理的情报数不大。

ⅷ) 在信息综合算法中，在完成相关任务后，要分析目标机动特性(步骤 20)，它和其他特性一样在二次处理过程中形成。如果目标机动($\prod_{mij}=1$)，则取 $\boldsymbol{R}_{ij}$ 的坐标作为新的平均坐标(步骤 21)，此后调整关于综合情报的坐标记录(步骤 12)，并转入对新的情报的处理(步骤 1)。如果目标不机动($\prod_{mij}=0$)，则新的综合情报坐标为 $\boldsymbol{R}_{ij}$ 和 $\bar{\boldsymbol{R}}_{pe}^{A}$ 的坐标加权平均(步骤 22)。

从计算机实现简单这一点来看，连续综合算法是在实际中最好的。但本算法在质量上要差一些。

这样，上面我们讨论了三次处理要解决的主要任务，并给出能获得目标综合信息的算法结构图，信息经三次处理后送到用户。

4.4.2　防空指挥自动化指挥控制系统指挥信息处理的内容

1. 防空指挥自动化指挥控制系统中信息处理的主要内容

(1)指挥命令。

1)状态转换。指挥所战斗值班等级转进、部队战斗值班等级转进、指挥所工作状态转换、对时等。

2)目标性质与空域划分。方向定义与取消、方向性质指定与取消、区域定义与取消、区域性质指定与取消、目标性质指定与取消。

3)射击决心。预先决心、射击决心取消、下级决心批复。

(2)状态与情况通报。

1)部队状态。自动化设备开、关机，指挥所现等级，部队现等级，指挥所现状态，地理坐标定位通报，雷达遮蔽角等。

2)目标跟踪和射击状态通报、目标校对结果。

3)兵器状态。作战单位与火力单元兵器状态、故障情况、故障排除情况等。

4)射击结果。某批射击效果、统计射击效果。

5)飞行通报。我机起飞预报、我机航行预报、我机返航预报、拦截目标预报、航行预报取消。

(3)询问(请示)。综合、性质、目标、方向、区域询问(请示)等。

(4)指挥文电。在日常战备、防空作战指挥实施过程中,系统内部及系统与外部指挥机构往来的主要文电信息。

(5)战备值班。作战值班登记、战备检查登记、战备演练登记、重要战备活动。

(6)传输。明白报、请求重发、报文作废等。

2. 人工干预

在防空指挥自动化指挥控制系统的信息处理中,其核心是命令的分析和处理。

在防空指挥自动化指挥控制系统中,虽然系统能够自动对雷达情报进行某些综合处理,但是,计算机毕竟是机器,最终还不能完全脱离人工干预,对一些模糊、不确定性的复杂情况,还必须由人来处理,让人控制机器,或者说让人对计算机的工作把关,审核和批准计算机的一些判定和决策。因此,人工干预是整个情报系统工作的重要内容,是实施指挥控制的重要手段。

人工干预是人—机交往的重要手段,是一个实时系统不可缺少的部分。当指挥参谋人员需要对系统的工作进行干预时,可以通过人工干预命令输入装置输入相应的人工干预命令(以后简称为命令),由命令输入处理程序进行接收,然后由命令加工处理程序执行命令的功能。

(1)命令格式。指挥控制人员对计算机的指示,可利用命令输入装置输入命令的办法进行。为使计算机能够理解输入的命令,需要事先规定好一套"会话语言",即规定指挥控制人员向计算机发布命令的格式和对这些命令的解释执行。命令也可以认为是人—机通信的一种语言。

在规定这种命令语言时,首先要将其划分为表示各种功能的操作部分和表示各种功能的详细性能的部分(或称处理过程的必要参数);并对各部分的安排及数字,规定好语法。命令是指挥参谋人员使用的,所以应注意其表达形式要使人们便于理解和掌握。

目前,在防空指挥自动化指挥控制系统中,常用的命令形式如下:

命令标识→参数 1→参数 2→…→参数 N→＜　＞

其中,"命令标识"表示命令的名称。命令标识可由若干个字母组成,也可以是某一种编码,选用哪种方式,要根据所使用命令输入装置的种类和实际需要来确定。

"→"表示空白符。它用来区分命令标识及各参数。

"参数 1"到"参数 N"是参数串,为该命令执行时所必需的参数。有些命令无需参数,则此项可省掉。

"＜　＞"为执行键符,表示命令结束。在系统收到此字符后,便认为该命令的输入到此为止,将立即分析、执行该条命令。

(2)命令的种类。命令的种类,要根据需要来确定。目前在防空指挥自动化指挥控制系统中的命令种类,按其功能可分为以下五类:

1)控制类命令。这类命令用来确定或改变系统的情报处理方式和方法,其中包括确定或改变综合方式、判重复批方法、上报批确定方法等命令。

2)综合类命令。这类命令用于对人工情报进行综合处理。其中包括人工确定上报批、目标性质、重复批、更改目标批号等。

3)显示类命令。这类命令用于人工控制目标信息的显示。其中包括目标航迹显示、地图背景显示、时间显示等命令。

4)询问类命令。这类命令用于人工调看有关的数据。其中包括调看批号、调看批数、调看某批等命令。

5)指挥类命令。这类命令用于向上级或指挥所进行请示、报告和对下级站下达指挥命令。

在一个系统中,命令的类别和各类命令的多少,根据实际情况需要来确定。

(3)命令输入装置。命令输入装置有键盘、光笔、滚球、操纵杆等。最常用的是字母数字键盘。

在使用键盘输入命令时,必须认真操作,按命令规定的格式进行按键。因为格式不符者,计算机一律不予执行。如果命令输入格式不正确,计算机在分析后将作为出错处理,并将它原样印出。但是,在人工输入命令的操作中,要完全保证不按错键是不容易做到的。为了订正输入命令中的错误,往往规定显示控制台上的某些键作为功能符键。在输入一条命令的过程中,随着每按下一个键,相应的键符将在显示器上显示出来,当发现显示的输入命令有误时,就可以使用功能键对输入的命令进行订正。

(4)命令处理流程。指挥参谋人员通过显示控制台上的键盘,把自己的意图用命令的形式送给计算机。计算机在分析、处理这一条命令的过程中,若发现命令有错误,就把错误命令通过打印机打印出来(或把错误命令以临时消息的形式,通过显示器提示指挥参谋人员);若命令正确无误,则由计算机去执行这一命令。

当指挥参谋人员需要对系统的工作进行干预时,可以通过显示控制台上的键盘,打入相应的命令。在打入命令的过程中,可以用事先规定的功能键修改命令,直到确认打入命令已正确无误时才按执行键。以上这些是通过对键盘的操作来完成的。

从指挥参谋人员按键的时候起,每按下一个键,就产生一次键盘终端请求。计算机响应键盘中断后,就转入执行键盘中断服务程序,激活命令输入处理程序。

"命令输入处理任务"完成对命令的输入处理,一方面把命令输入缓冲区中的命令信息,一个个按字符显示指令的要求,装入命令显示档案区;另一方面把每条输入命令装填成命令信息表,排入命令加工队列,若这时"命令加工任务"等待"命令输入处理任务"传送信息,则激活"命令加工任务"。

命令分析和命令解释执行,为"命令加工处理任务"的两个组成部分。

该任务每执行一次,均依次从命令加工队列中取出一条指令(即一份命令信息表)进行处理。首先对命令的正确性进行严格检查;然后按该命令的标识符查"命令散转表",找到该命令处理程序的入口地址,转入对此命令的处理;最后进行结束处理。

命令加工处理也称为"命令加工处理任务"。它主要用来对命令加工队列中的每条命令进行分析(即正确性检查)和解释执行。在该任务被执行后,首先判别命令加工队列是否为空,当队列为空时,则等待"命令输入处理任务"传送信息;当队列不为空时,则依次从队列的对首取出各份命令信息表进行命令的加工处理,直到处理完为止。

1)命令分析。在命令的加工处理过程中,首先应对每条输入命令信息的正确性做严格的检查。比如,确定命令的标识符是否符合使用范围,参数提供的对不对等。对命令标识符是否符合使用范围的检查,由命令分析程序负责;对参数的检查,则在命令解释程序中进行。

2)命令解释执行。命令解释执行的任务也就是对命令进行处理。在从命令加工队列中取出的命令信息，经命令分析程序处理，找到了该命令处理程序的入口地址后，就可通过执行该处理程序，完成该命令规定的功能。

4.5　防空指挥自动化指挥控制系统的信息融合技术

所谓信息融合（也叫数据融合），就是利用计算机技术和有关算法对传感器及通信链路的观测信息按一定准则进行分析、综合的信息处理过程。信息融合的主要目的是将一个系统中多个相同类型或不同类型的传感器所提供的测报信息加以综合分析，以利用各传感器的冗余信息和互补信息自动生成所期望的合成信息。

在现代防空指挥自动化指挥控制系统中，信息处理的核心任务之一就是对多源信息的融合，这既包括对防空探测系统中多个传感器探测到的目标信息的综合处理，又包括各种情报信息、指挥信息和辅助信息的融合。通过信息融合，可以扩展系统的时间、空间覆盖范围，增加系统的信息利用率，提高合成信息的可信度和精度。因此，信息融合技术已成为防空指挥自动化指挥控制系统信息处理的关键技术。

信息融合与经典的信息处理方法有本质的区别，信息融合可以在三个层次，即像素级、特征级和决策级上进行。

像素级融合是在各种传感器的原始测报信息未经预处理之前就进行的综合和分析，其优点是保持了尽可能多的战场信息，但处理的信息量大，实时性差；特征级融合属于中间层次，利用从传感器来的原始信息中提取的特征信息进行综合分析和处理，其优点是实现了可观的信息压缩，有利于实时处理，并且由于所提取的特征直接与决策相关，因此融合结果最大限度地给出了决策分析所需要的特征信息，所以目前大多数信息融合都是在该层次上展开的；决策级融合是在更高层次上进行的，其融合的结果直接为指挥控制决策提供依据，因此决策级融合必须从具体决策问题的需求出发，充分利用特征级融合所提取的测量对象的各类特征信息，采用适宜的融合技术来实现。由于信息融合可对多类、多源和多平台传感器获取的信息自动地进行综合分析，与其他数据处理技术相比，能更快、更准确、连续和全面地提供战场环境态势的综合性结论。

4.5.1　防空指挥自动化指挥控制系统信息融合的功能

防空指挥自动化指挥控制系统信息融合的目的为了提高防空作战指挥控制决策的水平，通过对各种信息源进行综合、分析、相关、识别和融合，得到攻防对抗态势图，进行态势、威胁评估和决策支持。

尽管信息融合系统的结构有着多种形式，但其功能原理和作用往往是相同的，图 4.14 所示就是信息融合系统的一般功能模型。

信息融合系统主要有两种功能：一是信息的转换与相关，二是信息的组合、推理与辅助决策。具体包括检测（探测）、校准（对准）、相关（互连、关联）、状态估计、目标识别和行为估计，其中相关、识别和估计是信息融合系统的基本功能。

4.5.2　防空指挥自动化指挥控制系统信息融合的模型

信息融合模型是对信息融合中一系列处理过程的描述。在信息融合模型中强调的是系统组成成分的功能而不是关于其软件实现或物理实现的具体描述。

对防空指挥自动化指挥控制系统信息融合的模型，要求明确定义防空指挥自动化指挥控制系统信息处理的需求，这主要是指：

(1)信息处理过程的周期性应比较明晰；

(2)应能集成不同的信息处理模式；

(3)能够区分各种融合算法的优点和不足；

(4)便于区分作战任务级的操作性观测和防空系统级的有效性观测；

(5)应使用被广泛接受的通用术语。

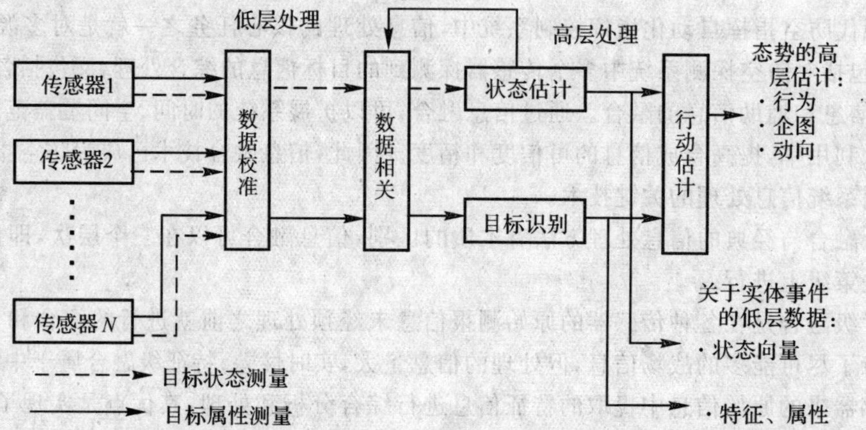

图 4.14 信息融合系统的功能模型

由于信息融合模型反映了信息处理的基本功能和过程，因而也决定了系统的基本结构。目前，典型的信息融合模型主要有：

1. 英国的情报环模型(The UK Intelligence Cycle)

尽管信息相对于情报而言，通常处于较高的层次，但对情报的处理过程却被广泛地应用于一般的信息融合。英国情报界把情报处理描述为一个环，以此来对信息融合过程建模，该环形模型图如图 4.15 所示。

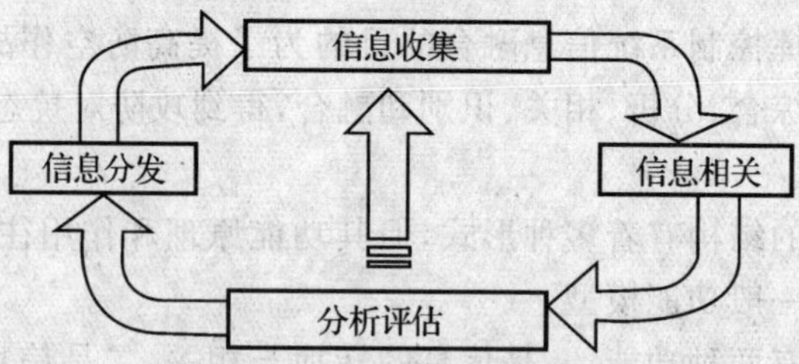

图 4.15 英国情报环模型

整个情报周期由四个阶段构成，即信息收集阶段、信息相关阶段、分析评估阶段、信息分发阶段。

2. JDL 模型

JDL 模型(The JDL Model)是由美国的联合指导实验室数据融合小组于 1985 年提出的，最近又有所改进，它把整个处理过程分为五个层次，如图 4.16 所示。

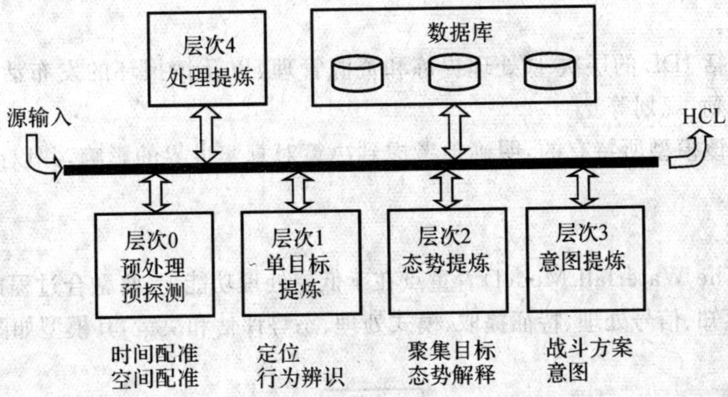

图 4.16　JDL 信息融合过程模型

层次 0——预处理、预探测，如像素和信号处理、空间和时间配准。

层次 1——目标提炼，涉及对连续(位置或运动学的)或离散(行为或标志)目标状态的估计和预测。

层次 2——态势提炼，通过检验诸如兵力结构和通信角色之类的实体之间的联系引入上下文，通过将目标聚集到元目标中，就可能得到对态势的一种解释。

层次 3——意图提炼，描述可能的战斗方案的集合及其对当前态势的影响。

层次 4——处理提炼，是资源管理的一个要素，并用于对资源(传感器、通信和处理)的任务重分配，以使循环形成闭合回路，并支持任务的各项目标。

该模型被美国的信息融合界广泛应用，可以当做防御信息融合系统的准事实标准。JDL 模型并不试图对信息融合的层次严格顺序作出描述，这是通过使用信息总线而非流结构来体现的。

3. Boyd 控制循环

Boyd 控制循环(The Boyd Control Loop)最早是用于对军事指挥过程建模的，但随后被广泛应用于信息融合。Boyd(或 OODA)循环有四个阶段，如图 4.17 所示。

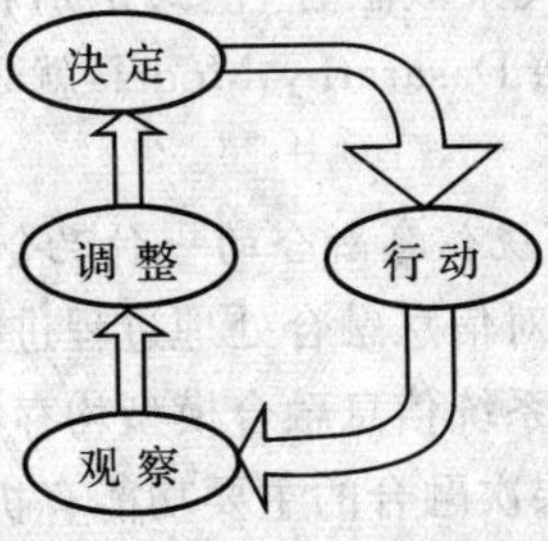

图 4.17　Boyd 控制循环

Boyd 控制循环模型与 JDL 模型完全相似，不同的是在 Boyd 控制循环模型中问题的迭代性质更清晰。

观察——广义地，可对应于 JDL 的层次 0 和情报环的收集阶段的一部分。

调整——包含了 JDL 的层次 1，层次 2 和层次 3 的功能，还包括情报环的收集和核对阶段的结构化要素。

决定——包括 JDL 的层次 4(处理提炼和资源管理)以及情报环的发布活动，此外还包含更多的活动如后勤、规划等。

行动——是该模型所特有的，明确地考虑到决策对真实世界的影响，并以此来作为循环的闭合。

4. 瀑布模型

瀑布模型(The Waterfall Model)着重点在于低层处理功能上，将融合过程按功能要求分为六个阶段：战场感知、信号处理、特征提取、模式处理、态势评估和决策，其模型如图 4.18 所示。

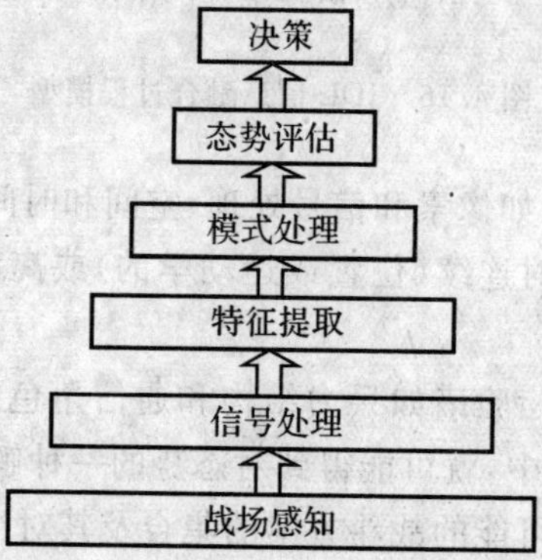

图 4.18 信息融合过程的瀑布模型

该模型没有明确给出反馈机制，这似乎是该模型的主要局限性，否则的话，该模型对信息融合处理的划分比其他模型更好。

5. 达萨拉什模型

目前，信息融合过程的三个抽象层次已得到了大多数人的认可，但实际上融合既可能在这些层次内发生，也可能作为两个层次之间的一种转换方式，因此可能存在五种融合类别，即数据级—数据级融合(数据层次融合)、数据级—特征级融合(特征选择和特征提取)、特征级—特征级融合(特征级融合)、特征级—决策级融合(模式识别和模式处理)、决策级—决策级融合(决策级融合)。达萨拉什模型(The Dasarathy Model)就是基于以上五个层次划分的信息融合模型。

6. 防空指挥自动化指挥控制系统信息融合的一种混合模型

前述五个模型分别从不同侧面对信息融合处理过程进行了描述，各有其特点和适用范围，但要作为防空指挥自动化指挥控制系统信息融合模型均存在不足。通过综合上述各模型的基本思想，将融合过程的周期性及各层次融合的主要功能有机结合，明确表达出信息融合可能发生的地方，可以得到适合防空指挥自动化指挥系统信息融合的一种混合模型(Omnibus Model)，如图 4.19 所示。

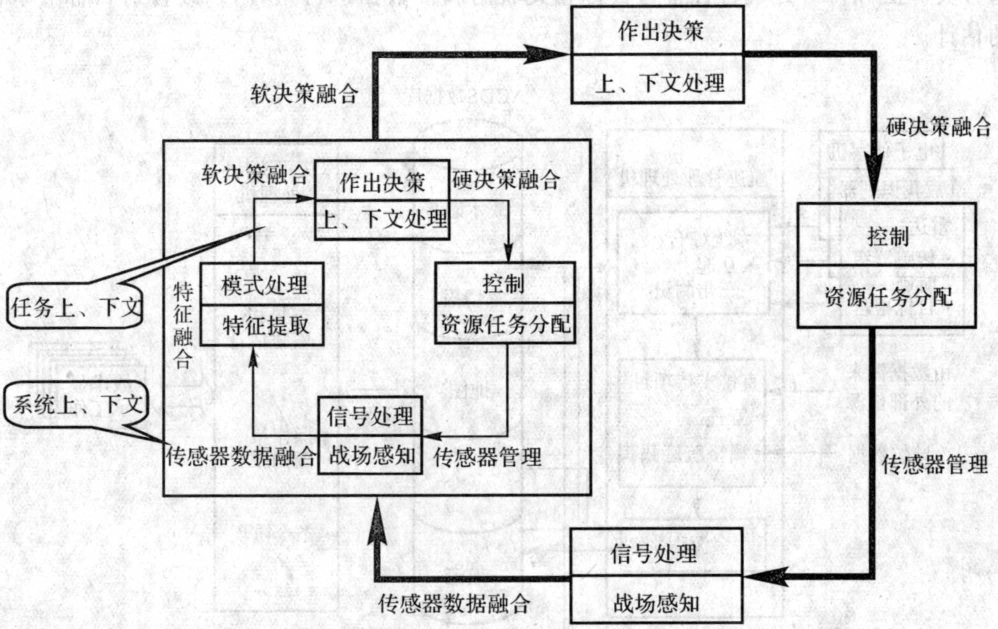

图 4.19　防空指挥自动化指挥系统信息融合的一种混合模型

4.5.3　信息融合的结构体系

信息融合系统的结构体系是指为实现其功能要求所具备的物理结构，它是对顶层信息融合结构的描述，反映了系统中各组成部分之间的结构安排、相互的通信方式和信息流向等，通常有集中式、层次式、分布式等结构。

1. 集中式结构体系

高级战斗指挥系统(ACDS)是一个典型的集中式信息融合结构体系，它把信息融合功能划分为传感器和信息源、航迹管理处理机、ACDS 数据库和决策支持处理机四个组成部分，各部分之间的关系如图 4.20 所示。

集中式结构体系具有现代信息融合系统所公认的许多特征：

首先，系统有与现有的非同步异质传感器相连的接口，并且还拥有多个独立接口。由于传感器和数据链具有不同的报告协议，因而航迹管理处理机除校准时间坐标和空间坐标外，还用以规范数据。

其次，对处理的划分主要还是在层次一、二、三的过程之间，从而把数字处理功能和符号处理功能分配给两个并行的处理机——航迹管理处理机和决策支持处理机。

第三，功能划分提供了一个公共数据库，各层次处理机并行存取航迹数据。

2. 信息融合—决策支持结构体系

在该结构体系中，把信息融合功能划分为融合子系统和决策支持子系统，如图 4.21 所示。

其中，融合子系统完成一级融合功能，把初始传感器的报告进行关联和组合，最终形成一个公共态势数据库。当目标运动的时候，传感器的报告也按时间积累，瞬时航迹随时间向前推进。这些目标航迹、事件和检测的历史数据，以及对事实的描述，都保存在态势数据库中，并用数值分类算法和符号处理将各个与目标相关联的属性数据进行组合，以改善对目标—事件性质的估计。

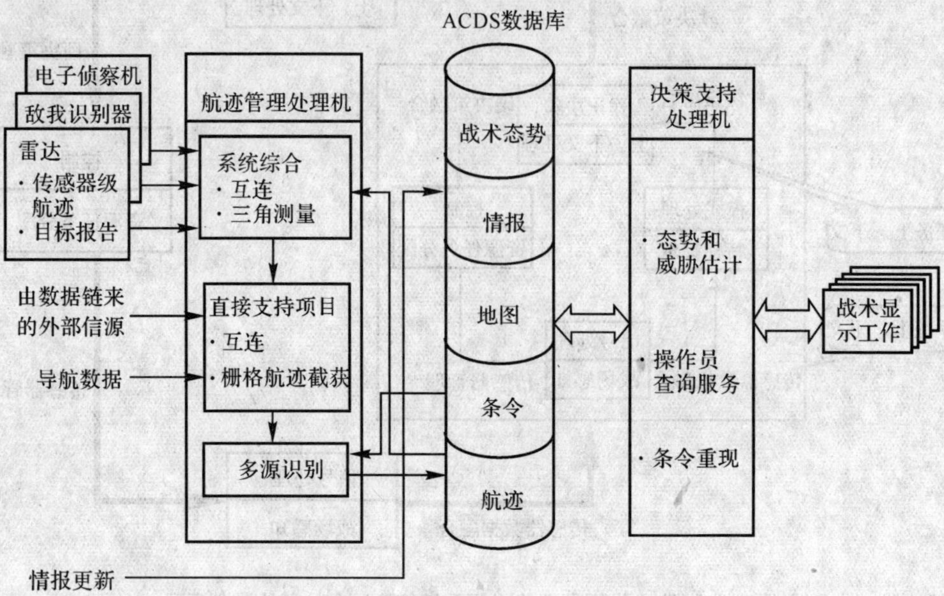

图 4.20　集中式信息融合结构体系

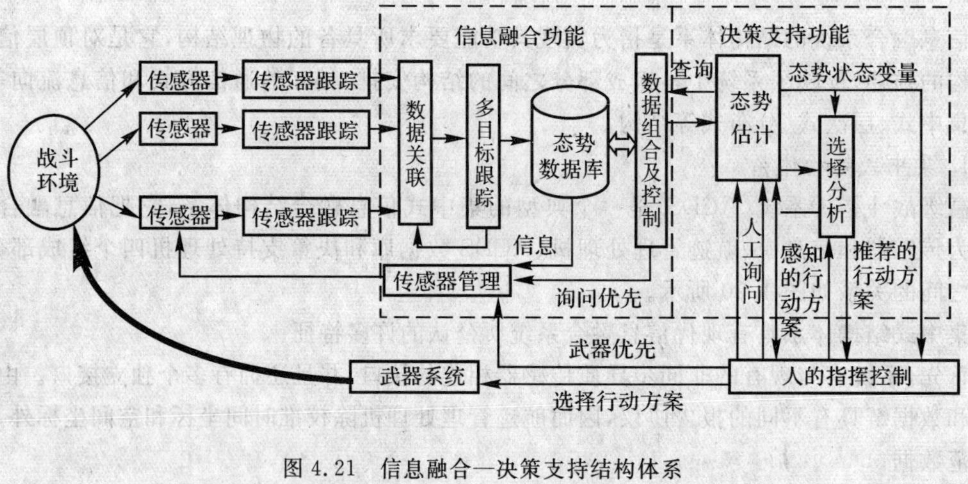

图 4.21　信息融合—决策支持结构体系

信息融合子系统的结果数据送往决策子系统，用于态势评定和威胁估计。由于传感器测量和覆盖方面的缺点，从而使模型化态势中含有不确定性，其结果就使多个假设涉及态势模型的多个元素(如目标位置、身份、行为特征)，这样，态势评估功能就要运用军事条例模板和随机推理来精选这些假设，以减少重要分析方案的数量。然后将可能的态势集，连同状态变量的不确定性，一起送给方案分析模块，以便建立军事行动的各种可选方案，并对这些方案进行分析和排序。

完成态势评定和威胁估计功能，实际上是在更高层次上进行的信息组合和推理，以便按照态势数据库中所估计的情况，确定目标或事件状态及其行为的含义或军事意义。人工或自动询问搜索行为（空间的、时间的或频谱的）模式，从中推断出态势或威胁，并用以描述作战计划和指令、可利用的行动方案、敌军意图或活动、我军攻击敌方目标的机会、敌军对我军的威胁及解除这些威胁的对抗措施等。然后，研究和形成各种行动方案，计算所期望的结果，将最期望值连同它的得分一起送给操作员或指挥员，供他们评估和考虑。

4.5.4　防空指挥自动化指挥控制系统信息融合的框架

信息融合框架又称综合推理方法，是指一套规则和一个基于这些规则处理实体的推理系统。这里，框架提供了一种从数据丰富而信息贫乏的信息源进行推理的方法，以产生信息丰富的抽象概念。

在多源信息融合系统中，由于传感器不精确及环境噪声和人为干扰等因素，常常造成被融合的信息不确定，主要表现在态势图编辑和态势评定的不确定性。

态势图编辑的不确定性。态势图编辑明显地与构成现行态势的各种信息有关，这些信息不仅来自各种传感器，还来自直接通信、导航子系统和其他源数据。由于传感器不精确、传感器不适当、处理不恰当、导航误差、时间延迟等原因可能造成这些信息不确定，从而引起态势图编辑的不确定性。

态势评定的不确定性。态势评定是把对态势物理特性的观察与从以往经验得出的知识相结合，以形成对动态变化事件的综合解释。态势评定中所用到的知识可能会由于图像的不确定性、传感器覆盖范围的不确定性、环境的不确定性、缺乏敌方知识及其他不确定因素而引起态势评定的不确定性。

因此，许多信息融合专家一致认为，指挥控制中的不确定性是影响信息融合系统性能的主要原因，从而决定了确定性方法不适用于多源信息融合。因此，当前的信息融合框架主要是不确定推理框架，多源信息融合的综合推理方法也主要是指对不确定信息的综合、分类和推断的方法，一般有以下三大类：

1. 基于 Bayes 规则的概率推理方法

该方法曾经是解决多源信息融合的最佳方法，但使用中发现它存在缺陷。Bayes 理论强迫每个信源必须在公共抽象级上以 Bayes 可信度作出响应，而实际要融合的信息（如目标类别、形状、类型、雷达设备、性质、传感器可靠性、特征集等）往往处于不同的抽象级上，这样，就很难根据 Bayes 理论给出精确的可信度表示。

2. 基于信息论的方法或非参数式方法

这类方法并不需要用统计方法直接模拟观测信息的随机形式，而是依赖于观测信息与目标身份之间的映射关系来对目标进行标识，如 K 最近邻方法、人工神经网络方法等，常用于目标分类、模式识别等。

3. 基于知识的推理方法

如专家系统的黑板知识库系统、证据理论、可能性理论、模糊推理等不精确推理方法，通常用于目标识别、态势评估、威胁判断、决策等。

第5章 防空指挥自动化指挥控制系统的辅助决策

指挥员在防空作战指挥中的决策行为对防空作战的胜负至关重要，因此防空指挥自动化指挥控制系统必须要为指挥员和指挥机关提供决策支持。防空作战指挥辅助决策系统将现代的DSS技术用于防空作战指挥决策过程，为指挥员在判断情况，定下决心，制定作战计划和行动方案等指挥决策的不同阶段，提供不同的辅助决策与支持手段。它将作战指挥科学理论及现代决策的科学的方法与指挥员创造性的灵活运用有机结合，通过人—机优势互补，增强了指挥决策的时效性和科学性，以适应现代防空作战的特点及作战指挥的要求。

防空作战指挥辅助决策系统的内容分为战前、战中、战后这三个部分，其中以战中实时辅助决策为重点。战中实时辅助决策的内容主要包括空情态势辅助分析，目标辅助综合识别，武器系统工作状态转换方案辅助决策，火力运用决心和射击决心辅助生成，战斗等级转进辅助分析，战斗准备辅助分析以及射击过程的辅助分析等。战前、战后辅助决策主要包括战场态势分析、布站方案优化决策分析、兵力机动方案优化、战斗效能评估、战斗详报生成及再战准备方案辅助生成等。由于防空作战过程中情况瞬息万变，因此防空作战指挥实时辅助决策相对于非实时辅助决策而言更为复杂，是防空指挥自动化指挥控制系统功能的核心组成部分，因此，本章重点针对防空作战指挥控制系统中的实时辅助决策（简称为辅助决策）部分加以介绍。

5.1 防空指挥自动化指挥控制系统辅助决策的模型

5.1.1 防空指挥自动化指挥控制系统辅助决策建模方法

防空指挥自动化指挥控制系统是一个基于信息的、与武器系统密切相关的复杂人—机交互系统，由一系列的信息搜集、处理与通信设施构成，是一个具有较强技术性、程序性及组织性的体系，是防空指挥员得以实施作战决策的支持系统。防空指挥控制过程由防空指挥自动化指挥控制系统支持，给决策者提供高质量、实时、结构化、完整的决策信息。由于防空和空袭兵器采用的技术日新月异，作战运用思想的不断更新，给防空作战指挥控制增加了极大的难度，而要对防空作战指挥控制实施辅助决策，首先要对防空指挥控制过程有一个全面的认识。近十几年来，关于指挥控制过程建模的研究较多，建立了一些模型，取得了一定的进展。

1. 防空指挥控制过程分析

对战术级的防空指挥自动化指挥控制系统，其防空指挥控制通常由八个子过程组成：跟踪目标选择、目标识别、拦截适宜性判断、威胁评估、拦截队列排序、目标（火力）分配、发射决策及杀伤效果评估。各子过程完成的任务如下：

(1)跟踪目标选择。根据预定的准则，从发现的目标中选出跟踪的目标，以支持后续的指挥控制过程。

(2)目标识别。根据上级指挥所情报及本级传感器送来的目标特征信息进行分析，综合判断目标的敌我属性及目标类型等信息。

(3)拦截适宜性判断。根据目标位置、属性识别结果和武器控制状态，决定是否适宜进行拦截，是一个动态处理过程。

(4)威胁评估。根据目标类型、属性、位置、可能攻击要地的重要程度，以及我方武器配置、状态等因素，对所有空袭目标的威胁程度进行评估。

(5)拦截队列排序。根据威胁评估结果和武器对目标的拦截特性，将待拦截目标的拦截顺序进行排队，以区分拟被拦截目标的轻、重、缓、急，为射击指挥决策提供依据。

(6)目标(火力)分配。根据目标信息和武器状态信息，力求在给定约束的条件下，充分发挥武器系统(火力单元)的整体优势，按预定的准则，得到目标(火力)最佳分配方案。

(7)发射决策。在目标分配完成后，发射决策要分别计算出发射架对目标的发射时刻、预测命中点、预估击毁时刻等拦截决策参数，为导弹发射做准备。

(8)杀伤效果评估。发射导弹后，能迅速、准确地判断分配给某火力单元的目标是否被毁伤。

图5.1是用IDEF(Intergrated Computer Aided Manufacturing DEFinition Methord)描述的防空指挥控制过程模型。

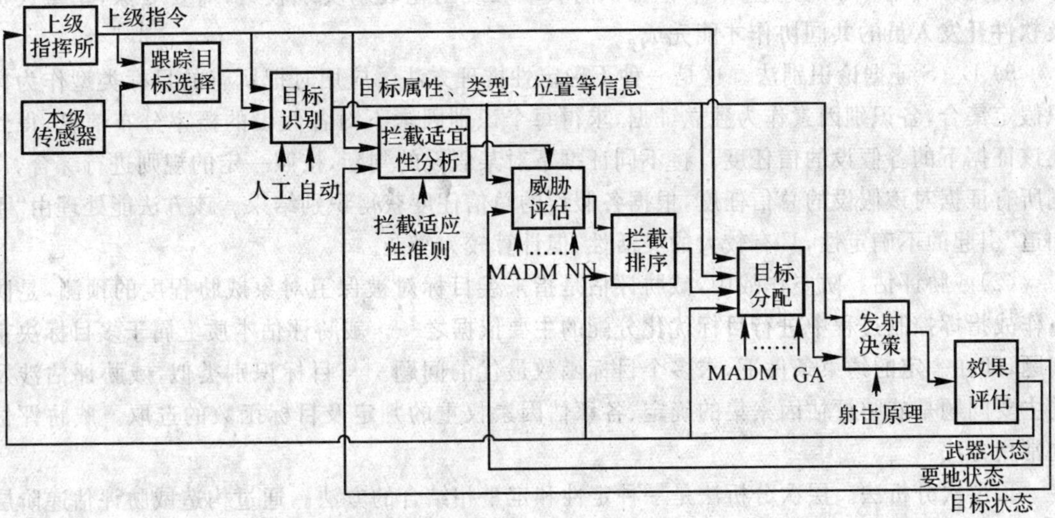

图5.1　防空指挥控制过程模型

2. 防空指挥控制过程建模

在防空指挥控制过程各子过程中，目标识别、威胁评估及目标(火力)分配这三个过程是相对复杂的过程，也是指挥控制系统战术应用软件中的关键。下面，将对这三方面目前已有的建模理论和方法作一简要分析。

(1)目标识别。目标识别是威胁评估和目标分配的前提。实质是根据已知的目标特征信息，依据一定的识别因素集来对目标进行分类的问题。目标识别涉及的主要问题有识别因素集的确定、各识别因素权重的判定及目标函数的选取。建模的内容主要用于解决后两个问题,第一个问题由战术理论和实践经验获得的。

目前,目标识别的建模方法主要有以下五种:

1)统计识别法。通过构成多维的目标特征,估计出各种目标的特征多变量的概率分布函数,并基于最小贝叶斯误差概率或风险测度最小准则来构造分类器的最佳决策过程。理论上,该方法相对较成熟,但若目标的特征变量维数很高,则分类的复杂性会使应用变得较为困难。

2)多属性决策方法。一种多属性决策方法是一个指示对属性及方案信息进行何种处理以获得一个选择的过程。应用于目标识别,可对不同识别因素量化值进行综合,获得综合识别结果,如线性加权法、TOPSIS(Technique for Order Perference by Similarty to Ideal Solution)法等。多属性决策方法用于目标识别,方法简单易行,但各属性的权值依赖于专家和经验,判断方法相对粗糙,适用于特征明显,比较粗略的判断。

3)神经网络方法。利用某些神经网络的分类器功能来实现目标识别。典型的应用是采用三层BP网络,输入层用于输入各识别因素归一量化值,隐层用于将非线性转换成线性输入,输出层为目标识别结果,对目标进行识别分类。其中,各识别因素的权值和阀值通过大量的样本学习得到。该方法简单易行,能够得到较好的识别结果,但网络训练时间较长,且容易陷入局部最优,需要进行一定的改进。

4)专家系统方法。通过建立目标识别专家系统,利用句法规则对目标进行识别分类。将各类目标的特征信息存放在知识库中,并建立一定的产生式规则,经推理后得到识别结果。该方法能充分利用专家的经验知识,但知识的获取和规则化表示实现较难,需要专家,军事人员及软件开发人员的共同协作才能完成。

5)D-S证据论识别法。这是一种不确定性推理方法。应用时把所有的目标类型作为标识假定集合,各识别因素作为独立证据,求得每个识别因素下对各假设的概率分布信息,得到在该证据下的各假设的信任度。将不同证据下对某假设的判断,按照一定的规则进行综合,得到所有证据对该假设的总信任度,根据各假设的总信任度获得识别结果。该方法能处理由“不知道”引起的不确定性,具有较大的灵活性,但计算较为复杂。

(2)威胁评估。防空作战中,威胁评估是指来袭目标对被保卫对象威胁程度的预测,是防空作战指挥控制过程中进行目标优化分配的主要依据之一。威胁评估本质上属于多目标决策问题,即在一定的约束条件下,求多个目标函数最优的问题。与目标识别类似,威胁评估涉及的主要问题是威胁评估因素集的确定、各评估因素权重的判定及目标函数的选取。威胁评估的常用方法:

1)层次分析法。层次分析法是一种定性和定量相结合的方法。通过构造威胁评估递阶层次结构,如建立“来袭目标—威胁评估因素—威胁程度层”三层结构,运用层次分析法的原理,将决策者的经验判断给以量化,得出每一层次相对于上一层次因素的权重,通过加权求和得到目标的威胁程度,进行排序。该方法简单易行,但评估结果依赖于专家的主观判断,可利用综合多专家评估结果来进行改进。

2)神经网络方法。主要利用神经网络的自学习能力来获得包含多专家经验知识的威胁评估权值分布,然后利用训练好的网络得到各目标的威胁评估结果,进行排序。仍可采用三层或多层前项B-P神经网络,选取典型目标的诸威胁因素值和多专家的评估结果,作为标准样本,进行训练,利用得到满足一定要求的权值分布对来袭目标进行威胁评估。

3)模糊评估方法。采用模糊集来表示威胁因素属性集,定义一定的隶属函数来刻划威胁因素属性值,计算各威胁因素的属性值,得到决策矩阵,由决策矩阵及权向量,根据模优化理论,构造威胁评估目标函数,计算目标函数值,得到排序结果(或按多属性决策理论的方法,如TOPSIS法等获得排序结果)。该方法反映了目标威胁评估的模糊性,合理科学地利用了模糊信息,使评估结果更加科学,但威胁因素的隶属函数不易得到,需大量的经验和数据分析才能得出。

(3)目标分配。防空作战的最终目的是选择最优的目标分配方案,充分发挥防空武器系统的效能,以使作战效果最佳,因此目标分配在防空作战中占有重要的地位。目标分配问题,其本质是数学规划中的"任务分派"问题。

目标分配的常用方法:

1) 整数规划方法。将目标分配看成是一个 0—1 整数规划问题,其一般数学模型为

$$\left.\begin{aligned} &\max\sum_{i=1}^{n}\sum_{j=1}^{n}\boldsymbol{c}_{ij}X_{ij}\\ &\sum_{i=1}^{n}X_{ij}=1,\quad j=1,2,\cdots,n\\ &\sum_{j=1}^{n}X_{ij}=1,\quad i=1,2,\cdots,n\\ &X_{ij}\in\{0,1\}\end{aligned}\right\}\tag{5.1}$$

式中,X_{ij} 为决策变量,当第 i 个火力单元射击第 j 批目标时,$X_{ij}=1$,否则,$X_{ij}=0$;$\boldsymbol{c}_{ij}$ 为效益矩阵,需综合考虑第 j 批目标对第 i 个阵地的威胁度,第 i 个火力单元射击第 j 批目标的毁伤概率,以及时间、空间、资源约束等才能得出。

上述问题可采用整数规划的方法求解,如分支定界法,割平面法,匈牙利法等。用整数规划方法求解目标分配问题,问题一旦有解,则一定是最优解,但随着目标及被保卫要地数目的增加,算法复杂度将随之大大增加。

2) 启发式算法。这是面向工程的算法,即按照分配准则,在保证每次约束都是可行的基础上(满足时间、空间、资源等约束条件),动态地进行优选,寻求最优的分配方案。该方法实现较易,且满足实时性要求,适于工程应用,但分配方案不一定是最优的。

3) 遗传算法。遗传算法是模拟生物进化过程中优胜劣汰规则与群体内部染色体信息交换机制的一类处理复杂优化问题的一种方法。可采用二进制编码,以所有火力单元数作为编码长度,若 $a_{ih}^{(k_m)}$ 表示第 m 代染色体串中排在第 i 个火力单元的第 h 个目标,当第 i 个火力单元射击第 h 个目标时 $a_{ih}^{(k_m)}=1$,否则为 0。这样,一个火力分配方案则对应于一个染色体串,再选取一定的适应度函数,进行迭代进化,得到较优的目标分配方案。由于迭代寻优次数多,采用该方法实时性差,为此,需要对此进行改进。

3. 防空指挥过程建模框架

从以上分析可看出,防空指挥控制过程建模采用的主要方法是运筹学方法、人工智能方法及数学中的统计学方法。这些方法各有所长。值得注意的是,防空指挥控制过程作为战术运用过程建模,单靠一些方法并不能建立符合战术指挥控制系统的要求。这些方法只有在防空战术学理论及实战经验的指导下使用,才能建立科学的防空指挥控制过程模型。同时,防空战

场环境变化迅速，敌我双方的空袭兵器和防空武器的性能不断提升，因而防空作战需求也是指挥控制过程建模中必须要考虑的内容。综合上述考虑，防空指挥控制过程建模所需的理论框架，应是在防空作战的需求、防空战术学及实战经验的指导下，运筹学、人工智能及统计学等理论方法的综合运用。如图 5.2 所示。

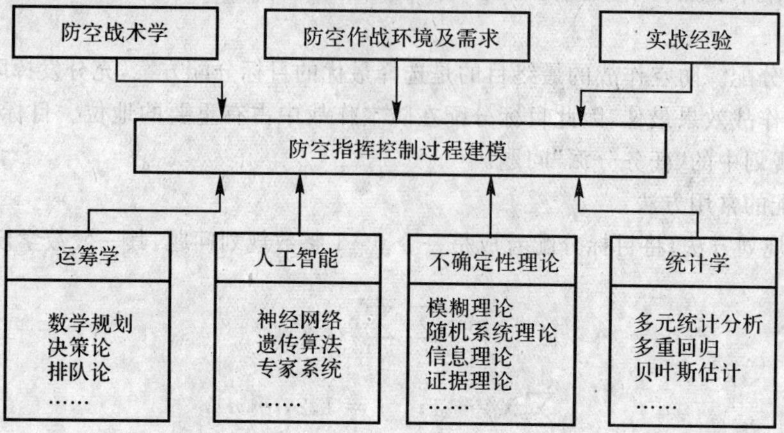

图 5.2 防空 C^2 过程建模理论框架

根据防空 C^2 过程建模理论框架，防空 C^2 过程建模应遵循以下原则：

(1)定性和定量方法相结合。防空指挥控制过程建模是一个复杂过程，靠单纯的定性分析或定量计算都不可能得到最优的结果，必须要将两者进行结合。一般来说，定量计算的一些参数需要通过定性分析来得到，同时，定量计算的结果也要通过定性分析来进行评估验证。在图 5.2 中，防空战术学、防空作战环境及需求和实战经验主要用于定性分析，而运筹学、人工智能等方法则用于进行定量计算。

(2)确定性、不确定性方法相结合。防空战场瞬息万变，不确定性因素多且复杂，建模的一个重要目的就是要减少防空战场的不确定性，给决策者提供高质量的决策信息。因而不能将这些不确定性因素进行简化、忽略，而必须采用不确定性理论，如随机理论、信息理论、人工智能理论和方法进行处理和分析，最大限度地减少指挥控制中遇到的不确定性。

(3)优化能力和实时性相结合。防空指挥控制过程模型的建立必须要统筹考虑实时和优化的问题。一方面，建模的目的就在于对决策进行优化；另一方面，防空作战过程是一个实时性很强的过程，防空指挥控制过程模型必须要保证较高的实时性要求，两者不可偏废。图 5.2 所示的建模方法中，虽然采用遗传算法、专家系统等方法建立的模型，可以处理一些具有不确定性的、高维复杂的问题，但往往是以牺牲实时性为代价的。为此，在建立防空指挥控制过程模型过程中，应兼顾模型的最优性和实时性，在满足实时性的基础上，求取问题的最优解或满意解。

(4)理论研究和工程应用相结合。防空指挥控制过程的复杂性决定了影响防空指挥控制过程的因素众多，反映到防空指挥控制过程模型中，即具有大量的可变参数。在防空指挥控制过程建模理论研究中，为尽可能的逼近防空指挥控制过程的真实性，经常对各种参数进行高分辨率、多方位的探讨。但在防空指挥控制过程建模工程实践过程中，往往随着模型复杂度的增加和分辨率的提高，反而使防空指挥控制过程模型的适应性变差、开发周期成倍增加，降低了防空指挥控制过程模型的可用性。为此，在工程实践中应根据经验数据，在保证模型精度的前提下，对防空指挥控制过程理论模型进行简化处理，来提高防空指挥控制过程模型的开发周期，降低防空指挥控制过程模型的复杂度。

随着现代防空作战的日益复杂，防空指挥控制过程的建模已成为实现防空作战指挥决策智能化、自动化的核心问题，直接影响着防空作战效能的发挥。建立科学、高效的防空指挥决策模型，即依赖于对防空战术背景、需求及经验的理解和应用，又依赖于现代运筹学、人工智能等理论的研究和发展。本文通过对目前防空指挥控制过程建模理论和方法分析，建立的防空指挥控制过程建模的理论框架，以及提出的防空指挥控制过程建模应遵循的基本原则，将对深入进行防空指挥控制过程建模的理论研究和工程实践，具有重要意义。

5.1.2　防空作战传感器资源优化模型

1. 多传感器资源管理

对于防空指挥自动化指挥控制系统而言，多传感器管理既具有同一般传感器资源管理相同的特点，又有其特殊的作战需求。一方面它必须解决传感器与目标之间，以及作战区域目标检测、跟踪和识别之间的资源分配问题；另一方面，传感器资源本身直接受火力制导的约束所带来的影响。总的来说，影响区域防空网络化作战系统传感器资源分配的主要因素：

(1)传感器的功能。在区域防空网络化作战系统中，与防空作战密切相关的传感器资源主要包括：

1)目标搜索指示雷达(三坐标、低空补盲、警戒雷达等)。主要功能是尽可能早的发现、跟踪、识别目标，并协助照射制导雷达或制导雷达跟踪目标；

2)制导雷达。主要功能是跟踪指定目标，实施导弹制导，辅助其他雷达发现和跟踪目标；

3)照射制导雷达。既具有大范围目标搜索、跟踪功能，又具有导弹制导功能，并协助其他各种雷达发现和跟踪目标；

4)其他传感器资源。包括双多基地雷达、红外、光学传感器等，它们与上述雷达协同工作，优势互补，提高传感器网络的“四抗”能力。

(2)目标的威胁度。在防空作战中，目标威胁度是指来袭目标相对于被保卫对象的威胁程度，是防空系统作战资源(主要是传感器资源和武器系统资源)优化分配的主要依据之一。

(3)传感器对目标的适应度。不同的传感器具有不同的特性，作用于不同的目标表现出不同的作战效益，因此科学合理的传感器分配应充分考虑传感器—目标对的配对效益。

传感器分配建模应遵循的基本原则：

1)传感器分配的相对稳定性。目标航迹的生成和维持都要求传感器—目标配对的相对稳定性。

2)整体效能最佳。在满足作战需求和传感器资源功能、能力约束条件下，实现传感器资源的整体效能最佳。

防空作战过程中，传感器资源的使用可粗略分为以下两个阶段：

1)初始阶段。该阶段主要对具有远距离目标探测跟踪能力的雷达(如目标指示雷达、照射制导雷达等)进行优化分配。主要工作是对作战空域内目标的探测(检测)、跟踪和识别等，其中目标的跟踪是实现目标的识别和后续制导雷达目标跟踪的基础，因此该阶段的资源优化可以映射为一个多传感器、多目标跟踪问题。对于该阶段的优化问题，约束较少，目标明确，易于建立传感器资源分配的目标函数和约束条件。因此，可以建立多传感器资源的线性规划模型。

2)交战阶段。该阶段主要对具有制导功能的导弹制导雷达、照射制导雷达及辅助目标跟踪的其他雷达(如双/多基地雷达)进行优化管理。主要关心本地目标的精确跟踪和导弹制导，并协助其他雷达搜索和跟踪目标。该阶段虽然约束条件众多，但由于制导雷达与火力单元作战过程中的内在关联性，因此一般可以根据火力单元与目标的交战规则对制导雷达进行管理。在此不详细介绍。

2. 多传感器优化分配线性规划模型

传感器目标优化分配问题对于网络化防空作战系统而言，可以看做为多传感器/多目标跟踪问题，当然同时应兼顾区域内目标的探测、识别、双/多基地雷达发射时机控制及传感器探测模式的管理等。因此，传感器资源优化分配的线性规划模型的核心问题，就是依据一定的准则，建立一个易于量化的目标函数和若干传感器资源的约束条件，然后对目标函数进行优化以获得传感器对目标的有效分配。一个有效的传感器分配线性规划模型必须具有目标函数易于量化表示，既科学又符合特定作战需求的特点。

设传感器 s 分配给目标 m 时，收益为 E_{sm}，优化的目标是对所有的目标或指定的目标，获得最大的传感器效益。给定了传感器对目标的跟踪效能尺度之后，便可以对目标进行传感器分配。问题可描述为：传感器记为 $s=1,\cdots,S$，目标记为 $m=1,\cdots,M$，每个传感器有一个固定的探测容量 C_s，它表示每个传感器每次扫描时可以探测的最大数目。因此定义传感器资源优化分配问题的线性规划模型如下：

$$\text{maxmize}\quad C=\sum_{i=1}^{2^S-1}\sum_{j=1}^{T}E_{ij}x_{ij} \tag{5.2}$$

$$\sum_{i=1}^{2^S-1}x_{ij}\leqslant 1,\qquad 1\leqslant j\leqslant T \tag{5.3}$$

$$\sum_{i\in V(K)}^{2^S-1}\sum_{j=1}^{T}x_{ij}\leqslant c_K,\quad 1\leqslant i\leqslant S,\quad x_{ij}\geqslant 0,\quad \text{所有的 } i,j \tag{5.4}$$

其中考虑到可能会有多个传感器分配给同一个目标的情形，可以由单个传感器组合构成虚拟传感器，并允许该虚拟传感器作为一个单传感器分配给一个目标。于是，“传感器”数目从 S 增加到 2^S-1，问题成为如何优化分配所有这些单个和虚拟传感器。

在该分配问题中，有一些约束条件，其中最重要的一个约束是每个传感器的最大跟踪数目，也就是说，给定某一特定的时间段，某一传感器只能扫描一定的空间和跟踪一定数目的目标。在特定的时间段内，它们不能超出它们的最大跟踪容量。如果每个单传感器的最大跟踪目标数已知，则当分配虚拟传感器时也必须考虑这一限制。

为此，对上述约束可以进行如下处理，单传感器编号为从 1 到 S，虚拟传感器编号是从 $S+1$ 到 2^S-1。对于每个单传感器 K，设 $V(K)$ 为由单传感器 K 和包含单传感器 K 的虚拟传感器的编号组成的整数集合，在每个 $V(K)$ 中有 2^S-1 个整数。例如设有 3 个单传感器，即 $S=3$ 且 $2^S-1=7$。分别有 $s_1,s_2,\cdots,s_7$。$s_4=\{s_1,s_2\}$，$s_5=\{s_1,s_3\}$，$s_6=\{s_2,s_3\}$，$s_7=\{s_1,s_2,s_3\}$。整数集 $V(K)$ 中包含有 4 个整数，其中 $V(1)=\{1,4,5,7\}$，$V(2)=\{2,4,6,7\}$，$V(3)=\{3,5,6,7\}$。

c_K 为单传感器 K 的最大跟踪目标数。在 LP 的解中，$x_{sm}=0$ 或 1，$x_{sm}=1$ 表示时传感器

s 分配给目标 m。

目标函数式(5.2) 计算总的传感器 — 目标对的收益。式(5.3) 计算包括虚拟传感器在内的分配给目标 j 的传感器数目。该约束意味着最多一个传感器(或虚拟传感器) 被分配给目标 j。约束式(5.4) 利用集合 $V(K)$ 确保分配给单传感器 K 的跟踪目标数不会超过传感器最大跟踪数目,一些虚拟传感器将会被分配给某些单个目标;如果目标数多于总的跟踪容量,式(5.4) 允许某些目标不分配传感器。

在多目标 / 多传感器环境中,希望协调多个传感器的工作。每个传感器在每一个探测周期内只能观测到有限的目标。通过协调各个探测平台,可以尽可能避免过多的探测集中在个别目标而有些目标却没有观测到。

3. 线性规划模型中目标函数的确定

传感器目标分配中的信息增益是指每次量测前后信息熵(关于目标状态的不确定性) 的减少量,或者说关于传感器对目标的航迹信息增量。因此可以应用信息增益最大化作为优化分配的原则,对传感器资源进行科学合理的分配。但是信息仅仅只是表达了传感器与目标配对后的效益问题,而没有结合具体的战术态势,这对于防空作战而言是不够的。因此,结合上述目标威胁度对传感器资源分配的重要性的分析,建立如下的传感器 — 目标对效能函数。

(1) 信息增益。信息增益是通过传感器未观测到目标航迹时的信息熵和观测到目标航迹时的信息熵之差得到的。

设卡尔曼滤波器方程中协方差预测和更新矩阵分别为

$$\boldsymbol{P}(k \mid k-1) = \boldsymbol{\Phi}(k+1,k)\boldsymbol{P}(k-1 \mid k-1)\boldsymbol{\Phi}^{\mathrm{T}}(k+1,k) + \boldsymbol{G}(k-1)\boldsymbol{Q}(k-1)\boldsymbol{G}^{\mathrm{T}}(k-1) \tag{5.5}$$

$$\boldsymbol{P}(k \mid k) = [\boldsymbol{I} - \boldsymbol{K}(k)\boldsymbol{H}(k)]\boldsymbol{P}(k \mid k-1) \tag{5.6}$$

$$\boldsymbol{K}(k) = \boldsymbol{P}(k \mid k-1)\boldsymbol{H}^{\mathrm{T}}(k)[\boldsymbol{H}(k)\boldsymbol{P}(k \mid k-1)\boldsymbol{H}^{\mathrm{T}}(k) + \boldsymbol{R}(k)] - 1 \tag{5.7}$$

式中,$\boldsymbol{Q}(k)$ 和 $\boldsymbol{R}(k)$ 分别为系统噪声和量测噪声的协方差矩阵;$\boldsymbol{\Phi}(k+1,k) \in \mathbf{R}^{n\times n}$、$\boldsymbol{G}(k) \in \mathbf{R}^{n\times p}$ 和 $\boldsymbol{H}(k) \in \mathbf{R}^{m\times n}$ 分别为状态转移矩阵、输入矩阵和观测矩阵;$\boldsymbol{P}(k \mid k-1)$ 表示 $k-1$ 时刻对 k 时刻状态协方差矩阵的预测;$\boldsymbol{P}(k \mid k)$ 表示 k 时刻状态协方差矩阵的更新值。

卡尔曼滤波方程中协方差矩阵 $\boldsymbol{P}$ 表示目标状态的不确定性,随着每次量测的到来,协方差矩阵 $\boldsymbol{P}$ 不断被更新,即不确定性减少(信息量增加)。

设目标的状态向量 $\boldsymbol{X}$ 为一随机向量,其概率密度分布 $p(\boldsymbol{X})$ 是一个标准分布,即

$$p(\boldsymbol{X}) = \| 2\pi\boldsymbol{P} \|^{-\frac{1}{2}} \exp\left[-\frac{1}{2}(\boldsymbol{X}-\bar{\boldsymbol{X}})^{\mathrm{T}}\boldsymbol{P}^{-1}(\boldsymbol{X}-\bar{\boldsymbol{X}})\right] \tag{5.8}$$

则信息熵为

$$H(\boldsymbol{X}) = -\int_{-\infty}^{+\infty} p(\boldsymbol{X})\ln p(\boldsymbol{X})\mathrm{d}\boldsymbol{X} \tag{5.9}$$

将 $p(\boldsymbol{X})$ 代入式(5.9),可得

$$H(\boldsymbol{X}) = \ln \| 2\pi e\, \boldsymbol{P} \|^{\frac{1}{2}} \tag{5.10}$$

信息增量定义为一个量测执行前、后信息熵之差,即

$$G = H(k \mid k-1) - H(k \mid k) = \frac{1}{2}\ln\frac{\| \boldsymbol{P}(k \mid k-1) \|}{\| \boldsymbol{P}(k \mid k) \|} \tag{5.11}$$

其中,$\| \boldsymbol{P} \|$ 表示矩阵 $\boldsymbol{P}$ 的范数。对于信息增量的计算由于只需要计算其相对大小,加之矩阵的范数非负,且对数也是单调增加的,所以对于上述信息增量的计算可以简化为

$$G = \| \boldsymbol{P}(k \mid k-1) \| - \| \boldsymbol{P}(k \mid k) \| \tag{5.12}$$

或

$$G = \mathrm{tr}\{\boldsymbol{P}(k \mid k-1)\} - \mathrm{tr}\{\boldsymbol{P}(k \mid k)\} \tag{5.13}$$

(2) 综合效能函数 E_{ij}。目标威胁度的获取方法较多，在此不详细介绍。设目标 j 的威胁度为 TD_j，则综合效能函数 E_{ij} 可表示为

$$E_{ij} = \begin{cases} 0, & SR_{ij} = 0 \\ TD_j G_{ij}, & SR_{ij} \neq 0 \end{cases} \tag{5.14}$$

式中，SR_{ij} 表示目标是否满足传感器（组合）i 的探测条件，$SR_{ij}=0$ 表示不满足；$SR_{ij}=1$ 表示满足。上式表明，在满足传感器 i 的探测条件下，当传感器 i 对不同目标的信息增量相同时，将传感器分配给目标威胁度大的目标时，获得的效益更大。

实例分析：设现有三个传感器，则有 $s_1, s_2, \cdots, s_7$。$s_4 = \{s_1, s_2\}$，$s_5 = \{s_1, s_3\}$，$s_6 = \{s_2, s_3\}$，$s_7 = \{s_1, s_2, s_3\}$。其中 $c_K = [1,3,2]$，如果目标的威胁度分别为 $Th = [0.55, 0.76, 0.32, 0.90, 0.17]$，表 5.1 给出了综合后的效能和综合前各传感器对不同目标的信息增益。

表 5.1 传感器对不同目标的信息增益及目标的威胁度

目标 / 传感器	T_1 $(Th_1 = 0.55)$	T_2 $(Th_1 = 0.76)$	T_3 $(Th_1 = 0.32)$	T_4 $(Th_1 = 0.90)$	T_5 $(Th_1 = 0.17)$	c_{Ki}
s_1	1.070 2 (1.945 9)	1.322 8 (1.740 5)	0.644 8 (2.014 9)	2.081 2 (2.312 5)	0.432 1 (2.541 6)	1
s_2	1.362 1 (2.476 5)	1.350 4 (1.776 7)	0.640 0 (2.000 1)	2.592 6 (2.880 7)	0.533 2 (3.136 3)	3
s_3	0.624 2 (1.135 0)	0.483 4 (0.636 0)	0.203 5 (0.636 0)	1.101 4 (1.223 8)	0.216 7 (1.274 7)	2
s_4	1.921 4 (3.493 5)	2.085 9 (2.744 6)	0.970 1 (3.031 7)	3.569 7 (3.966 3)	0.723 3 (4.254 7)	
s_5	1.694 5 (3.080 9)	1.806 1 (2.376 5)	0.848 3 (2.650 9)	3.182 7 (3.536 3)	0.648 8 (3.816 3)	
s_6	1.621 7 (2.948 5)	1.623 9 (2.136 7)	0.755 2 (2.359 9)	3.029 4 (3.366 0)	0.616 9 (3.628 6)	
s_7	2.181 0 (3.965 5)	2.359 3 (3.104 4)	1.085 3 (3.391 5)	4.006 4 (4.451 6)	0.807 0 (4.7470)	

根据式(5.2) 建立的线性规划模型，对表 5.1 中的数据进行分析。

1) 根据上述线性规划模型，当不考虑目标威胁度时，优化分配的结果为 $s_2 \to T_1$，T_3 和 T_4，$s_3 \to T_2$，虚拟传感器 s_5(s_1 和 s_3) $\to T_5$。此时重要目标 T_4 只由传感器 s_2 进行跟踪，且传感器 s_2 同时担负对 T_1 和 T_3 的跟踪。

2) 当考虑目标威胁度且约束条件为 $\sum_{i=1}^{2^S-1} x_{ij} < 1$ 时，优化分配的结果为 $s_2 \to T_1$，虚拟传感器 s_6(s_2 和 s_3) $\to T_2$，虚拟传感器 s_7(s_1，s_2 和 s_3) $\to T_4$。此时重要目标 T_4 由传感器 s_1，s_2 和 s_3 同时进行跟踪，较为重要的目标 T_2 由传感器 s_2 和 s_3 同时进行跟踪。但重要性相对较小的目标 T_3 和 T_5，在该约束条件下却没有传感器对其进行跟踪。

3) 当考虑目标威胁度且将约束条件改为 $\sum_{i=1}^{2^S-1} x_{ij} = 1$ 时，优化分配的结果为 $s_2 \to T_1, T_2$ 和 $T_3, s_3 \to T_5$，虚拟传感器 s_5（s_1 和 s_3）$\to T_4$。此时重要目标 T_4 由传感器 s_1 和 s_3 同时进行跟踪，而且在该约束条件下所有目标都有传感器对其进行跟踪。

通过上述分析可以看出，在 2) 和 3) 中，由于考虑了目标的相对威胁程度，因此重要目标 T_4 均由两个以上传感器进行跟踪，表明了该模型对于重要目标的灵敏性。

5.1.3　防空指挥自动化指挥控制系统目标综合识别

1. 防空作战目标综合识别方法

目标识别就是对发现的空中目标的属性进行判别，以便分清“敌机”“不明机”“友机”和“我机”等。对目标识别的方法一般有雷达敌我识别、专门标准识别、飞机计划识别等。

(1) 雷达敌我识别。早在第二次世界大战期间，就已经有了雷达敌我识别系统（Radar Identification Friend or Foe System），简记为 IFF 系统，它是用以识别被雷达发现的目标敌我属性的电子技术装备，是识别敌我的一种重要手段。

雷达敌我识别系统是由询问机和应答机两部分组成，通过问与答的方式，获得识别信息。在雷达发现目标后，即控制询问机向目标发出一组密码询问信号。如果是我方（或友方）目标，目标上的应答机对询问信号进行解码，然后自动地发回密码应答信号。询问机对应答信号进行解码后，输出一个识别标志给雷达显示器，与该目标回波一起显示出来，从而确认为我方目标；如果是敌方目标或非合作目标（指没有装本系统应答机的目标），则解不出密码，雷达显示器上只有目标回波而没有识别标志，据此就判为不是我方目标。

由于雷达敌我识别系统采用有源问答的工作原理，因此能用较小的发射功率获得较远的作用距离，并且不受目标发射面积大小的影响。询问信号和应答信号一般采用两种不同的频率传输，避免了地物、海浪和云雨等杂波所产生的干扰。此外，还能传输目标的呼救信号、编号和高度数据等其他信息。由于还能利用应答信号探测和跟踪我方目标，所以敌我识别系统也称为二次雷达或雷达信标。

(2) 专门标准识别。根据各种属性目标的活动位置及规律而确定的识别方法，称为专门标准识别。使用专门标准识别进行目标属性的识别，通常有三种方法：飞行活动区域、指定飞行区域、空中走廊。

1) 飞行活动区域。是指根据地理位置及相邻国家的飞机经常活动范围进行目标属性识别的一种方法。我国的领土辽阔，相邻的有友好国家，也有敌对国家。正常情况下，各国的军用飞机均在各自的领空和领海（或公海）上飞行。于是，若雷达发现的目标出现在友好国家领空或领海上空，该目标可识别为友机；若目标出现在敌对国家领空或领海上空，可识别为敌机；若目标出现在公海或边境线上空，可识别为属性不明。

采用目标飞行活动区域识别方法时，首先要根据不同属性目标的平时活动规律，确定识别区域范围，然后根据识别区域在统一直角坐标系中的位置，确定识别坐标数据存入计算机。

2) 指定飞行区域。指定飞行区域是根据我机训练空域进行目标识别的一种方法。平时，我机常在制定飞行区域中训练。所谓指定飞行区域，是指在 x 和 y 方向上排列的边长为一定长度的正方柱形区域或长方柱形区域，它在水平面上的投影一般为一正方形或长方形。每个指定飞行区域指定上、下高度限，并且有指定的飞行时间和停止时间。

假如一条航迹和一个指定飞行区域相关，就暂时假定此航迹为“我”。若该条航迹在一特定时间(此时间为一常数，其大小与区域的边长和目标的飞行速度有关，该常数对所有相关航迹都一样）内继续和同一指定飞行区域相关，则该条航迹自动识别为“我”。

有的指定飞行区域，除指定高度范围和活动范围外，还指定目标进入指定飞行区域的方向和最大飞行速度。因此，利用方向、高度和速度选择能够提供在指定飞行区域内自动识别目标属性的方法。

3) 空中走廊。空中走廊是指某一地区来往民航机及专场飞机必经空域。它是一个长矩形箱状空域，在水平面上的投影为一长矩形，标准宽度为 10 km 以上；它有上、下高度限，同时有活动时间和停止时间。每一空中走廊，都是由飞过该走廊飞机的飞行诸元来确定的。

完全在空中走廊误差范围内并且按空中走廊方向飞行的航迹，暂时识别为“我”，假如在指定时间内这些目标航迹继续和同一空中走廊相关，就自动识别这些航迹为“我”。

(3) 飞行计划识别。飞行计划是指预先或临时确定的有关飞机(含民航机、作战的转场飞机等）的飞行航线和飞行诸元(含目标飞行航向、速度、高度、时间等参数）的总和。飞行计划识别是把雷达发现的目标航迹与飞行计划进行比较，若雷达发现的目标航迹位置和飞行诸元与某一飞行计划完全相关，可判为“我机”或“友机”(指国际航路上飞行的国际航班)。飞行计划识别是目标识别最常用的一种方法。

飞行计划包括飞行预报和飞报。飞行预报是预先(提前几小时或几十小时）制定的飞行计划；飞报是临时制定的飞行计划，或已起飞后，目标的飞行通报。

飞行计划相关是指将雷达掌握的目标航迹与预先存入计算机内存的己方飞行计划进行比较，若目标飞行航迹与飞行计划相符，识别为“我”。为了使相关简单，飞行计划相关过程可分为两步：首先进行粗相关，然后进行细相关。

粗相关是指根据飞行计划预测位置产生一个粗略“相关框”，并将目标航迹的当前点位置与飞行计划预测位置进行比较，只要目标航迹的当前点落在此相关框内，就认为目标航迹在位置上与飞行计划相关。相关框的图是一个长方形，其长边 Δa 与飞行计划所指目标的行进方向平行，短边 Δb 与行进方向正交，Δa 和 Δb 为“相关框”的尺寸。Δa 的大小主要与目标速度和预测时间有关。通常飞机不是按飞行计划准时起飞，有时可能超前几分钟，有时可能滞后几分钟，因此在确定 Δa 的尺寸时，要重点考虑这一因素。一般情况下，超前和滞后时间选择为 5 ～ 10 min。Δb 的大小主要与目标偏离飞行航线多少、雷达测量误差等因素有关。通常情况下 Δb 的尺寸为 5 ～ 10 km。另外，在确定“相关框”尺寸时，还应该考虑这种情况：如果未掌握该批飞行计划目标的位置(如按起飞时间推算得出预测位置)，“相关框”应该选大一些，如已经具体掌握该批飞行计划的飞机位置(如从其他雷达情报系统或自动化飞行管制系统引入)，“相关框”可以选相对小一些。

所有通过粗相关检验的航迹(指落在“相关框”内的目标航迹)，都应进一步进行细相关检验。所谓细相关，就是将落在“相关框”内的每一批目标航迹的航向、高度、速度、机型、架数依次与飞行计划进行比较，检验目标航迹是否在允许相关误差范围内。

航向相关。按飞行计划飞行的飞机的航向是可以预测的，若雷达掌握的一批目标航迹的航向是在飞行计划的预测航向的允许误差范围内，就认为航向相同，或者说是航向相关的。设飞行计划的预测航向为 K_A，雷达发现的一批目标航迹的航向为 K_B，于是检验航向相关的条件为

$$|K_A - K_B| \leqslant \Delta K \tag{5.15}$$

式中，ΔK 为允许的航向误差范围，它的大小通常选为 15° 或 30°。

速度相关。飞行计划的目标飞行速度与雷达目标航迹的速度相关和航向相关的方法相似，即设飞行计划的飞机的当前速度为 v_A，雷达目标航迹的当前速度为 v_B，如果满足下列条件：

$$|v_A - v_B| \leqslant \Delta v \tag{5.16}$$

就可以认为速度相关。式(5.16) 中的 Δv 为允许的速度误差范围，大小通常选为 150 ～ 300 km/h。

高度相关。飞行计划与目标航迹的高度相关，其方法也同航向相关相似，即设飞行计划的高度为 H_A，目标航迹的当前高度为 H_B，若能满足如下条件：

$$|H_A - H_B| \leqslant \Delta H \tag{5.17}$$

就认为飞行计划的高度和目标航迹的高度是相关的。式(5.17) 中的 ΔH 为允许的高度误差范围，它的大小通常选为 100 ～ 1 000 m。

性质相关。目标的性质是指目标的机型和架数。判定性质相关的方法：设飞行计划的机型代码为 J_A，架数为 N_A，目标航迹的机型为 J_B，架数位 N_B，如果满足

$$\left.\begin{aligned} J_A - J_B = 0 \\ N_A - N_B = 0 \end{aligned}\right\} \tag{5.18}$$

则认为飞行计划的目标性质和目标航迹的目标性质相关，否则为不相关。目前，由于识别目标的机型和架数的方法落后，性质相关一般很少采用。

雷达目标航迹经过粗、细相关检验后，当有一批目标航迹与飞行计划唯一相关时，试认为“我机”；当有二批或多批航迹与飞行计划相关时，进行报警并将相关情况显示出来，由指挥人员进一步处理。

为了严格进行飞行计划识别，还不能仅仅依据飞行计划或目标航迹在某一时刻的一个当前点能满足各相关条件(或准则)的要求，就立即确认该目标航迹为“我机”，还必须进行连续多点的测试，才能最终确定该批目标是否为“我机”。因此，对试认为“我机”的雷达目标航迹，还须对它继续和同一飞行计划相关。若后继几点或预先确定的时间内继续和同一飞行计划相关，它将识别为“我机”；若不相关，仍不能识为“我机”。

2. 防空作战目标综合识别建模

(1) 基于神经网络的目标属性识别模型。目标属性识别是防空指挥自动化指挥控制系统中情报预测与决策的重要功能之一，在对空情的决策分析中，首先要对所发现的空中目标的属性进行判断，以便分清“敌机”“不明机”和“我(友)机”，在此基础上才能进行有效的指挥与控制。

在实际的防空作战过程中，进行目标识别的方法多种多样，影响目标属性识别结果的因素很多。由于战场环境的复杂性和不确定性，采用单一方法、考虑单一或部分因素进行识别，可能会出现判断结果不一致的情况，因此还要对判断结果进行综合，形成目标属性的综合识别结果。

神经网络具有很好的学习功能，通过对大量的事例进行反复学习，逐步修正权值，使之适合于给定的样本。利用神经网络的记忆功能，可对其他情况进行判定。显然，神经网络非常适合于目标属性的识别，只要有足够的事例供学习，则能有效地保证识别结果的正确性。

结合专家经验和多元信息的基于神经网络的综合识别方法，其基本思路是：利用主因素分析法，确定影响目标属性的各主要因素；制定各因素的识别准则，得到各因素的目标属性识别

结果；根据专家识别结果建立训练样本；神经网络对训练样本进行学习；由神经网络的记忆功能来自动调整网络的连接权值和阀值；利用其他样本对神经网络的识别结果进行验证。

目标属性识别的准则如下：

1）预警或上级指定识别准则。预警情报来自于情报站，其信息比较全面、准确，通常直接给出目标属性和方位，且根据目标方位也可初步判断敌我属性。

2）IFF 识别准则。根据有无应答信号进行判断，询问二次后，至少应答一次，便判为我（友）机，否则判为敌机。

3）空中走廊识别准则。在地空导弹的拦截区内，通常按时间、高度划出空中走廊供我机进退。根据目标航迹数据与空中走廊数据进行比较、判断，位于空中走廊内的为我（友）机，否则判为敌机。

4）电子干扰识别准则。敌机在突击时，为逃避我雷达跟踪和地空导弹拦截，常常要施放干扰。根据目标是否施放电子干扰进行判断，若目标施放电子干扰判为敌机，否则判为我（友）机。

5）最小安全速度识别准则。我（友）机退出空战时，必降低航速以进入空中走廊返回机场，而敌机为减少被地面火力击中的概率，常以较大的速度进入空中走廊并准备投弹，然后以大速度逃离我地空导弹拦截区。根据目标的接近速度 $v_{接近}$ 和水平速度 $v_{水平}$ 进行判断，若目标的 $v_{接近} < 0$，$v_{水平} > 200$ m/s 时判为敌机，否则判为我（友）机。

6）敌/我机原始空域识别准则。上级通常要指定我机的巡航空域和集结空域，并给定敌机的入侵方向。根据目标是从我机空域或敌机原始空域飞出来判断，若目标是从敌机原始空域飞出，则判为敌机，从我机原始空域飞出，则判为我（友）机。

7）群规模识别准则。敌机执行空中突击任务时，通常以编队进入。根据机群大小来判断，若架/批次大于 4 时判为敌机，否则判为我（友）机。

8）机动识别准则。敌机通常采用低空突防空袭地面目标，在距离突击目标 20 km 左右时跃升，然后平飞搜索、辩识，确认后俯冲投弹，在跃升前，约 100 km 时不机动。而我机执行完空中拦截任务或对敌轰炸任务后，必须在远距离机动进入空中走廊返回。根据目标的机动特性进行判断，若目标的 $v_{垂直} > 0$，$v_{水平} \geqslant 250$ m/s，则判为敌机，否则判为我（友）机。

在对目标利用这八个准则进行判断时，由于战场环境的复杂性和不确定性，可能出现判断结果不一致的情况，此时还要对判断结果进行综合，形成最终的目标属性识别结果。

用 B-P 模型构成的目标属性识别的神经网络结构，如图 5.3 所示。

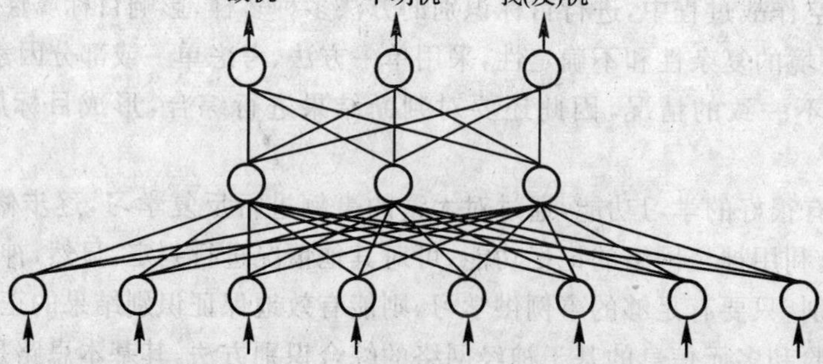

图 5.3 目标属性识别的神经网络结构

目标属性识别的逻辑结构，如图5.4所示。

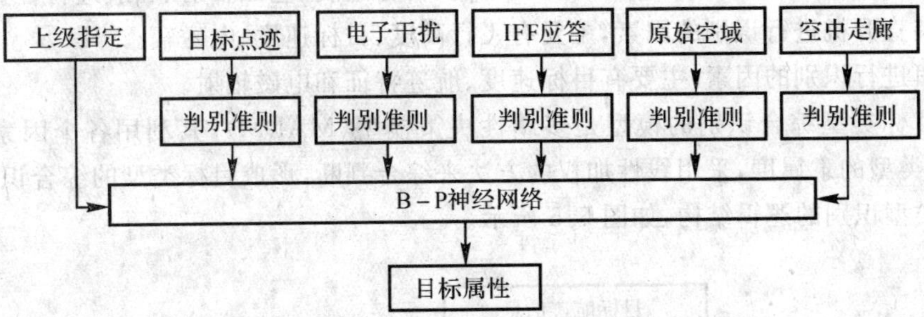

图5.4　目标属性识别逻辑结构

(2) 用模糊理论构建目标类型识别模型。目标类型识别即根据雷达获取的目标飞行特性来确定空中目标的类型。目标类型识别是进行目标威胁判断的必要条件，因为不同类型的目标对地面目标所构成的威胁是不相同的。

空袭方在实施空袭前均要制定详细的空袭方案，包括要空袭的目标、空袭编队的规模、空袭编队的组成、空袭航线及空袭战术等。但这些信息均是严格保密的，因此，防空方只能根据平时搜集的空袭兵器的战术、技术资料，并利用空袭兵器的雷达特征来对目标的类型进行综合判断。通过对现代空袭作战的分析，空袭目标分为以下五种类型：

1) 大型目标。指雷达反射面积较大，雷达发现距离较远的目标，一般有非隐身的轰炸机、歼击轰炸机、侦察机等；

2) 小型目标。指雷达反射面积较小，速度较小的目标，一般有巡航导弹、空地导弹等；

3) TBM。雷达反射面积较小，再入大气层速度相当高，进行拦截的时间短；

4) 武装直升机。突防高度低，速度慢，攻击能力强；

5) 诱饵。其具有很大的欺骗性，影响防空作战效果。

目标类型识别是进行目标威胁判断的前提，常用的目标类型识别方法有多属性模糊识别法、目标信号谱识别法、信息融合识别法等。对于计算机生成兵力，主要考虑目标的运动特性，对于目标的信号特性无法精确表达和描述，故利用目标信号特征的识别方法无法使用。但当依据雷达特征和目标运动特性进行类型识别时，针对某一因素很难做出类型归属的判断，具有不确定性，即模糊性。因此，必须综合运用模糊理论、多属性决策分析方法并结合专家经验，进行目标类型识别。

进行目标类型识别时，若只由某一个因素进行判断，其可信度较低，通常利用多个因素进行综合判断。对于战术级防空 C^3I 系统，进行目标类型识别的主要依据是上级的指定和情报，辅助因素有雷达发现距离(R)、目标的飞行高度(H)、目标的速度(v_t)、目标航线特征和电磁辐射等。在这众多因素中，情报或上级指定为主要因素，要无条件地给予认可。因此，这里主要讨论在无上级指定情况下的目标类型识别问题。

目标类型综合识别的评价，即根据所获得的目标信息，计算目标属于某类型的隶属程度。因此，首先必须根据目标的特征和专家的经验，按类型集建立因素集与评价集之间的模糊关系。

用于战术弹道导弹TBM识别的因素，主要有目标速度和航迹特征。

用于大型目标识别的因素，主要有发现距离、目标速度、电磁辐射和航迹特征。

用于小型目标识别的因素，主要有发现距离、目标速度、电磁辐射、和航迹特征。

对武装直升机进行识别的因素，主要有飞行高度、目标速度、电磁辐。

对诱饵进行识别的因素，主要有目标速度、航迹特征和电磁辐射。

用于目标类型综合识别的模型是多属性决策模型（MADM），其利用各个因素的评价结果，即目标类型的隶属度，采用线性加权的方法来综合判断，形成目标类型的综合识别结果。

目标类型识别的逻辑结构，如图 5.5 所示。

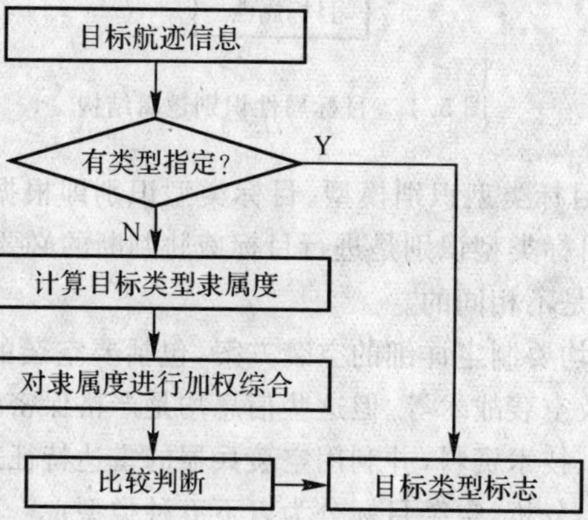

图 5.5 目标类型识别逻辑结构图

5.1.4 防空作战目标可拦截性判断模型

目标可拦截性判断是火力单元拦截目标的必要条件。由于可拦截性判断工作在目标威胁评估和目标优化分配之前，因此，目标可拦截性判断仅仅是对来袭目标进行概略的约束检验，即空间约束条件检验。只有满足空间约束条件的目标才会进行威胁评估和目标分配，以提供防空作战指挥控制辅助决策。

目标可拦截的空间约束条件是目标必须能够经过防空区域某一火力单元的杀伤区。例如，目标 i 满足火力单元 j 的可拦截性空间约束条件为

$$\left.\begin{aligned} |P_{ij}| &\leqslant P_{j\max} \\ H_{j\min} \leqslant H_i &\leqslant H_{j\max} \\ v_i &< v_{j\max} \end{aligned}\right\} \tag{5.19}$$

式中，H_i，P_{ij} 分别是目标 i 的飞行高度和目标 i 对火力单元 j 的航路捷径；$P_{j\max}$，$H_{j\min}$，$H_{j\max}$，$v_{j\max}$ 分别是火力单元 j 可射击目标的最大航路捷径、最小高度、最大高度和可拦截目标的最大速度。

5.1.5 防空作战目标威胁评估

威胁评估，国外军队又称为目标价值分析（TVA）。在防空作战中，它是指来袭目标对被保卫对象威胁程度的预测，是防空作战指挥控制过程中进行防空火力目标优化分配的主要依据之一。尤其是在现代防空中，防御一方面临着多批次、多方向、多层次、连续饱和攻击的态势。在

瞬息万变、战机稍纵即逝的空防对抗中，如何精选来袭目标，实现防空武器系统杀伤火力的优化，人工决策已经难以胜任。这就要求在提供人工干预接口的基础上，实现快速、准确的自动化威胁评估排序，为进一步防空火力的优化分配提供有效信息。

目标威胁评估是指来袭目标对被保卫对象或导弹阵地威胁程度的预测，是防空作战指挥控制过程中进行目标优化分配的主要依据之一。对于网络化作战系统的威胁评估，决策的准则是空中目标对网络化作战系统（或保卫要地）的威胁程度，决定目标对导弹阵地的威胁因子主要有到达时间、航路捷径、飞行高度和目标类型等。就到达时间而言，到达目标分配线的时间为短的目标；就航路捷径而言，相对于导弹火力单元的航路捷径小的目标；就飞行高度而言，低空和超低空的目标；就突击方向而言，目标航线最有可能和直接指向被保卫目标的目标；就无线电电子干扰的性质和种类而言，采用积极干扰（瞄准干扰、阻塞式干扰、复合干扰等）或首先在主要突击方向上施放消极干扰的目标；就目标类型而言，目标类型威胁程度排序如下：战术地对地导弹、空地导弹、反辐射导弹、巡航导弹、隐形飞机、轰炸机、歼击轰炸机、强击机、武装直升机等。

威胁估计的主要任务是查明或预测敌机可能攻击的目标，到达的时间，以及各批敌机威胁程度的高低，为合理地区分兵力兵器使用提供基本依据。

威胁程度一般是指敌性目标对防区内保卫目标进行侵袭成功的可能性，以及侵袭成功时可能的破坏程度，给出一个敌性目标对我某保卫目标威胁程度的估计，是一项十分复杂而困难的工作。这是因为估计威胁程度时要考虑敌目标的机载武器的性能与威力，例如侦察机与带核武器的轰炸机显然威胁程度相差极大；敌目标现所处位置以及速度推算到达我方目标的时间，一般是时间大者威胁小，时间小者威胁大；我防空武器性能与部署等。

由上所述，威胁估计要考虑的因素很多，而且相互间的关系复杂，要全面合理地考虑各种因素，定出一个威胁程度等级与各种因素的函数关系，困难很大。即使能定出这一标准，在实战中不少因素也往往不能确切的知道，例如敌机是否带有核武器，攻击目标、作战任务不可能完全明确，即带有一定的模糊度（灰度）；有时在严重干扰情况下空中情况不可能完全查清，要解决这些问题还要用到其他数学方法（如模糊数学、灰色系统）建立更为复杂、严谨的数学模型。所以，利用计算进行威胁程度估计时，为提高判断的实时性，往往不得不忽略一些因素和采用一些简便的估计方法。通常使用的简便方法有到达时间判断法、相对距离判断法、相对方位判断法、线性加权求和法等。

鉴于威胁评估在防空指挥自动化指挥控制系统中的重要性，对此已经有了大量的研究工作。就目前来看，用于确定目标威胁程度的常用模型主要有三种：

1. 层次分析(AHP) 法

威胁评估的层次分析法模型是通过构造威胁评估递阶层次结构，分别在“威胁评估因素 — 威胁程度层”和“来袭目标 — 威胁评估因素层”两层，运用两两对比的度量方法，根据一定的比率标度，将比较判断定量化，形成比较判断矩阵，通过计算判断矩阵的最大特征值和它的特征向量，求得该层次中相对上一层次的相对重要性权重，然后进行一致性检验，最后，通过加权求得目标的威胁程度。

层次分析法(The Analytic Hierarchy Process，简称 AHP) 是世界著名运筹学家，美国匹兹堡大学教授 T. L. Saaty 于 20 世纪 70 年代提出的一种新的决策方法，它使定性问题定量化，思维判断数学化，使那些难以用经典数学模型方法解决的复杂系统的分析决策成为可能。

在此简单介绍利用 AHP 进行目标威胁评估的方法。

设影响威胁程度的因素有 n 个，它们相互独立；目标有 m 个。构造的威胁评估的 AHP 模型如图 5.6 所示。

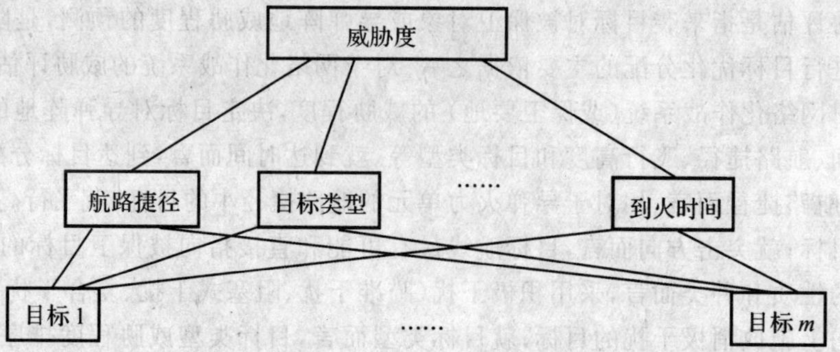

图 5.6 威胁评估 AHP 模型

(1) 中间层权向量的确定和一致性的检验。通过两两比较，构造判断矩阵 $\boldsymbol{A}$，可求出 $\boldsymbol{W}^{(0)}=[W_1^{(0)} \quad W_2^{(0)} \quad \cdots \quad W_n^{(0)}]^{\mathrm{T}}$ 和 $\lambda_{\max}$，若 $\boldsymbol{A}$ 具有满意一致性，则 $\boldsymbol{W}^{(0)}=[W_1^{(0)} \quad W_2^{(0)} \quad \cdots \quad W_n^{(0)}]^{\mathrm{T}}$ 比较客观地反映了 n 个因素对威胁的影响。

(2) 将第 j 个因素分成 m 个档次，进行两两比较，构造判断矩阵并进行一致性检验，得权向量

$$\boldsymbol{b}=[b_{1j} \quad b_{2j} \quad \cdots \quad b_{mj}]^{\mathrm{T}} \qquad j=1,2,\cdots,n$$

(3) 若用 $W_i^{(k)}$ 表示第 i 批目标对第 k 个要地或阵地的威胁系数，$b_{ij}^{(k)}$ 表示对第 k 个要地来说，第 i 批目标在第 j 个因素上的威胁系数，则

$$\begin{bmatrix} W_1^{(k)} \\ W_2^{(k)} \\ \vdots \\ W_n^{(k)} \end{bmatrix}=\begin{bmatrix} b_{11}^{(k)} & b_{12}^{(k)} & \cdots & b_{1n}^{(k)} \\ b_{21}^{(k)} & b_{22}^{(k)} & \cdots & b_{2n}^{(k)} \\ \vdots & \vdots & & \vdots \\ b_{m1}^{(k)} & b_{m2}^{(k)} & \cdots & b_{mn}^{(k)} \end{bmatrix}\begin{bmatrix} W_{11}^{(k)} \\ W_{22}^{(k)} \\ \vdots \\ W_{mn}^{(k)} \end{bmatrix} \tag{5.20}$$

(4) 设某防空系统保卫 q 个要地与阵地，第 k 个要地或阵地的重要程度为 $a^{(k)}$，且 $\sum_{k=1}^{q} a^{(k)}=1$，则第 i 批目标的威胁度为

$$W_i^*=\sum_{k=1}^{q} a^{(k)} W_i^{(k)} \qquad i=1,2,\cdots,n \tag{5.21}$$

2. B－P 神经网络(NN)法

基于神经网络的威胁评估模型，主要是采用三层或多层前向 B－P 神经网络，然后选取典型目标的诸威胁因素值和多专家的评估结果，作为标准样本，进行训练，获取包含多专家经验知识的威胁评估权值分布，利用得到的满足一定精度要求的权值分布对来袭目标进行威胁评估。

神经网络威胁判断原理：采用三层前向 B－P 神经网络，选取到达时间、航路捷径、高度、电子干扰(0:连续，1:断续，2:无干扰)、目标类型(0:地对地导弹，1:空地导弹、反辐射导弹，2:巡航导弹，3:轰炸机、歼击轰炸机，4:直升机，5:诱耳)等指标为输入，隐层神经元有若干个，威胁程度值等于其输出。这里威胁程度值是由专家参与，根据典型目标的特性判断的威胁程度值。

用足够的样本训练这个网络，使不同的输入得到不同的输出。学习过程由正向传播和反向传播组成，正向传播过程中，输入信号从输入经隐层神经单元逐层处理，并传向输出层，每一层神经元的状态只影响下一层神经元的状态。如果在输出层不能得到期望的输出，则转入反向传播，将输出信号的误差沿原来的连接通路返回，通过修改各层神经元的权值，使得误差最小。B－P算法及其改进算法较多，这里不再详述。由 B－P 算法就可得到训练好的权值和阀值，调用这些权值和阀值，就可以对目标进行威胁判断了。

相比而言，由于神经网络威胁评估模型避开了 AHP 法中多层量化造成的困难，一定程度上减少了分级处理人为量化误差的积累，而且 B－P 神经网络采用梯度方向寻优，具有较快的收敛性，使之在威胁评估方面具有较大的优越性。但 B－P 神经网络存在着固有的缺陷，即易陷入局部最优和全局搜索程度差。因此针对 B－P 神经网络在进行威胁评估时，会陷入局部最优解的缺点，在保持原有模型前述优点的基础上，可以采用具有全局搜索能力的遗传神经网络，来提高防空作战威胁评估的合理性。

3. 基于多属性决策(MADM)的威胁评估模型

目标的威胁程度，是指空袭兵器对被保卫目标进行侵袭成功的可能性及侵袭成功时可能造成的破坏程度。威胁评估即查明或预测敌可能攻击的目标，到达时间，以及各批目标的威胁程度的高低。威胁排序是根据威胁程度的大小对敌目标进行排序，为防空武器群的目标进行优化分配和防空火力单元的拦截决策提供基本依据。

空中目标威胁程度的大小与目标来袭方向、航路捷径、到达我方要地的时间、被袭击目标的重要程度、飞行高度、飞机或导弹的类型、飞机可能携带的武器、飞机编队架数等因素有关，在进行威胁评估时必须综合考虑，并且要加入人的偏好信息。但在实际作战过程中，敌、我双方均相互保密，有些参数无法获取，作为防空方只能根据雷达探测信息和平时掌握的敌情信息进行判断。通常考虑以下六个因素：

(1) 空袭兵器类型：小型目标(战术弹道导弹(TBM)、空地导弹(AGM)、巡航导弹、隐身飞机等)、大型目标(轰炸机、歼击轰炸机、强击机等)、武装直升机等；

(2) 目标的速度：如 300 m/s，500 m/s，1 400 m/s 等；

(3) 目标的航向角：如 5°，10°，15° 等；

(4) 目标的干扰能力：强、中、弱、无；

(5) 目标的空袭样式：高空、中空、低空、超低空；

(6) 距被保卫目标的距离：如 100 km，200 km，300 km。

由于国际上对目标威胁评估问题很少公开过，国内流传着各种各样的威胁评估方法，如基于概率统计法、层次分析法、多因素综合判断法等。

概率统计法根据空中目标对地实施攻击的过程，分为三个阶段：空中目标被及时引导到攻击航路(对攻击要地的航路捷径为 0)，并适时发现要攻击的地面目标的阶段；在空中目标能适时发现要攻击的地面目标的条件下，适时瞄准要攻击的地面目标并作好空袭武器发射准备的阶段；在空中目标作好空袭武器发射准备的条件下，所发射的空袭武器对攻击的地面目标造成毁伤的阶段。由前两个阶段的完成概率和第三个阶段的毁伤程度之乘积，得到目标的威胁程度。该方法从空中目标自身完成作战过程出发，能够计算出目标的真正威胁值，但对防空火力单元来讲，其完成概率和攻击的弹药类型无法得知，故无法计算出目标的实际威胁值。

层次分析法和多因素综合判断法，其从防空火力单元的角度出发，依据火力单元所能得到的信息进行目标相对威胁程度值的计算，只要考虑的因素比较完善，各因素的权值相对合理，即可满足防空作战的需要。在此介绍一种基于 MADM(Multiple Attribute Decision Making，即多属性决策）的目标威胁评估方法，其基本思路：

(1) 先依据目标的信息进行单因素的威胁值计算；

(2) 对单因素的威胁值进行归一化处理；

(3) 通过专家群组决策，确定各因素的权值；

(4) 计算目标的综合威胁值(优序值)；

(5) 根据目标的优序值进行排序。

MADM 方法根据目标的多个属性，可以是定量的也可以是定性的，并加入专家经验来对目标进行威胁评估与排序。显然其是解决威胁评估排序问题的一个有效方法，其模型如下：

$$\begin{cases}\max\limits_{x_i \in R} a_i \\ R = \{x_1, x_2, x_3, \cdots, x_n\}\end{cases} \tag{5.22}$$

式中　R —— 雷达能探测到的空中目标的集合；

a_i —— 第 x_i 批目标威胁程度的优序值，其值越大，表明 x_i 的威胁程度越大。

根据 a_i 值的大小可对目标进行威胁排序，这样依据防空武器的火力单元数和目标通道数，首先选择威胁程度大的目标进行目标分配和实施拦截。

假定敌采用大型空袭编队对防空区域进行空袭，若雷达已探测到的目标数为 N 批，并且经过目标属性和类型识别，得到各批目标的属性和类型，只对敌性目标进行威胁评估与排序。

求解步骤如下：

(1) 对各个因素按其对威胁程度影响的大小进行量化。对定性的因素采用 G. A. Miller 的 9 级量化理论进行量化，1 ～ 9 分别表示威胁程度极小、非常小、较小、小、中、大、较大、非常大、极大，并进行归一化处理；对定量因素采用区间量化，并对其进行归一化处理。定性因素的量化值和定量因素的量化区间，应通过专家群组决策来确定。假定各因素的量化准则如下：

空袭兵器类型 f_1：按小型目标、大型目标、武装直升机依次量化为 8，5，3；

目标的速度 f_2：按 0 ～ 1 800 m/s 等间隔(200 m/s) 依次量化为 1 ～ 9；

目标的航向角 f_3：按 0° ～ 36° 等间隔(4°) 依次量化为 9 ～ 1；

目标的干扰能力 f_4：按强、中、弱、无，依次量化为 8，6，4，2；

目标的空袭样式 f_5：按高空、中空、低空、超低空，依次量化为 2，4，6，8；

距被保卫目标的距离 f_6：按 0 ～ 450 km 等间隔(50 km) 依次量化为 9 ～ 1。

对量化值进行归一化处理，即将最大值作为 1，则得归一化后的量化值。

(2) 确定各因素的权重。因素的权值是指各因素对威胁程度影响的大小。权重的合理性对排序结果将产生较大的影响。确定权重的方法很多，如采用相邻比较法(环比评分法)，并通过专家群组决策，来确定各因素的权重。

(3) 计算各目标的优序值。目标的优序值是指目标威胁程度的大小排序值。按下式进行计算，即将各属性的量化值乘以相应的权值并求和，即

$$a_i = \sum_{j=1}^{6} W_j^1 f(x_i) \tag{5.23}$$

于是，可得各目标的优序值。

(4) 按优序值大小对目标进行排序。根据优序值可得目标的威胁程度大小的顺序，这样防空武器群可依据火力单元的情况选取威胁程度大的目标进行优化分配，火力单元依据目标的威胁程度的大小，确定拦截顺序。

目标威胁判断的逻辑结构，如图 5.7 所示。

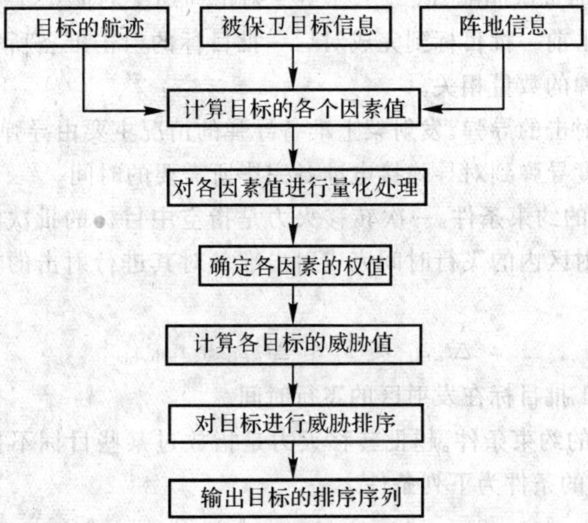

图 5.7　目标威胁判断的逻辑结构

5.1.6　防空作战目标优化分配

目标分配是指为使武器系统发挥最大的防空作战效能，根据目标信息和武器状态，按照预定的分配准则，向所属火力单元区分射击目标的决策过程。

1. 基于预定分配准则的目标优化分配算法

(1) 目标可参与分配的条件。参与优化分配的目标是具备了空间约束条件的空中目标，这些目标要参与优化分配，还必须要满足以下两个约束条件：

1) 时间关系约束条件。时间关系约束条件包含两个层次的约束，一是单就某一批目标而言，是否满足时间约束，可以称之为基本约束条件；二是就连续进袭的多批目标而言，是否满足转移火力的时间约束。

ⅰ) 拦截目标的基本约束条件。在火力单元对目标至少可进行一次拦截的条件下，以目标到达发射区近界的到达时间表示火力单元对目标拦截的基本约束条件。只有当目标到达发射区近界的到达时间 $t_{fj} \geqslant t_{now}$（当前时间）时，火力单元才满足对目标射击的基本约束条件，它包括了目标在发射区的停留时间 t_{mff} 和目标到达发射区远界的时间 t_{fy}。目标到达时间越晚，火力单元进行射击准备的时间就越多。目标到达发射区近界所需的时间 t_{fj-t} 计算如下：

$$t_{fj-t} = \frac{\sqrt{d_m^2 - P_m^2} - \sqrt{d_{fj}^2 - P_m^2}}{v_m} \tag{5.24}$$

式中，d_m 为火力单元到目标的水平距离；d_{fj} 为目标的发射区近界水平距离；P_m 为目标的航路捷径；v_m 为目标的水平速度。

ⅱ) 对连续进袭目标的转移火力的时间约束。对连续进袭目标的拦截时间约束，实质是地空导弹武器系统的转移火力问题。转移火力是地空导弹火力单元由一个射击目标转向另一个射击目标的方法。通常包括逐次转移火力、一次转移火力和越批转移火力三种形式。

a. 逐次转移火力的约束条件。逐次转移火力，是指按空中目标到达发射区远界的先后顺序，依次射击后续目标的方法。实施逐次转移火力必须同时满足下列两个条件：

条件1：空中目标的批次间隔 $\Delta t_{i,i+1}$ 大于等于射击周期 T_i，即 $\Delta t_{i,i+1} \geqslant T_i$。射击周期是指地空导弹火力单元从射击前一批目标到完成对后一批目标的射击准备所需要的时间。射击周期的取值与一次发射导弹的数量相关。

发射架上有可供射击的导弹。发射架上准备导弹的情况主要由导弹准备周期决定。导弹准备周期是指从开始调度导弹到对导弹接电准备完毕所需要的时间。

b. 一次转移火力的约束条件。一次转移火力是指空中目标的批次间隔小于射击周期时，利用后一批目标在发射区内的飞行时间完成射击准备对其进行射击的方法。能够实施一次转移火力的判断条件为

$$\Delta t_{i,i+1} < T_i \leqslant \Delta t_{i,i+1} + t_{\mathrm{mff}(i+1)} \tag{5.25}$$

式中，$t_{\mathrm{mff}(i+1)}$ 为第 $i+1$ 批目标在发射区的飞行时间。

c. 越批转移火力的约束条件。越批转移火力是指放过某些目标不打，射击后续目标的方法。进行越批转移火力的条件为下列条件之一。

条件1：

$$\Delta t_{i,i+1} + t_{\mathrm{mff}(i+1)} < T_i \tag{5.26}$$

条件2：发射架上无准备好的导弹。

2) 资源关系约束条件。资源关系约束条件是指火力单元在射击过程中作战资源是否满足射击条件。

资源的理解和判断条件：

a. 制导雷达状态——之所以作为资源约束而不是时间约束，是因为跟踪目标时间难以定量；

b. 导弹消耗情况。

(2) 目标函数的选择。由于受到空情信息等数据的限制，进行目标优化分配时，衡量射击条件有利程度的指标不是杀伤概率而是目标相对于火力单元的航路捷径。

为了便于判明能否进行拦截，我们取

$$\overline{P}_{ij} = P_{\max} - | P_{ij} | \tag{5.27}$$

$\overline{P}_{ij} < 0$，说明第 i 个火力单元无法拦截第 j 批目标。$\overline{P}_{ij}$ 越大，说明目标航线越接近于通过火力单元的火力范围的中心，射击条件越为有利。

当然，在实际情况中特别是在有电子干扰或隐身目标的情况下，$\overline{P}_{ij}$ 越大，其射击条件不一定是最有利的。射击效果的高低，可能应该由某一形式的函数 $f(\overline{P}_{ij})$ 的值来表示。但这并不影响我们优选分配方案的方法和步骤。为了说明问题方便，我们取

$$\max\ Z_1 = \sum_{i=1}^{M} \sum_{j=1}^{N} W_{ij} \overline{P}_{ij} X_{ij} \tag{5.28}$$

作为目标函数。式中，W_{ij} 为第 j 批目标的威胁系数，作为分配时加权使用。

不论 $f(\overline{P}_{ij}) = \overline{P}_{ij}$，还是其他形式，因为都只能在一定程度上反映杀伤概率的大小，所以式(5.28)还不能作为最优分配方案的充分条件，还应该考虑

$$\min\ Z_0 = \sum_{j=1}^{N} U_j \tag{5.29}$$

作为目标函数。式中，U_j 为第 j 批目标没有遭到拦截的标志。如果第 j 批目标未遭到拦截，则 $U_j = 1$，否则 $U_j = 0$。

如果 $\sum_{i=1}^{M} X_{ij} = 0$，　则 $U_j = 1$

如果 $\sum_{i=1}^{M} X_{ij} = 1$，　则 $U_j = 0$

优选方案时，首先选择未遭到拦截的目标数最少(Z_0 最小)的方案，然后再从中选择 Z_1 最大的方案。所以从数学规划的角度看，防空作战中的目标分配问题是一个多目标规划问题。

(3) 前次分配的后效问题。在未来的战争中，敌人为了突破我防空体系，进行空袭时，一方面是出动的飞机数较多，另一方面是延续的时间较长。无论是从数量上还是从时间上看，都不能等所有来袭的敌机数据都录取以后再进行分配。因此，必须确定一个参加分配的批数 N，每次分配 N 批目标，然后按照目标到达的先后顺序，不断用新录取的后续目标顶替前面的目标，不断重新分配。这样每次分配时，参加分配的目标的组成是不同的，这种分配方式有些类似于移动平均的方式。不同的是前面已分配的目标虽已退出分配，但就像拦截目标的条件中讨论过的一样，这些退出分配的目标的分配方案，将通过转火时间、发射弹数等数据影响后续的分配，也就是说，前一次的分配方案，在一定的时间期限内，对后续若干次的分配，仍然会有约束力。如果不计及前面几次分配的后效，就会造成前、后两次分配方案相互抵触，以至无法执行的局面。这是防空作战中目标分配问题的第三个特点。

(4) 指挥员的决策权。由于作战情况的复杂多变，获得的数据信息不可能非常完全和确定。指挥员的判断和最后决策仍然是十分必要的。所以，指挥员应对分配方案有一定的干预能力。例如，指挥员可根据目标的类型(对我防空武器有无攻击能力)决定由射击条件最有利的火力单元拦截，还是由最前面的火力单元拦截；根据目标的重要程度，赋予不同的威胁稀疏，在分配中加权，或是决定由几个火力单元集中火力拦截，射击时用多少发导弹或进行多少次齐射；根据情况判断，必要时可直接指定哪一批目标由哪一个火力单元拦截。在战斗过程中，有的火力单元可能出现故障而退出战斗，有的又可能重新参加了战斗。各种情况所采用的解法应能迅速处理，以免延长了求解的时间。这是防空作战目标分配问题的第四个特点。

(5) 分配原则。根据以上特点，我们虽然将目标分配作为 0—1 规划处理，但是不用通常的隐枚举法、分枝界定法等算法来求解，而是先确定几条分配原则。保证每次都是在可行的基础上进行优选，寻求更优的分配方案。

分配原则按优先满足的顺序，分为四个层次：

1) 指挥员直接指定的分配方案。指挥员一经指定某批目标由某火力单元拦截，在以后的优选过程中，将始终维持这个分配结果，在这个基础上再进行优选。

2) 对我防空武器有攻击企图的目标，应保证由最先能向其射击的火力单元进行拦截。

3) 同类目标可赋予不同的权，表示不同的威胁程度。同类目标中，威胁程度大的目标，应用射击条件更为有利的火力单元射击。威胁程度的大小，由指挥员判明后，用威胁系数表示，进行人工干预。

4) 射击条件的有利程度，在目前的数据资料条件下，用前面介绍过的 $\bar{P}_{ij}$ 表示。

2. 基于遗传算法的目标优化分配模型构建

目标分配是指防空武器群指挥控制系统,将目标分配给各火力单元进行拦截的过程。目标优化分配的目的是要充分发挥防空火力,使得对空中目标的拦截效益最大。目标分配通常分为两个阶段:第一阶段分配的目标是火力单元要拦截且能拦截的目标;第二阶段分配的目标是火力单元准备拦截但目前还无能力拦截的目标(预分配的目标)。

在进行目标分配时一般应遵循以下的原则:

(1) 优先拦截威胁程度大的目标;

(2) 充分发挥防空火力,尽可能多地拦截目标;

(3) 把目标分配给射击条件最有利的火力单元;

(4) 留有备用火力以对付低空突袭目标和连续作战的需要。

制定目标分配方案是指要具体地确定由哪个火力单元,使用几个目标波道,何时、以何种方式和何种发射方法射击哪批目标。通常目标分配要经过以下三个步骤:

第一步,根据防空火力单元的数量,从排序队列中按威胁程度从大到小的顺序选取相应的目标数。

第二步,评估各火力单元对各批目标的射击可行性。某一火力单元能对某批目标进行射击的条件是目标处于该火力单元的杀伤区内,且目标的航路捷径、飞行高度、飞行速度满足火力单元拦截的目标特性要求。若有多个火力单元均满足要求,那么可将该批目标分配给其中的任意一个火力单元。

由于各火力单元的类型及部署位置不同,导致目标在各杀伤区内的位置、航路捷径亦不同。在杀伤区范围内,杀伤概率随着目标飞行的距离、高度和速度的变化而变化。按照统计规律,火力单元对目标的杀伤概率随目标速度增加而线性减小,飞行高度服从正态分布,航路捷径亦服从正态分布。因此,各火力单元对目标的杀伤概率均不相同,可将该批目标分配给对其杀伤概率最大的火力单元。

对于多批目标,可能某个火力单元对其杀伤概率均比其他火力单元高,而一个火力单元只能射击一批目标,那么应指定该火力单元拦截杀伤概率最大的目标。这必然导致其他目标达不到最大的杀伤。

第三步,进行目标优化分配处理,得到分配结果。即将各批目标均指定相应火力单元进行射击,使目标遭到最大的杀伤。

由上面的分析可知,目标分配是一个N-P问题,求解最优的目标分配方案是十分困难的。因为目前所有的最优化方法都不能保证在较短的时间内求得最佳的目标分配方案。为了克服这个困难,以满足实战要求,只能降低最优性要求,求得满意解。以往,在防空作战指挥决策支持系统中(包括指挥自动化系统),一般采用的是启发式方法,并取得了较好的效果。但是,对于不同的问题需要不同的启发信息,而且全局收敛性缺乏保证。

遗传算法是一种基于生物自然选择与遗传机理的随机搜索算法,利用简单的编码技术和繁殖机制来表达复杂的现象,从而解决非常复杂的问题,已成功运用于一般优化问题的求解。其主要特点是全局优化能力强,且对被优化系统的数学模型无先验要求。显然其特别适用于目标优化分配问题。

目标优化分配是一个求极大值问题,数学模型为

$$\max\ Z = \sum_{i=1}^{N}\sum_{j=1}^{M} W_j p_{ij} x_{ij}$$

$$\left.\begin{aligned}&\sum_{i=1}^{N} x_{ij} = 1, \quad j = 1,2,\cdots,M\\&\sum_{j=1}^{M} x_{ij} = 1, \quad i = 1,2,\cdots,N\\&x_{ij} = 1 \text{ 或 } 0\end{aligned}\right\} \tag{5.30}$$

式中　W_j—— 第 j 批目标的威胁值；

p_{ij}—— 第 i 个火力单元对第 j 批目标的杀伤概率；

x_{ij}—— 第 i 个火力单元是否射击第 j 批目标：是，$x_{ij} = 1$；否，$x_{ij} = 0$；

Z—— 防空作战抗击效果，即杀伤目标的期望值；

N—— 防空火力单元数量；

M—— 空中目标的数量。

对于目标分配这一组合优化问题，可用其他方法来求解，但当目标数和火力单元数较多时，一方面计算量大，另一方面易陷入局部最优，而遗传算法能得到全局最优，故采用遗传算法进行求解。在使用遗传算法进行优化时需解决以下四个方面的问题：

(1) 问题的表达方案，即编码方式，常用的有二进制字符编码、顺序编码和随机键编码；

(2) 适度值的度量，即衡量个体优劣的准则，以决定个体的繁殖或死亡；

(3) 控制算法的参数，主要有种群大小 pop_size，繁殖代数 $\max\_gen$，复制率 p_r，交叉率 p_c，变异率 p_m；

(4) 遗传终止条件和指定结果的方法。

下面针对目标优化分配问题，建立目标分配变量与遗传算法变量之间的对应关系，并给出遗传算法的表达形式。

(1) 编码方式。个体(染色体) 通常采用二进制字符串，显然其不能较好地适用于该目标优化分配问题。这里采用换位表达，顺序值表示火力单元的编号，字串值表示目标的编号，这种表达的搜索空间是各目标换位的集合。如一个染色体为

$$[3\quad 2\quad 5\quad 4\quad 8\quad \cdots]$$

其表示将第 3 批目标分配给第 1 个火力单元，第 2 批目标分配给 2 个火力单元，第 5 批目标分配给第 3 个火力单元……

(2) 适应度。对目标优化分配的目的是使总的抗击效益最大，故取杀伤目标的期望值 $E(V_m)$ 作为适应度，即

$$E(V_m) = \sum_{i=1}^{N}\sum_{j=1}^{M} W_j p_{ij} x_{ij} \quad i = 1,2,3,\cdots,N, \quad j = 1,2,3,\cdots,M \tag{5.31}$$

(3) 遗传算子。

复制算子 —— 按复制概率 p_r，用转论法选择复制个体，作为下一代种群。

交叉算子 —— 对于移位表达，可以采用的交叉算子有部分映射交叉(PMX)、顺序交叉(OX)、循环交叉(CX)、基于位置的交叉、基于顺序的交叉、启发式交叉等。这里采用部分映射交叉(PMX) 算子进行交叉运算，其步骤(过程见图 5.8) 如下：

1) 用转轮法选取用于杂交运算的染色体(双亲)；

2) 在染色体上均匀随机地选择两点，把这两点间的子串作为映射段；

3) 交换双亲的两个子串产生原始后代；

4) 确定两映射段之间的映射关系；

5) 根据映射关系将后代合法化。

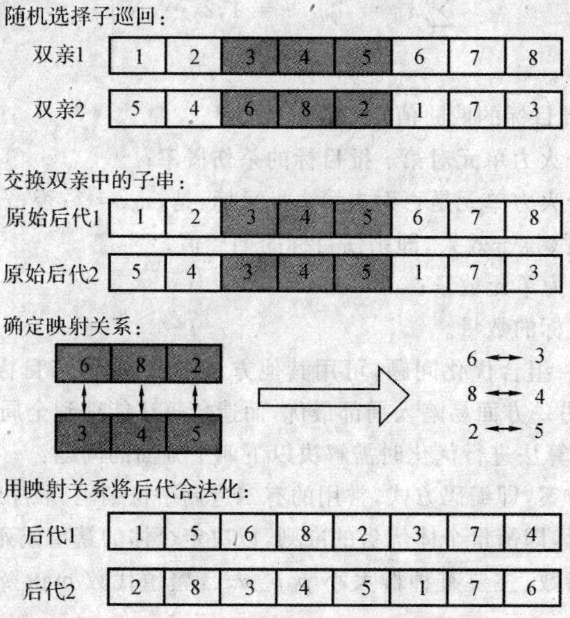

图 5.8　交叉过程示意图

变异算子 —— 对于移位表达，可以采用的变异方法有反转、插入、移位及互换等。这里采用反转变异运算，其步骤(过程见图 5.9)如下：

1) 用转轮法选取用于变异运算的染色体(双亲)；

2) 在染色体上均匀随机地选择两点，把这两点定义一子串；

3) 将子串进行反转即产生后代。

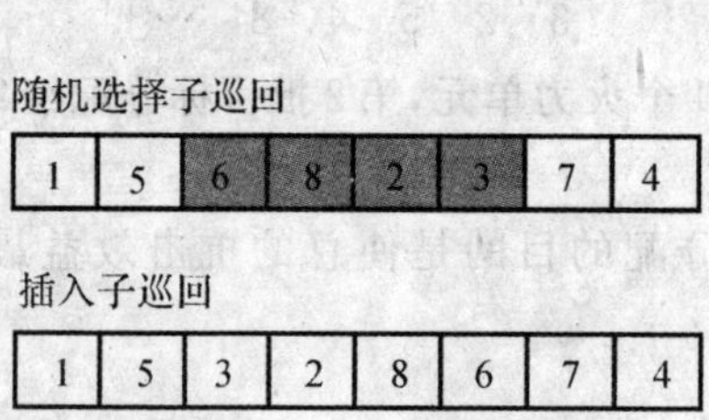

图 5.9　变异过程示意图

(4) 终止条件和指定结果。采用“规定遗传代数 G”与“检查适应度变化”相结合的方法作为遗传终止条件。

检查适应度变化的方法是规定一个遗传代数 G' 和一个适当小的正数 ε，当在 G' 代内连续满足

$$|E(V_{m\max}) - E(V_{m-1\max})| \leqslant \varepsilon \tag{5.32}$$

则终止遗传。其中,$E(V_{m\max})$ 为第 m 代的最大适应度,$E(V_{m-1\max})$ 为第 $m-1$ 代的最大适应度。

停止遗传后,适应度最大的染色体即为所求的解,其对应的即是目标优化分配方案,其适应度即为该分配方案的总抗击效益。

用遗传算法解目标优化分配问题的求解步骤如下:

1) 用转轮法产生 pop_size 个初始种群,并计算各个体的适应度 $E(V_m)$;

2) 按复制概率 p_r 将适应度大的 $pop\_size \cdot p_r$ 个个体作为下一代种群;

3) 对种群按交叉概率 p_c 选取 $pop\_size \cdot p_c$ 个个体进行交叉运算,将交叉运算后的个体作为下一代种群;

4) 对种群变异概率 p_m 选取 $pop\_size \cdot p_m$ 个个体进行变异运算,将变异运算后的个体作为下一代种群;

5) 对新一代种群进行同样的处理,直到满足终止条件;

6) 适应度值最大的个体即为优化结果。

目标分配模型的逻辑结构,如图 5.10 所示。

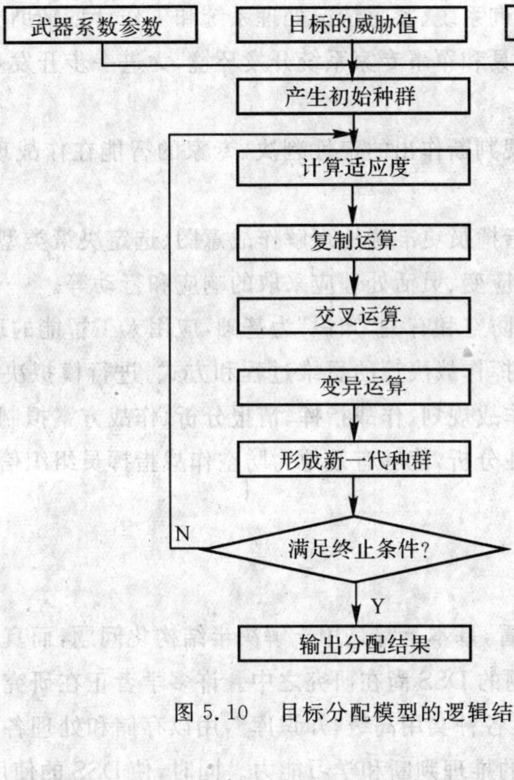

图 5.10　目标分配模型的逻辑结构

5.2　防空指挥自动化指挥控制系统的辅助决策技术

信息量的剧增和急剧变化同指挥员需要快速定下决心之间的矛盾、情报资料的不完备和虚假性同指挥员定下决心要求具备完备而准确的情报之间的矛盾,都要求必须充分运用多种辅助决策手段,实现防空作战决策的科学化。

作战指挥决策辅助工具正处在兴起和发展之中，目前它主要有作战情报数据库系统、决策支持系统、专家系统及作战仿真系统等。

5.2.1　决策支持系统

决策支持系统是用于防空作战指挥决策的一种重要工具。它是辅助决策者利用计算机技术，在必要的数据和模型的基础上，解决非结构化或半结构化问题的人—机交互系统。它把现代军事管理科学和军事运筹学的方法有机地结合起来，运用各种数学方法和现代计算机技术，研究防空作战指挥活动中的多种数量关系，帮助指挥员实时处理来源广泛、内容复杂、数量极大的各种情报，完成组织协同、定下决心所需的大量计算，加速作战计划的拟定等。例如实时分析战场空情态势，合理部署防空兵力、兵器，优化任务分配；进行作战准备和作战行动的时间计算；判断战场损失；进行机动部署方案和各种保障方案的优化选择等。

5.2.2　专家系统

专家系统的功能如下：

提供一般的作战指挥决策咨询系统、紧急情况处理系统和工作计划辅助决策系统；

提供开发专家系统的集成工具和军事专家系统开发环境，为进一步开发基于知识的训练、学习等专家系统提供支持；

能通过交互方式，把根据直观判断作出的定性判决、专家的智能在作战现场引入系统，进行一般简单知识库更新功能；

具有一定的解释功能，以便指挥员更准确地理解作战意图、选定决策类型、指定约束条件、分析、判断和定下决策方案、随机应变、灵活处理应采取的响应和行动等。

防空作战专家系统是一种以防空和有关“知识”为基础，应用人工智能的理论和技术，模仿防空作战专家或防空作战专家指挥作战决策的思维过程和方式，进行模拟决策的智能计算机软件系统。其应用非常广泛，如作战规划、作战指挥、情报分析、作战方案拟制和优选等。利用这样的系统，及时对信息进行定性分析，能够有效地为防空作战指挥员组织信息对抗提供决策预案。

5.2.3　智能决策支持系统

目前，从已经应用的 DSS 来看，基本上都是用于解决半结构化问题，而真正能够模拟人的推理判断能力，解决非结构化问题的 DSS 尚在研究之中。许多学者正在研究如何利用人工智能和专家系统技术在 DSS 中建立各种实用高级“知识库”，用以存储和处理各种专门“知识”和推理规则，使 DSS 具有类似于人的推理判断和学习能力。同时，使 DSS 的使用更加灵活方便，具有更高的适应性和可维护性，具备这种特征的系统就是即将出现的智能 DSS。

决策支持系统与专家系统解决问题的方法不同，前者运用数据和模型，后者运用“知识”和推理。防空作战指挥决策涉及因素众多，既具有一定规律性，又具有一定偶然性，两者任何之一都难以单独胜任防空作战指挥决策中存在的各种复杂决策任务，因此两者应通过有机结合，建立智能决策支持系统，提高其解决问题的能力和范围。

5.2.4　其他辅助决策技术

在和平时期，指挥员对于现代化战争的实战经验更加难以获得，如何在平时加强战术、战役的作战思想的研究，使指挥员加深对现代化战争特点的认识；如何在战时将高超的指挥艺术与先进的指挥工具结合起来，提高决策的质量和决策效率，这就是现代战争对作战仿真系统提出的要求。

随着计算机技术和网络通信技术的发展，仿真方法逐渐成为防空作战预测与效能分析的主要方法和有效手段。仿真方法用于防空作战预测与效能分析，主要有三种模式：计算机仿真、系统试验床和系统原型法。计算机仿真的特点是以数学模型为基础，不使用实际系统任何部件，采用纯软件实现过程的模拟，优点是可以无破坏、多频度的进行仿真和优化，其瓶颈是数学模型的可信度。而系统原型仿真是全部采用实际系统的子系统或部件，效果虽好，但费用太高。介于两者之间的系统试验床方法则综合了它们的优点，包含了部分实际系统的部件，个别的部分则采用计算机仿真形式，系统操作环境可以是实物模拟，也可以是计算机仿真。因此系统试验床是进行现代防空作战预测与效能分析的一种有效手段。

由于防空作战面临的战场环境的复杂性，只有综合运用上述系统，建立起综合集成的、由先进仿真技术支撑的防空作战仿真试验与决策支持环境，并通过在其上进行大量的试验、仿真进而修订作战计划、优化作战方案等，才有可能适应现代高技术战争条件下防空作战的复杂性、快速性的要求；才有可能产生符合现代化防空作战的正确的决策或预案。美军已于20世纪90年代初就建立了类似这样的连接多个国家的国家级、战区级防空作战仿真系统，俄军也建立有相类似的系统。美军在海湾战争、科索沃战争和阿富汗反恐战争中，均借助于作战仿真系统对空袭作战行动方案进行过细致周密的仿真，通过仿真修订作战计划、优化作战方案。战争实践也已充分证明：这类系统是作战部门试验验证攻防对抗的兵力组成方案、评估作战行动方案、进行科学决策的一个有力工具。

5.3　防空指挥自动化指挥控制辅助决策系统的构建

防空指挥自动化指挥控制辅助决策系统是建立在信息技术、人工智能、数学、管理科学、行为科学、军事运筹学、军事系统工程等诸多学科交叉的基础上的巨系统，涉及的子系统众多、范围很宽，这将使得系统的研制工作十分艰巨。随着武器系统信息化程度的提高，将信息化武器系统和防空指挥自动化指挥控制辅助决策系统有机地结合起来，是建立防空指挥自动化指挥控制辅助决策系统的关键问题。

5.3.1　防空指挥自动化指挥控制辅助决策系统的需求分析

防空指挥自动化指挥控制辅助决策系统应达到以下目标：为防空指挥员提供实时作战态势和非实时情报信息；提供态势要素、威胁要素、决策要素的分析评估结果，为指挥员提供决策依据；提供多个备选方案，供指挥员决策时选择；具有人—机交互决策能力。

从辅助决策角度来看，分布式防空指挥自动化指挥控制系统是由多个物理上分离的信息处理节点构成的计算机网络。根据分布式防空指挥自动化指挥控制系统作战体系结构，在各级分布式防空指挥自动化指挥控制系统中，辅助决策横向上作为本级指挥控制系统的分系统，纵向上通过通信系统的互通，它又是上一级指控系统的子系统和下一级指控系统的父系统。其辅助决策层次关系如图 5.11 所示。

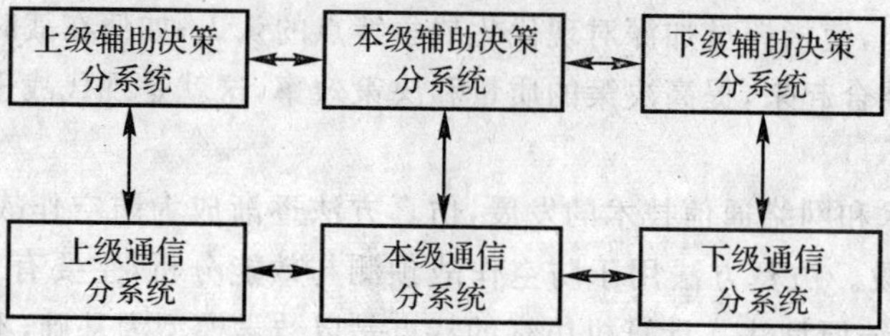

图 5.11 分布式防空指挥自动化指挥控制系统辅助决策层次关系

这与一个独立的防空指挥自动化指挥控制系统中的辅助决策系统及对它提出的需求有了本质上的不同。独立的防空指挥自动化指挥控制系统的功能相对独立，信息量有限，协同要求不高。而分布式防空指挥自动化指挥控制系统，通过信息融合，大量决策信息使指挥员有可能对战场环境有一个全面、实时的把握。但如何把防空战场信息和指挥控制资源综合集成起来，及时、准确地为各级指挥员提供作战决策信息，并处理好各级辅助决策系统之间的协同，是防空指挥自动化指挥控制辅助决策系统研究的重要课题。下面就战区级防空作战中分布式防空指挥自动化指挥控制系统辅助决策建模问题加以分析。

1. 防空指挥自动化指挥控制系统辅助决策的依据

分布式防空指挥自动化指挥控制系统中决策信息包括上级指挥信息、本级情报信息、上级情报信息、下级决策信息、下级情报信息和各级别协同信息，以及地形和气象信息等。其中各级别协同信息主要包括同级别其他指挥控制系统协同信息、与友邻部队协同信息。系统内部同级别的协调由上级实时调整，应该包含在上级指挥信息之中。分布式防空指挥自动化指挥控制系统的互通使得上、下级信息共享和环境构建成为可能。随着决策等级的降低，进行决策所需信息的时间提前量也相应降低，所需要的信息密度越来越大。如何解决从整体上对某一等级特定问题的决策，在共享信息中如何找出在一定地域分布特征中的重要信息值，这就要求辅助决策系统在战斗中对战场上随时出现的变化必须非常敏感，能适当抽取表征局部特征的信息，供决策者进行有效的决策。

在作战指挥系统中，结构化问题、半结构化问题和非结构化问题并存。但就非结构化问题而言，主要局限于战略层的决策。这是因为在战役和战术级上所出现的决策问题，指挥员要在不违背作战条例的前提下创造性地完成任务，而作战条例反映了历史经验和军事理论的成果，决策问题总能根据战术条例得到某些方面的明确。

因此，根据军队决策的特殊性，分布式防空指挥自动化指挥控制系统辅助决策应该以上级任务为指导，以作战条例为依据，根据态势要素和威胁要素的评估结果，关注下级作战计划，各级制定可调整计划，由上、下级协同做出决策。

2. 防空指挥自动化指挥控制系统辅助决策态势的评定

态势的评定是在某些背景和支援数据范围内，确定独立实体的位置和性质与兵器的使用有关的事件或活动，还要对某些模式所使用的知识进行推理。而这些知识又往往与前后关系的背景、自然环境、社会政治环境密切相关。其涉及的要素，如图 5.12 所示。

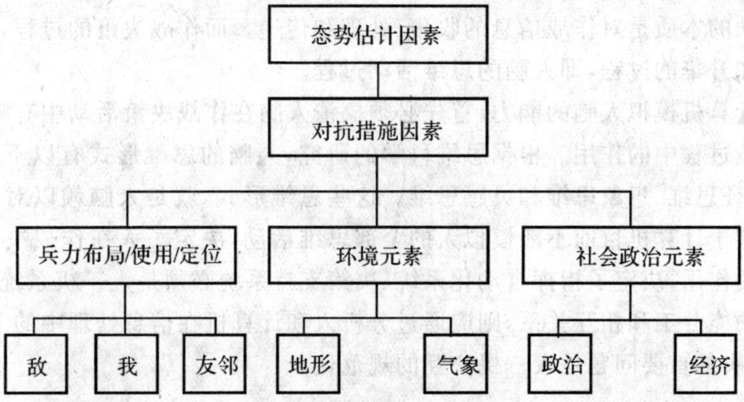

图 5.12　态势评定过程中考虑的因素

在进行态势抽象以前，首先要进行某些对抗活动的估计，然后进行斗争目的的确定。对于一个好的态势评定，应能对数据进行“视图转换”，从红（我）蓝（敌）白（友）的观点考察数据，以导出一个最优的态势看法。由于在态势估计过程中含有大量的不确定性因素，而且需要指挥人员的经验和知识，因此，战区的态势评定属于半结构化问题。

3. 防空指挥自动化指挥控制系统辅助决策的威胁估计

威胁估计主要是进行敌方力量估计和确定敌人行动路线。其涉及的主要因素，如图 5.13 所示。威胁估计需要决策者的经验和价值判断信息，属于半结构化问题。

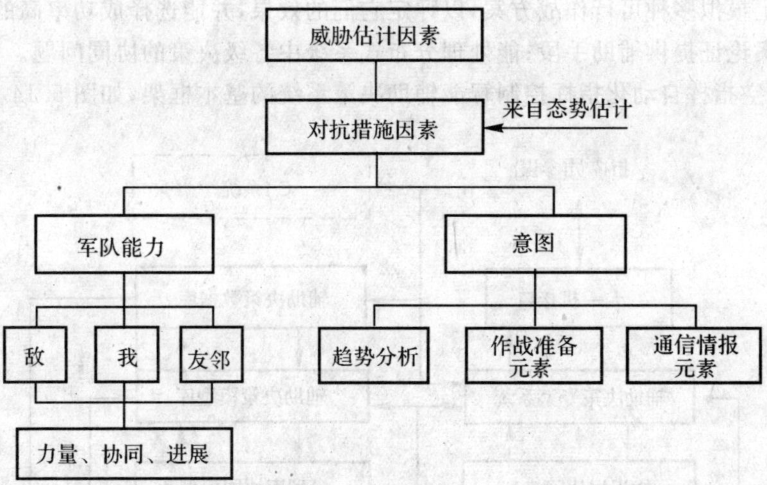

图 5.13　威胁估计过程中考虑的因素

4. 防空指挥自动化指挥控制系统辅助决策的人—机交互需求分析

指挥自动化最基本的理论问题是人和机器的结合问题。在军事活动中，作战决策的人—机结合问题尤为突出。在作战决策软件的研制中，只有首先深入分析人和机器的能力，正确地把握两者在作战决策中的地位、作用和相互关系，才能使在自动化条件下充分发挥各自的威力，才有可能在作战决策软件的研制中取得事半功倍的效果。正确认识作战决策中的人—机结合问题,必须从分析作战决策的本质开始。

指挥活动的本质是对作战信息的收集、处理和传递。而作战决策的过程,则是人脑对信息的加工处理和升华的过程,即人脑的思维活动过程。

要评价计算机模拟人脑的能力,首先必须搞清人脑在作战决策活动中有哪些思维形式,以及它们在决策过程中的作用。根据思维科学的研究,人脑的思维形式有以下几种:经验思维、公理思维、辩证思维、想象思维和灵感思维。这些思维形式,就是人脑赖以对外界信息进行处理的手段。鉴于计算机目前不能模拟人的全部思维活动,决定了人在作战决策中必须发挥不可替代的重要作用,决定了指挥自动化系统、决策支持系统必须是人—机系统。至于人和机器在系统中的功能分工和相互关系,则应通过分析人和计算机在信息处理中的工作特点来确定。其中,需要解决的首要问题是人—机交互的规范化。

5.3.2 分布式防空指挥自动化指挥控制智能辅助决策系统的基本框架

初期的防空作战指挥决策支持系统是通信链和指挥链一致的集中式决策支持系统。由于防空作战指挥决策系统的功能结构应与部队的编制,作战原则,指挥系统的工作状态和它要完成的任务相一致,根据指挥控制的形式特征,分布式防空作战指挥决策支持系统可以对信息进行分散存储,资源共享,任何节点的决策都为系统所接受。

根据以上需求分析,分布式防空指挥自动化指挥控制智能辅助决策系统的基本功能应该包括能分析、综合作战地区的地形、气象、人文、政治等环境因素;能提供敌方态势评定结果;能提供我方态势的评定结果;有辅助决策模型库支持;能自动生成足够的可行决策方案,并可接纳决策者设定的方案;能自动或在必要的时候按军事专家的思路进行推理论证,以得到决策方案;在计算机上模拟多种可行作战方案,以评定它们的效果,并能选择成功率高的最佳方案,为武器论证、方案论证提供辅助手段;能处理分布式系统中各级决策的协同问题。

分布式防空指挥自动化指挥控制智能辅助决策系统的基本框架,如图 5.14 所示。

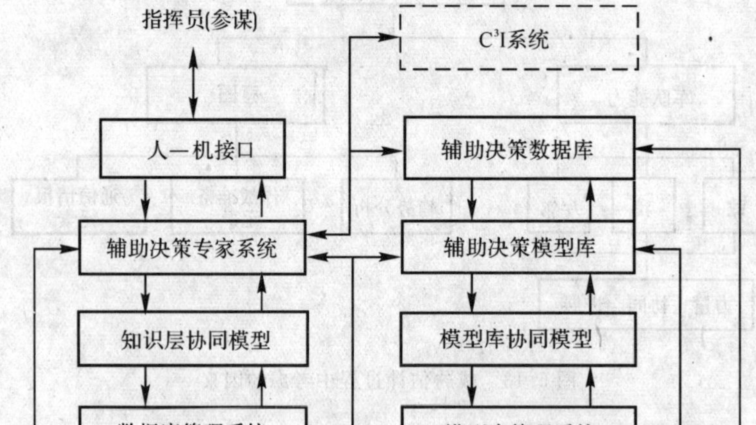

图 5.14 分布式防空指挥自动化指挥控制智能辅助决策系统的基本框架

各种非结构化、半结构化问题的求解由辅助决策专家系统、模型库系统、知识层协同模型和模型库协同模型共同完成。结构化问题的求解由模型库系统和模型库协同模型完成。知识层协同模型和模型库协同模型完成纵向分布式求解功能。实现系统的关键技术包括战区级和战术级智能辅助决策模型、协同模型的建立，各类作战决策问题相关模型的建立，辅助决策专家系统的知识处理，指挥员人—机交互的规范化等。

5.3.3 战区级防空指挥自动化指挥控制智能辅助决策系统的模型

根据分布式防空指挥自动化指挥控制系统的决策需求，可以建立其战区级智能辅助决策模型，其功能性的描述如图5.15所示。

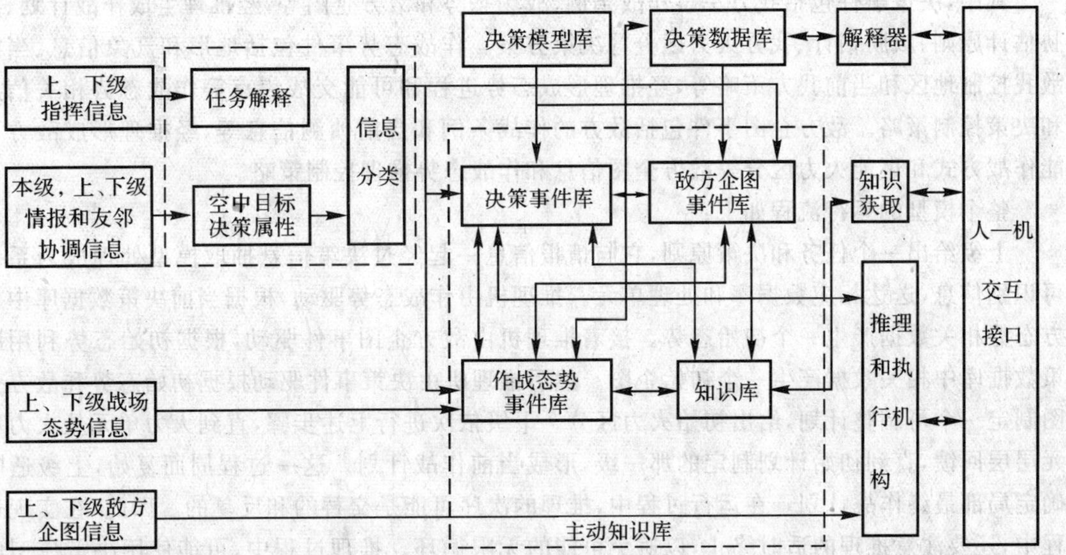

图5.15 分布式防空指挥自动化指挥控制智能辅助决策系统的模型

从图5.15中，可以看出：

(1)在指挥信息中，上级给出的任务是一个可以调整的计划。这是分布式决策的客观要求。同时，系统的互通也使其实现成为可能。决策不再是静态时间表，而是一个阶段性预期的结果的总和。对计划局部结果的判断推动着计划的发展。

(2)决策信息抽取模型。从原始信息中获得辅助决策相关的高层信息。任务解释模型：对任务给出系统识别的解释。此时，系统需要对其决策的合理性和可能产生的影响进行判断，对判断结果给出提示。空中目标决策属性模型：获得情报信息中本级涉及的空中目标决策属性，为决策数据库提供我方相应数据。信息分类模型：根据专家建议将决策信息分为结构性信息、半结构性信息和非结构性信息，并进行相应处理。

(3)知识库中的知识和各种信息均使用面向对象方法表示。各级数据对上级具有继承性。如本级以任务区域划分生成局部态势区域对象和局部敌方企图对象，而它们又从属于上级相应对象。

(4)决策模型库。存放敌方和我方功能模型，包括火力圈和探测范围模型、动态部署模型、相互能见性模型(部队选择使用)、武器杀伤模型、电子对抗模型、威胁评估模型等。模型依据不同层次的需求建立，如威胁估计模型，上级可能是以保卫目标为依据来确定，下级可能以毁伤敌人为依据来确定。

(5)决策数据库。存放推理和执行过程中的地形、气象信息、敌我武器参数、阵地部署等态势信息，与上、下级互通。

(6)知识获取。采用知识工程师与军事专家交互方式进行。

(7)主动知识库。专家系统知识库采用主动知识库技术，它含有一个事件监视器、事件驱动规则库和知识库本身。事件监视器用来检测各推理机的各种事件，用来触发事件驱动规则库，产生推理控制信息，控制知识库中规则的执行。事件监视器还应具有命令冲突监测功能。本模型中给出三种事件：决策事件、作战态势事件和敌方企图事件。

其中，决策事件包括我方军事作战条例、战场态势和敌方企图等，经推理生成作战计划、威胁估计原则、威胁估计、我方火力区分等决策方案。作战态势事件包括地形和气象信息、当前敌我控制地区和当前我方策略等，经推理形成态势进程和可能交战焦点等作战态势相关信息和决策控制策略。敌方企图事件包括敌方的作战条例和当前侦测信息等，经推理形成敌方可能作战方式和可能火力区分等敌方企图信息和作战态势推理控制策略。

整个模型的运行流程如下：

上级给出一个任务和决策原则，它与情报信息一起经过决策信息抽取模型处理成为系统可识别信息，送达相应数据库和处理单元。推理机由作战态势驱动，根据当前决策数据库中双方态势相关数据产生一个初始态势。接着推理机由敌方企图事件驱动，根据初始态势利用决策数据库中相关数据产生一个初始企图。然后推理机由决策事件驱动根据初始态势和敌方企图制定一个可调整计划，给出初始火力区分。下级依次进行上述步骤，直到火力单元从火力单元层层回馈，直到初始计划制定的那一级，形成当前作战计划。这一过程周而复始，上级适时确定局部最终作战计划。在运行过程中，推理的次序可能是交替的和反复的。因此，在实现过程中，还要注意推理的适时终止，以避免可能的无限循环。推理过程中，可能使用决策模型库中提供的决策模型进行处理。决策模型基本上是量化的算法，它与态势信息密切相关，如威胁估计模型，与它相关的是敌方企图和我方保卫目标。

5.3.4 战术级防空指挥自动化指挥控制智能辅助决策系统的模型

战术级防空指挥自动化指挥智能辅助决策系统的模型结构，如图 5.16 所示。

1. 工作流程

防空指挥自动化指挥控制系统数据融合信息及上、下级反馈信息，同时进入人—机智能接口，经信息分类后进行任务分配，一路送界面供指挥员决策，另一路送到计算机处理程序。指挥员对所分信息处理后，分析结果送数据库，推理结果送规则库，判断结果送进程方法库；计算机推理机构利用数据库、规则库及进程方法库中的数据进行推理；推理结果送至人—机智能接口，经指挥员干预(默认)后输出。

其中，由于计算过程的确定性，根据决策控制的结果，调用进程方法库中相应算法程序就可以获得射击诸元的计算模型。

根据指挥员与决策控制部分交互的最终结果，以及指挥员直接对规则和判断结论的干预结果，调用相应进程方法库中的算法程序就可以获得目标威胁估计模型。

根据指挥员与决策控制部分交互的最终结果，以及指挥员直接对规则和判断结论的干预结果，调用相应进程方法库中的算法程序就可以获得目标优化分配模型。

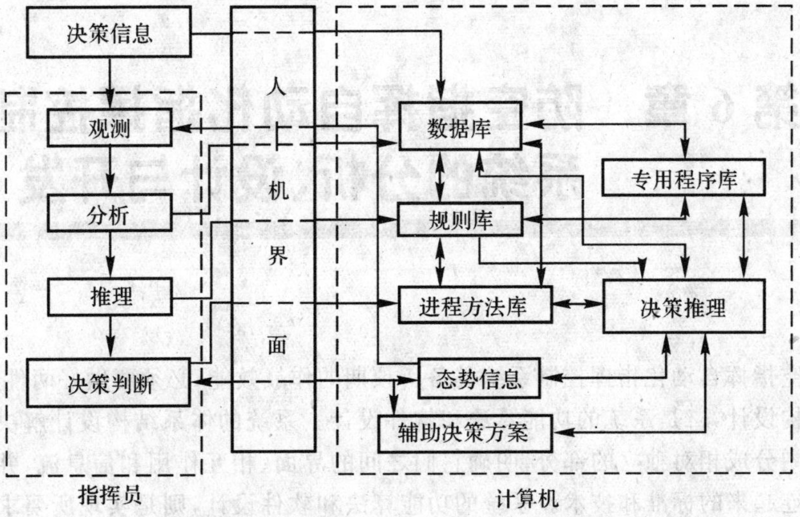

图 5.16　战术级防空指挥自动化指挥智能辅助决策系统的模型

2. 决策模型的组织

根据人—机智能结构特点，利用面向对象思想，采用类组织方法，模型分类如下：

决策者类：传达指挥员干预信息到相应处理单元；确定控制决策信息、情报信息的处理原则。由于具有自学习功能，提高了对非结构性知识的处理能力。

综合态势类：根据战场态势及指挥员干预情况提供相应的态势数据，供计算机辅助决策使用。其中处理包括中间参量和已有作战资料的两类数据。

决策信息类：提供目标信息、火力单元反馈信息和供指挥员决策的预案等战术级辅助决策信息，以及指挥员实时决策信息。

情报信息类：为决策信息处理和指挥员干预提供依据，是辅助决策的基础。

3. 指挥员实时干预的实现

干预实现的算法采用查询方式。这样，当指挥员干预时，系统运行的模型不需挂起，只要干预信息到达，模型就进行实时处理。

干预主要针对情报信息、决策信息的辅助决策结果进行。对于情报信息，主要通过参数进行干预；对于决策信息、辅助决策信息，通过参数和给出适当规则进行干预。

第 6 章　防空指挥自动化指挥控制系统的分析、设计与开发

要使防空指挥自动化指挥控制系统具备所预期的作战效能，必须要做好两件工作：一是系统的体系结构设计，二是系统的功能算法和软件设计。系统的体系结构设计解决如何将系统功能合理地划分成相对独立的部分，明确它们之间的界面、相互作用和信息流，并提出一种将这些部分互连起来的标准和技术。系统的功能算法和软件设计，则是实现所要求的系统功能的核心实体，它在很大程度上决定了系统的效能。指挥控制系统的功能算法研究已经在第5章中详细地介绍过，本章重点就防空指挥自动化指挥控制系统的分析、设计和开发等问题进行详细的探讨。

防空指挥自动化指挥控制系统的分析与设计的目的，在于提高防空作战指挥的效率和防空武器系统的作战效能，同时，实现一种灵活的、具有扩充力的体系结构，以适应在多种战术环境下进行防空作战的需要。另一方面，一项成功的设计，还必须使系统达到高效/费比。系统设计师不仅仅要对那些影响系统总体性能的因素（诸如系统反应时间、生存能力、安全性）及其相对重要性加以关注，同时还要能在各种设计约束条件下（如费用、进度），如何采取折衷的解决办法，来取得满意的结果。要做到这一点，可以借助于一些先进的理论和方法的指导，以及先进工程设计工具的使用，如专家矩阵法、自顶向下设计法、分解—协调法，也可以借助于系统工程办公自动化工具等，但更重要的还是依靠设计师的系统设计经验和工程想象力。

本章主要根据普遍采用的系统工程方法，来阐述系统设计师解决总体设计问题的步骤。

系统设计师在解决防空指挥自动化指挥控制系统设计问题时，所面临的主要困难：

(1)需求不明确。特别是在设计的开始阶段，对需求的说明往往是比较模糊的和笼统的。这是因为对于一种新型指挥控制系统的研制，各种分系统的功能界面、信息需求和行为模式都是不清楚的；另一方面指挥控制系统的设计还受到指挥的层次及结构（网络关系）功能，空情保障要求，射击指挥程序及射击指挥条令等方面的约束，而这些往往滞后于武器的研制。因此，必须通过使用方、武器设计人员与指挥控制系统的设计人员的密切协作，反复协商才能逐步清晰起来，完全的自顶向下设计是相当困难的，必须与自底向上的设计结合起来。

(2)没有完整的设计理论和方法。在很大程度上还是依赖设计师的经验来处理复杂的设计问题。在计算机辅助系统工程方面，也出现了一些工具。其基本思想是基于采用一种可以执行的图形语言来描述系统的静态、动态行为，即系统的“原型”(prototype)来了解系统的性能，即使是这样的工具，也要在具有丰富经验的系统设计师手里才能发挥作用。

(3)系统数据流量的巨大增长。航空航天技术、兵器技术和信息技术的发展，使防空问题从单纯的兵器拦截，发展为综合的体系对抗，使系统设计所面临的问题比以往任何时候都要复杂。系统输入的传感器种类和数量、兵器的种类和数量、数据流量、实时性要求的空前增长，使

得系统设计的难度大大地增加。

(4)技术的快速发展和更新。微电子和信息技术的快速发展和更新,对系统的设计带来深刻的影响,一方面它直接影响系统所采用的技术稳定性,同时也使系统所要对付的威胁变得更为严峻。在这种情况下,如何尽可能使系统在较长的时间内保持有效,使之具有与威胁同步增长的技术潜力是十分重要的问题。

(5)系统的集成和互通性问题。指挥控制系统是由多种不同的技术分系统集成起来的复合功能系统,如何在这些分系统间进行功能划分,确定合理的界面,对其动态相互作用进行分析,是十分重要的。前面已经指出,武器系统是在整个防空体系中完成其作战功能的,这就存在不同系统之间的互通性问题,这些不同的系统在其规模、费用、研制周期、所采用的技术方面往往都存在很大的差别。要妥善解决这些问题,必须遵循某些标准的框架。

(6)软件问题。系统的自动化程度越来越高,所要解决的信息处理和辅助决策问题,越来越复杂,软件已经成为系统成败的核心问题。如何开发出满足使用要求的软件,更是使系统设计师面临严峻的挑战。

采用软件开发的工程化方法,是提高软件质量、生产率,解决软件问题的必要之路。

本章将按系统生命周期的不同阶段来讨论系统工程问题,并将它作为说明和理解系统总体设计问题的基本框架。

系统生命周期是系统从设想至停止使用的全过程。

值得注意的是,系统交付并不是生命期的结束,它一直持续到服务阶段,而这一阶段比它的开发制造阶段更长。在系统服务阶段还要不断改进和升级。

6.1　防空指挥自动化指挥控制系统的需求分析

确定系统的需求是最重要的阶段,在这个阶段中必须全面理解使用方的目标,明确系统要解决的问题,弄清系统的用途,列举出要实现的目标,权衡技术可行性和财力,描述系统的功能及其可靠性和精度的要求,以及可维护性、可操作性、可扩展能力等,只有这些问题都明确之后,下面的各个设计阶段才有足够的依据。需求并不是设计系统,而设计本身则是依据需求从可能的系统技术途径中进行对比分析后才产生出来。

在这一阶段中进行详细的作战和技术分析、提出详细的系统规格说明书和系统实施计划。为了完成这一任务,首先要对使用方进行调查研究,以取得必要的数据。一般来说,这项工作需要系统设计师和使用方共同来完成。

防空指挥自动化指挥控制系统的基本特点是实时性和多功能,但不同类型和不同层次的指挥控制系统对两者的要求并不相同。对于防空指挥自动化指挥控制系统而言,战术级相对于战役级防空指挥自动化指挥控制系统实时性要求更高,功能要求则相对较少。层次越高的指挥控制系统功能(如战场管理、战备管理等)要求越多,而实时性要求则相对低一些。防空指挥自动化指挥控制系统的需求分析的目的是通过对系统的作战和功能分析,明确作战使用要求,确立系统和各功能单元的设计配置,确立指挥控制系统功能性的作战过程。分析的输出应包括:

(1)所有内部、外部的指挥控制系统接口;

(2)系统的任务;

(3)为实现话音、电传、数字数据链路所要的通信能力;

(4)信息输入、处理、显示及程序的功能;

此外,还将提供包括在系统级规格说明中的信息。

防空指挥自动化指挥控制系统的需求分析的内容包括作战需求分析、信息处理流程分析、人—机界面分析、武器火力通道接口分析及通信系统分析等。其中:

武器火力通道接口分析是一项复杂的分析工作,分析的主要对象是系统内部的截获、跟踪制导传感器和导弹发射及控制装置。

通信作为实现武器系统综合的防空指挥和控制的基本保障,通信分析的目的在于明确系统对通信的要求,并对现有的或计划发展的通信系统进行调查研究,确定这些系统和技术是否满足武器系统防空作战的要求,如果不满足要求,则应提出新的研制项目,通信分析的结果为确定技术方案提供了可靠依据。

由于本书着重于防空指挥自动化指挥控制系统的内部分析,因此武器火力通道接口分析和通信分析不作为作为重点进行详细介绍。

6.1.1 防空指挥自动化指挥控制系统的作战需求分析

作战需求分析的主要依据是使用要求。用户根据系统所要对付的威胁、现有指挥控制系统的能力、当前的作战概念及根据技术发展所提出的对指挥控制系统的改进要求,提出指挥控制系统的使用要求。再根据费用、进度、技术难度方面的限制、结合武器系统的特性进行全面的需求分析。分析的内容包括:

(1)对威胁进行分析,确立总的指挥控制任务需求;

(2)确立任务、系统功能和性能要求;

(3)将总的作战功能分配给系统各个单元或分系统;

(4)提出系统功能流程;

(5)确立系统操作人员的岗位及管理要求;

(6)提出作战规程和操作员的输入/输出要求;

(7)明确系统的各单元的操作。

系统的作战需求分析的流程图,如图 6.1 所示。

在需求分析的过程中,包括审议和确定防空作战条令、作战使用概念和作战规程,对系统作战能力的要求,对武器系统的特性、能力和使用程度进行分析并形成文档,以便开发指挥控制系统的作战软件。

1. 作战使用概念

一定的防空作战任务都有其独特的性质,要通过对武器系统的典型任务分析(如担负要地防空、区域防空或野战防空等),提出可能的配置模式并分析其掩护能力,从而明确武器系统所要对付的空中威胁的规模,和防御的空中范围,这对于确定指挥控制系统的层次、机构、通信保障能力,进行作战软件的需求分析都是十分必要的。当然还需要有一定的灵活性,以适应作战任务的变更。作战分析的结果,应形成作战概念文档,系统设计应具有相应能力来支持这些概念,并有一定的应变能力。

2. 典型的空袭样式

要根据当前空中威胁的特点及可能的增长趋势,提出在未来可能面临的空中威胁和作战环境，其中包括：

（1）典型目标类型；

（2）空袭规模；

（3）目标流特性，包括目标流强度、编队、批次间隔、目标速度、目标机动能力、空地投放武器等；

（4）攻击战术；

（5）电子对抗；

（6）典型目标航迹或战术弹道导弹的弹道。

上述分析的结果，对确定系统的空情信息需求、系统的反应能力、电子对抗能力，特别作战软件的建模产生重要的影响。

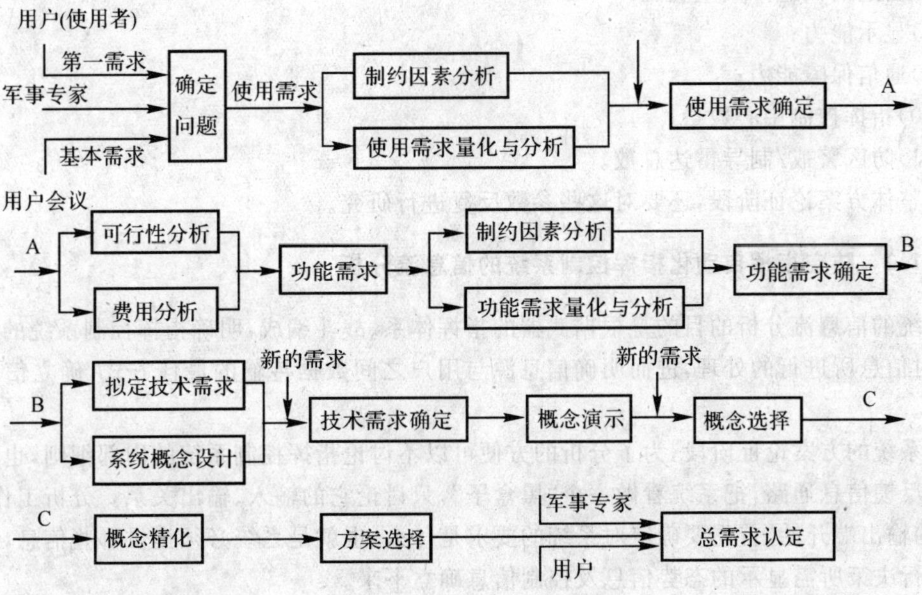

图 6.1　系统的作战需求分析的流程图

3. 射击指挥准则

在设计指挥控制系统时，必须明确武器的射击指挥准则，其中包括：

（1）空域管理准则；

（2）航迹管理准则；

（3）目标校批准则；

（4）目标识别准则，包括目标属性识别准则和类型识别准则；

（5）威胁评估准则；

（6）目标分配和火力分配准则；

（7）射击优化准则。

系统作战软件的建模必须以这些准则为依据。

4. 射击指挥程序

作战分析的结果，要提出高度自动化的指挥控制系统的操作程序，由此确立硬件要求、软件要求及其相互之间的功能关系。在每个功能区的操作程序提出后，须经过评审之后，才能把它写进系统的功能说明。

5. 系统能力

在系统方案论证的初期就必须确定各级防空作战指挥控制中心的能力，主要内容包括：

(1)系统航迹容量；

(2)飞行计划存储量；

(3)导弹火力单元数；

(4)发射装置数及载弹量；

(5)同时拦截目标数；

(6)同时发射导弹数；

(7)雷达扇面边界及重叠区；

(8)显示能力；

(9)通信保障能力；

(10)指挥控制中心数量；

(11)防区警戒/制导雷达总数。

在整体方案论证阶段，还要对这些参数反复进行研究。

6.1.2 防空指挥自动化指挥控制系统的信息流分析

系统的信息流分析的目的是根据武器的指挥体系、战斗编成，明确指挥控制系统的信息来源，及对信息所进行的处理，进而明确信息源与用户之间数据传输的最佳方式，确立信息传输的格式。

在系统的方案论证阶段，为了分析的方便可以不讨论指挥控制系统的内部细则，也不考虑系统的反馈信息通路，把系统看做一个"黑盒子"，只讨论它的输入、输出关系。分析工作从"黑盒子"的输出端开始，首先要确定对系统的要求是什么，也就是系统必须提供哪些信息，即把指挥员进行决策所需显示的态势信息及控制信息确立下来。

在确定输出信息时必须明确下列各点：

(1)需要哪些信息；

(2)需要的时间；

(3)信息的使用方；

(4)信息的格式；

(5)处理信息的优先级。

在"黑盒子"的输出确定之后，就转到输入端。经过分析后，确定要取得所需的输出，对原始数据有什么要求，输入端所提供的数据可能多于、也可能少于形成态势显示和控制所要求的内容，因此必须确定对输入端的数据需求，即

(1)有哪些数据可供使用；

(2)提供的时间；

(3)输入的来源；

(4)提供的形式；

(5)采集或获取的先后。

在“黑盒子”的输入、输出两端都确定下来后，系统设计人员要确保能在给定的时间内获取和传输足够的数据，如果不能满足输出的需求时，要采取新的数据获取或传输系统。

在系统的要求和输入源确定之后，就可以开始画系统的信息流程图，流程图表示出系统的各个功能部件对数据进行的操作，及信息在系统内部的全部通路。流程图还需要有一个优化的过程，只有当系统的初步设计已经确定下来，新的流程图做好之后，才能开始具体设计“黑盒子”的内容。

防空指挥控制所用的信息，可根据信息的获取、处理和用途的不同，综合各种特点进行分类。

6.1.3　防空指挥自动化指挥控制系统的人—机界面分析

在某种意义上，一个系统是否设计成功和实用，很大程度上取决于系统的人—机界面设计。防空指挥自动化指挥控制系统是高度自动化的系统，在这样的系统中如何处理好人—机之间的相互关系，是系统分析的重要内容。在分析过程中，要根据使用要求及对功能的定量和定性要求，来确定人—机界面，与一般的事务处理系统或办公自动化系统不同，这里所指“机”应理解为“武器”较为确切。人—机界面的分析任务如下：

1. 确定指挥显示需求

它要确定系统指挥员、操作员对显示的需求，包括：

(1)显示内容。如空情、警告、兵器或火力通道状态、拦截状态、指挥信息、设计指挥或分配建议等。

(2)显示方式。如图形、表格、数码、指示灯、硬拷贝等。

(3)显示品质。如容量、彩色分辨率等。

2. 确定人工干预方式

(1)人工干预内容。写出详细的控制台事件清单及所执行的控制操作，各种干预的频度估计和时序的要求。

(2)控制按键的设置及分组。控制按键可划分为系统方式控制、作战控制、设备控制、抗干扰、显示控制等。

(3)航迹干预要求。确定航迹干预操作的要求和实现方式。

3. 操作部位的设置及分工

要确定最低限度的操作部位设置，每个操作部位担负的功能，它们之间的相互关系等。

(1)指挥控制初始化阶段。要对防空武器系统控制空域、安全走廊、禁飞空域、友机原始空域、防御要地、目标航向等进行显示。

(2)防空作战阶段。有综合态势图、作战态势图、状态表格(如空情数据、目标识别结果、火力单元配置和状态、拦截数据表、导弹在位状态、目标威胁排序、拦截排序、火力分配表、发射控制表等)、控制按钮(如武器系统工作指挥方式、作战模式、搜索控制、指定/放弃精跟、拦截方式、杀伤评定、空域控制、发射控制等)。

6.1.4　防空指挥自动化指挥控制系统的描述

需要什么样的指挥控制系统、提出并描述对系统的要求，是军事研究部门很据作战需要、军队编制、技术现状、经费支持情况确定的。而确定并描述指挥控制系统的体系结构，则是工业设计部门的任务。由于指挥控制系统复杂、任务繁多.明确对它的要求和它的体系结构是一个反复的过程,恰当地描述它们也决非是一件容易的事情。

1. 系统的需求

指挥控制系统的需求是指军事部门需要系统完成的任务(功能),或要求系统完成某种使命的能力。指挥控制系统的需求一般分为功能需求和非功能需求。

功能需求是军事部门要求系统应完成的任务(功能)。依据系统在作战中的地位和作用及作战指挥过程,可将系统的主要功能分为情报收集功能、信息传输功能、信息处理功能、辅助决策功能、信息显示功能、武器引导与控制功能。

非功能需求是指系统的性能和系统的外部限制条件。性能分为三层;用户层(如抗毁性、有效性、反应能力、覆盖范围等);技术层(如互通性、检测维修性、电磁兼容性等);物理层(如温度、湿度、地形、地物等)。外部限制条件仅指社会、政治、经济等因素。

确定系统的需求常用的方法有对象等级化法、多属性法、流程图表法和 Petri 网法。其中,对象等级化法如图 6.2 所示。

在图 6.2 中,用使命、功能和任务阐述了对象等级化思想。对于一个系统而言,它的功能是指该系统为完成它的使命而采取的行动。任务则是指该系统的子系统或其他组成部分的功能(也可理解为系统的子功能)。

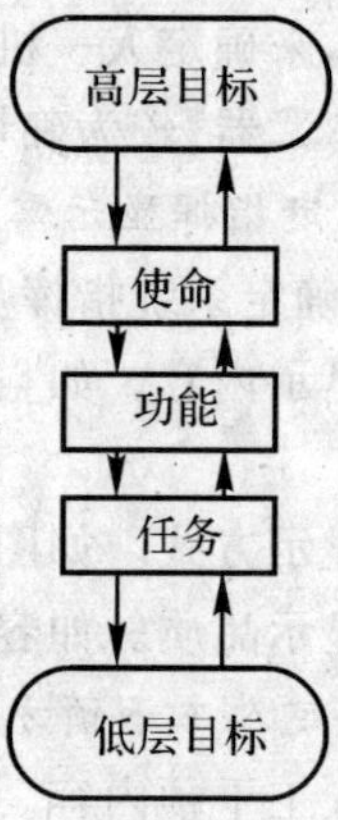

图 6.2　对象等级化法

该框图不仅表明了对象的各个功能之间的内在联系,而且揭示了功能的分解不是用单纯的树图就可以表述清楚的,比较而言图表比树图更为准确(在树图中,每个节点只代表一个元素,而在图表中一个节点可以代表多个元素)。确定指挥控制系统的需求是一个循序渐进、由初级到高级不断完善的过程。系统建设初期,提出基本的目标需求,作为系统研究开发的基本依据。随着系统建设的全面进展,要不断完善和细化系统的需求。确定系统的需求分两步进行,第一步明确基本和必须的需求;第二步考虑是否有新的或替代的要求。

指挥控制系统有以下特点:①概念的可塑性和系统边界的不确定性;②系统的直接服务对象是指挥人员,开发中考虑人的因素较多;③系统目标的开放性,使得需求具有多样性;④一次性研制生产的数量较少,不可能形成批量生产;⑤建设方法上多采用渐进获取、逐步发展的方法,或采用分期工程的阶段式生产方式。这些特点决定了其需求具有下列特点;①需求是层次进展、渐进获取和逐步逼近的;②指挥控制系统的需求是由系统设计人员、用户共同完成的;③具体项目的需求目标应是收敛的。

确定指挥控制系统的需求应遵循下列原则:局部的需求应与整体利益相一致;系统的需求应与约束条件相兼容;描述系统的需求应定性描述和定量描述相结合;当前的需要应与长远发展相兼顾。

2. 系统的指标体系

指挥控制系统的指标体系是描述系统需求的文档系统,它包括总要求、子要求和底层要求。总要求只有一个,子要求和底层要求有若干个。它们之间存在定量和定性的关系,这种递阶层次结构称为指标体系。由于指挥控制系统的应用级别、应用时间和应用环境不同,对指挥控制系统的要求亦不相同。可仿照霍尔(A. D. Hall)三维结构描述防空指挥自动化指挥控制系统的指标体系，如图6.3所示。

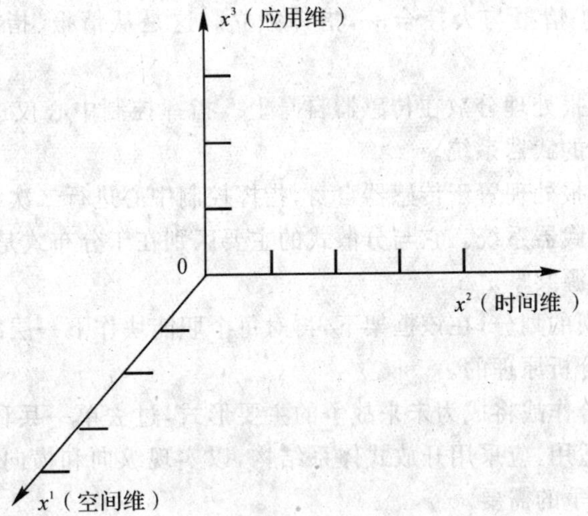

图6.3　防空指挥自动化指挥控制系统的指标体系

在图6.3中，空间维x^1表示不同层次的指挥控制系统，例如：x_1^1表示战术级，x_2^1表示战役级，x_3^1表示战区级，x_4^1表示战略级。

时间维x^2表示指挥控制系统全寿命周期的不同阶段，例如：x_1^2表示规划计划阶段，x_2^2表示论证阶段，x_3^2表示方案与设计阶段，x_4^2表示工程研制与实施阶段。

应用维x^3表示指挥控制系统的(应用)环境，例如：x_1^3表示自然环境，x_2^3表示我方环境，x_3^3表示敌方环境。

由此三维结构图，可以清晰地描述各类指挥控制系统在不同阶段和环境下的指标体系。例如：

$C(x_1^1x_2^2x_3^3)$表示战术级指挥控制系统在论证阶段的指标体系；

$C(x_2^1x_3^2x_2^3)$表示战役级指挥控制系统在方案与设计阶段的指标体系；

$C(x_3^1x_4^2x_3^3)$表示战区级指挥控制系统在工程研制与实施阶段进行(作战)效能评价用指标体系。

目前，指挥控制系统的指标分为四大类：第一类是系统的尺度参数，它描述设备或部件的特性；第二类是系统在不同环境下的性能指标，它描述子系统的功能；第三类是系统效能的度量，它描述在作战环境下系统的总体功能；第四类是系统的作战效能；它描述系统与作战结果之间的关系。

3. 系统的体系结构

指挥控制系统的体系结构是工业设计部门依据军事部门对指挥控制系统的要求、当前的技术水平、生产工艺水平、经费支持情况和未来发展确定的。从国内外已形成战斗力的系统来看，依据整个系统和子系统的划分、地点分布情况等可以分为四种模式。

(1)集中式。将情报处理、作战指挥、武器控制功能、配置地点、空间、所用资源进行高度集中。确定集中式系统功能的因素，并不主要决定于所处的地点、空间，甚至也不取决于计算机系统资源，起主要作用的是情报、指挥、控制的模型及它们之间的体系结构。也就是说，简单地将分开的功能模块堆放在一起形成集中式，并不能换取更好的功能和性能。

(2)分开式。分开式分为：①情报、指挥各自独立；②情报、指挥合一，火控独立；③情报独立、指挥与控制合一；④情报与火控合一，指挥独立。这是从情报、指挥、火控功能关系上划分的。

(3)分散式。将情报处理分散在传感器自身上。指挥控制中心仅进行简单综合及指挥决策，射击控制属于各自的武器系统。

(4)分布式。将情报处理置于传感器自身，指挥控制中心进行二次综合(特征融合)及指挥决策，射击控制属于各武器系统。它与分散式的主要区别在于分布式是靠总线、网络把各节点联系起来，可以实现资源共享。

上述划分仅是宏观的划分，在该框架下，再对每个职能块作下一层次的分解、协调、优化是符合递阶、多级、多层分析原理的。

随着多军兵种联合作战将成为未来战争的主要形式，过去单一兵种封闭式或称烟囱式的指挥控制系统已不再适用，应采用开放式体系结构，以实现纵向和横向的互连、互通、互操作、资源共享，适应未来战争的需要。

4. 系统的描述语言

(1)对系统的描述的要求。描述指挥控制系统的需求和体系结构不是仅用数学模型就能完成的，选择恰当的描述语言至关重要，需求和体系结构的描述要协调一致，以免引起争议。

需求的描述是用户对系统要求的描述，是设计部门进行设计的依据，而且是双方签订合同的依据。功能的需求常用流程图或状态图表示，非功能的需求常用自然语言描述。

需求的描述是用户与设计部门的纽带，对它的最重要的要求是易于用户和设计部门理解。还要求：

1)无二义性。每一段需求的描述应该只有一种解释。绝不能有多种解释，以免引起争议。

2)完备性。系统的各种需求都应该在描述文件中得到阐述。

3)可检测性。每种需求的阐述应利于检测，以便检测系统是否满足了该项需求。

4)一致性。包括内部一致性、外部一致性。前者指各项需求之间没有冲突；后者指需求的描述与系统体系结构及系统研制各阶段之间没有冲突。

5)易于修改。由于指挥控制系统的需求是渐进获取的，所以，需求的描述方式应易于修改。

6)可追踪性。由正式形成的需求文件，可以追踪到用户的原始要求；也可以追踪到设计部门的设计方案。

规范需求描述的获取过程，如图 6.4 所示。

很明显，要想使需求的描述具有上述所有特征将是一项艰难的工作。下面主要介绍需求描述的一个方面——描述语言。

(2)理想的描述语言。理想的需求描述语言应具备以下特征(按重要程度排列)：

1)可理解性。需求描述成功与否的重要标准是它的可理解性。需求描述所使用的语言对于它的可理解性有着重要影响。

2)可分析性。需求描述的精确程度和严谨性直接与所使用语言的精确性和严谨性有关；规范的描述语言由于有数学理论为基础，其分析可行性就比较好，分析的精确程度也比较理想；自然语言的可分析性就很有限。

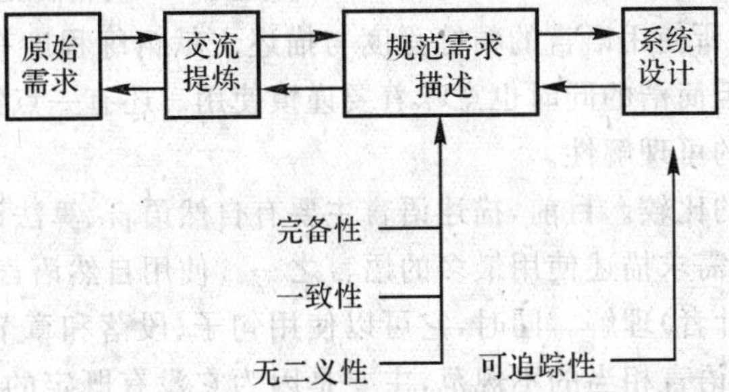

图 6.4 规范需求的追踪框图

需求分析分为静态分析和动态分析。其中静态分析通常分析系统满足了哪些期望的参数、属性,系统出现了哪些不期望的属性;动态分析通常要求描述语言具有一定程度的可执行能力,或者描述语言能够间接(特别是自动)地转换成可执行语言。

3)多阶段兼容性。在系统开发过程的各个阶段、从需求的描述到系统的实现通常要使用几种不同的描述语言。多种语言的共同使用会造成下同层次之间的转化障碍。如果使用一种兼容性的语言,这个问题就会得以缓解。当然,这里所提的多阶段兼容性并不意味着适用于所有阶段,人们关心的是如何用尽可能少的语言来支持系统的开发,尤其是对于应用软件的开发。

4)无二义性。如前面所述,需求的描述要具有可理解性。在此基础上,无二义性也是描述语言的重要特性之一。在需求的描述文件里,每一项表述只能有一种含义,而且表达的必须是用户所要表达的含义(唯一性和正确性),否则很容易引起用户和设计者之间的纠纷。因此,自然语言在使用时要非常谨慎。

5)完备性。系统的需求包括很多方面,每一方面又可分为不同层次、不同等级。

因此,系统的需求描述一定要全面,不仅要包括系统的功能需求也要包括非功能需求。对不同的需求类型,通常使用不同的描述语言,这就使得需求的一致性检验难度增加。如果一种描述语言能够描述几种不同的需求,这个问题就可以较好地解决。当然,人们不能奢望用一种描述语言就可以囊括所有的需求,但却可以希望描述语言能够适应尽可能多的需求。

6)易掌握性。在系统开发的各个阶段,需求的描述文件的使用者很多,因此,一些相关人员必须了解、掌握需求描述所使用的语言。如果描述语言较难掌握,不仅相应的培训费用和时间会增加,用户对这种语言也难以接受,因为他们不清楚自己的要求是否被正确地表述了。因此,用户需求的语言应该易于学习、易于使用。

7)模块分类性。指挥控制系统是一种复杂的大系统,描述它时必须分成几块,然后分别进行描述,这样易于理解。如果描述语言具有模块分类性,就可以允许几个人对系统同时进行描述,就可以一边进行描述.一边根据描述进行设计。此外,由于系统的描述包含了系统各个层次的信息,这种特性有利于用户忽略不必要的细节而集中进行适当的层次阐述,这对于复杂的指挥控制系统是很重要的。

8)计算机可处理性。规范的描述语言应能使计算机根据语言的使用规则检查语法、语义的正确性,这样能避免许多细微的错误。当然,这并不意味着检查后的描述就一定是合理的。

9)简洁性。描述篇幅的大小对于用户和设计者有一种心理影响。一般而言,篇幅过长所耗费的时间和精力就多，同时也就失去了可读性。反过来，一篇精练的描述，其可读性就很强，读者也愿意去读。描述所使用语言的精练程度与描述文献精练程度有直接关系，越是简洁的语言描述得就越精练，但简洁的同时也意味着要谨慎使用。还有一点需要注意：在追求简洁的同时，不能忽略了语言的可理解性。

(3)几种描述语言的比较。目前，描述语言主要有自然语言、算法语言及数据流图表。

1)自然语言。它是需求描述使用最多的语言之一。使用自然语言最大的好处是易于各层次的人员(从用户到设计者)理解。同时，它可以使用句子、段落和章节将需求分类，使之模块化、层次化。但是，自然语言相当的不规范，主要是因为它没有既定的使用规则，因此，它本身就含糊，只是依靠人们习惯了的用法来使用。结果，使得描述不够明确、易造成误解。在自然语言的描述中，如果没有图像、图表的支持，其描述的简洁程度就很有限。此外，它也不具备可分析性、计算机可处理性。由于自然语言固有的模糊性，在描述文件的后面通常都附上词汇表，用来解释特定的术语。

2)算法语言。尽管 Ada 语言是一种高级程序设计语言，但也适用于描述系统的用户需求。虽然把程序设计语言用于需求描述有些牵强，但 Ada 语言的许多结构(如 IF—THEN—ELSE)都适合描述系统的需求：比如，对于发现的空中飞机，如果来机怀有敌意那么武器系统开火；否则，允许其着陆。Ada 语言不仅可以描述系统的运行过程，而且还可以描述系统的功能和它的组合部件。尽管 Ada 语言需要专门的学习和培训，但它的确是一种较理想的描述语言；由于它是一种程序设计语言，可分析性和计算机可处理性就很好，在美国可以用专门的工具(MALPAS)进行分析；其简洁性和多阶段兼容性也令人较满意。更重要的一点是由于 Ada 语言的标识符、名字、语句格式和书写方式都与英语相近，所以在美国 Ada 语言也具有较好的可理解性。但是它的缺点是不能描述非功能的需求。

为了克服自然语言的弊端，在西方国家(主要是美国)提出了几种应用于大规模实时系统的规范的需求描述语言，如 VDM 描述语言、TRIO 语言和 Z 语言等。这几种正式语言都有一套完整的数学逻辑理论为基础，所以，与自然语言相比有很好的无二义性、可分析性和简洁性，其追踪性也要比自然语言好。然而，这些规范的描述语言的最大缺点是难以学习和掌握。相应的，其可理解性也就不如自然语言。除此以外，使用数据流图表技术的现象在结构化的系统建设中也较常见。几乎在系统设计的每个阶段都可以使用，所以它的多阶段兼容性很好。但数据流图表技术因没有明确的定义，其模糊的缺点仍没有解决。

3)数据流图表(Data Flow Diagrams—DFDs)。DFDs 在系统分析和设计的结构化方法中应用较多。通常，用来表示系统数据的流向，表示系统内部所有的过程。但是，由于 DFDs 不是一种正式的描述语言，它没有既定的语意。所以，在使用图表进行描述时，通常都要给出严密的定义。此外，其简洁性、可理解性和易掌握程度也都比较理想。几乎在系统开发的各个阶段都可以使用 DFDs，因此，有理由认为它具有很好的多阶段兼容性。它的最大缺点是只能用来描述功能需求，而对非功能需求则束手无策。

由此可见，这些描述语言都有其优、缺点。究竟应选择哪种描述语言，要根据具体情况而定。一般而言，除考虑可理解性、无二义性外，还应考虑用户需求层次的等级划分、系统所处的内部、外部环境和系统设计的其他限制。现有描述语言除了本身的缺点以外，它们在需求的描述方面也有缺陷。主要表现：

1)不能有效地捕获需求信息来支持系统的渐进发展；

2)不能详细描述系统的非功能需求；

3)系统变化时，不能自动地在需求中反映出来；需求变化也不能自动地在系统设计中得以体现；

4)描述系统需求的形式，存在着较多分歧；

5)对系统的需求进行描述之前，需要了解太多的事实(事件)。

尽管现有的需求描述语言存在许多缺陷，但人们仍然希望它在描述需求时，能最大限度地满足客观要求。同时，也仍然有可能对需求的描述语言提出进一步的要求，从而改进、缓解现有需求描述语言存在的问题。

从上面的讨论不难看到，现有描述语言没有一种能完全满足上述九个特征。尽管人们希望找到一种具有上述九个特征的描述语言，然而，那将是非常团难的。在相当长的时间内，仍将是多种语言(主要是自然语言)相结合使用的局面。鉴于我国研制指挥控制系统的现状，我国当前关于指挥控制系统需求的规范化的描述应主要从以下几方面着手。

1)参照美国 Ada 语言，开发一种适合功能需求描述的结构化描述语言。考虑我国的语言背景、人口素质及指挥控制系统研制的人力和物力等方面的影响，在相当长的时间内，自然语言(汉语)仍将是我国指挥控制系统需求描述的主要语言。因此，从汉语的使用入手，参照 Ada 语言的结构，通过规范汉语的使用规则(如格式、语法等)，使得需求的描述尽可能的简洁及对相应的术语给以明确的定义，克服自然语言本身的模糊性和多义性，当是最迫切的任务。

2)深入进行图表理论及技术的研究(如数据流图)。与自然语言相比，图表更具有可分析性，它的可理解性较现有正式的描述语言好。除了图表技术本身具有研究价值以外，我国指挥控制系统的工程设计人员对图表这种描述手段还是比较熟悉的。相对于自然语言——汉语——而言，图表更正式、也更容易被工程设计人员所接受。另外，图表作为一种非正式语言还可以作为向正式语言过渡的工具。同时，图表技术可以和自然语言结合使用，这样两者可以互补，扬长避短。

6.2　防空指挥自动化指挥控制系统的结构设计

6.2.1　防空指挥自动化指挥控制系统的总体设计

防空指挥自动化指挥控制系统中，核心是计算机分系统。因为传感器送来的情报数据、战勤人员的人工干预数据，以及发送给武器控制单元的各种控制信息和反馈信息，都由计算机分系统接收、处理和分发，各种计算要由计算机来完成。所以系统的结构设计，事实上是围绕计算机分系统进行的，是围绕如何处理计算机分系统内部组成之间、计算机分系统与其他分系统之间的关系展开的。

随着防空作战指挥自动化向深度和广度的发展，防空指挥自动化指挥控制系统的系统结构将朝着功能分布和地理分布的方向发展。系统功能分布的最终目标是取消中心计算机(信息处理服务器)，将系统功能完全分布到各战勤人员的席位上，通过高速光纤将所有席位与远程终端连接起来，且这些席位和终端分布在不同地理位置上，但它们能够协同工作，完成全系统的指挥控制功能。

6.2.2 防空指挥自动化指挥控制系统的体系结构设计

系统的体系结构设计与系统设计是两个不同的概念，系统设计解决系统的全部设计问题，而体系结构设计主要解决系统的功能划分与界面。其中包括系统与外部的界面和系统内部各独立研制的分系统的结合部的内部界面。对于大型复杂系统，要解决的体系结构问题，应采取自顶向下的方法，它所要解决的基本问题：

(1)确定功能及任务的实体(系统划分)；

(2)确定实体的界面；

(3)确定结构项之间的相互作用；

(4)描述实体之间的信息流；

(5)一种实现实体互连的技术；

(6)界面的标准或约定。

体系结构是一种设计的框架，一种可以将问题孤立起来的框架。将一个大系统进行划分是十分重要的，其基本过程就是将系统划分为功能单元，对每一个功能单元都可独立的加以明确规定，可以相信，这样建立起来的系统将会按要求进行运转。

一个大的系统是由较小的系统装配而成的，这样一直可以深入到基本组件一级。而指挥控制系统更是这种情况。因此，系统工程师必须充分注意到每一个子单元的存在和性质，以及它们之间的边界，这也与系统的外部边界一样，通称为界面。系统工程师将利用他的智慧和经验，来定义界面和对系统功能进行划分，并采用一种适当的被广泛采用的标准界面将划分的部分结合起来。这一工作的成功，就可以保证通过设计师和软件开发人员的集体努力使系统能得以实现。

在对系统进行划分的过程中，在不同的层次上都有着类似的功能划分和界面问题，因此体系结构设计在系统不同的层次上反复进行着。

划分的过程通常是按传统的工程模式来进行的，如自顶级起将系统化分为若干分系统(每个分系统可能由不同的部门设计制造)，对分系统又可做进一步划分，一层一层地进行下去。在较低的层次上，可以由专业工程师来做进一步的划分。在有的情况下，划分在很大程度上是根据现有的技术或系统组件来确定的，技术的发展提供了形成新的划分的可能性，从而可获得更低的费用或其他的好处。

在划分的同时，要对单元之间的界面进行定义，界面可能是机械的、电气的、逻辑上的或方法学上的，有时可能是多种组合的。界面定义的目的，要使得它尽可能简单，同时又保留通用性，以便进行必要的扩展和变更。与选择分系统相类似，系统的界面应尽可能选择成熟的标准化的设计。

6.3 防空指挥自动化指挥控制系统的软件分析与设计

防空指挥自动化指挥控制系统的作战指挥和武器控制功能主要是通过指挥控制系统软件实现的，随着指挥控制自动化程度的不断提高，作战指挥和控制功能不断完善，防空指挥自动化指挥控制系统软件的规模和开发工作量也越来越大。因此，在防空指挥自动化指挥控制系统的设计与开发中，软件已变成决定性的因素。防空指挥自动化指挥控制系统软件设计的目标是从指挥控制系统战技需求出发，设计出既满足战技指标要求和人—机界面友好，又具有易于维护、修改和扩充的能力的软件系统。

6.3.1　防空指挥自动化指挥控制系统的软件分析

从软件工程角度看，软件是集运行环境、程序、框图、文档、测试报告等与一体的综合体。其中，运行环境是系统所配置的硬、软件平台，程序是需要开发的应用软件。指挥控制系统软件一般分为系统软件、支持软件(通用和专用)及战术应用软件三大类，其分类组成及层次结构分别如图 6.5 所示。其中系统软件是面向设备、维修人员的软件，应用软件是面向指挥员、参谋和战勤人员的软件，而支持软件则是介于两者之间的软件。

1. 防空指挥控制软件的分类及组成

系统软件和支持软件是与计算机硬件相联系、充分发挥计算机资源效能的软件，它是计算机软件平台的重要组成部分，包括操作系统、程序设计语言、网络支持管理系统和数据库管理系统等。

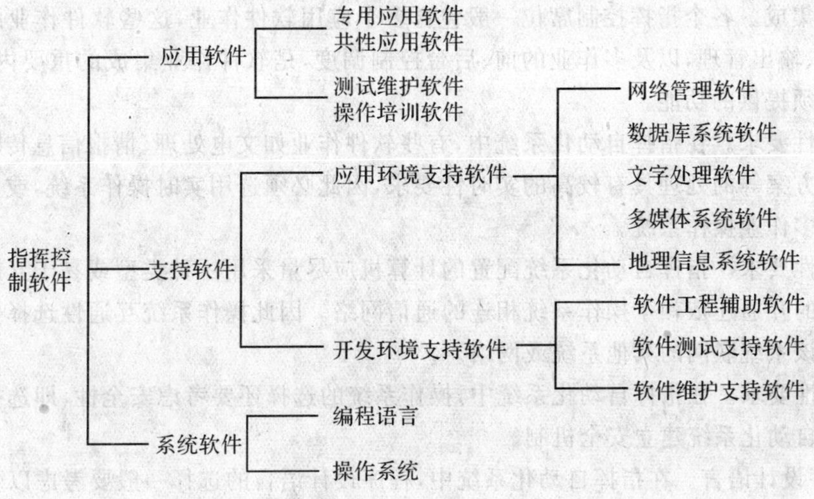

图 6.5　指挥控制系统软件层次分类及组成

其层次结构，如图 6.6 所示。

(1)操作系统。操作系统与计算机硬件资源紧密联系，其主要功能是实现计算机资源管理和软件作业运行调度。在指挥控制系统软件中，计算机操作系统要从保证指挥控制系统任务的实现及适应指挥控制系统互连、互通、互操作的需要来选择，一般选用具有可移植性(Portability)、互操作性(Interoperability)及易获得性(Availability)的操作系统。操作系统的选择应考虑以下几点：

1)分布式系统。对具有较强分布需求的指挥自动化系统，须选用具有一定程度的分布式操作系统。当前技术发展水平已使得操作系统与分布式数据库系统相结合，并通过适配的通信网络实现信息的分布使用。

2)多功能要求。在指挥自动化系统中，指挥控制操作席位要求单用户多功能机制。单任务操作系统集成多个功能作业及调度它们的运行是十分困难的，而且无法实现多个并行作业的并发控制。因此，须选用多任务操作系统。这一点对较高层次的指挥自动化系统尤其显得重要。

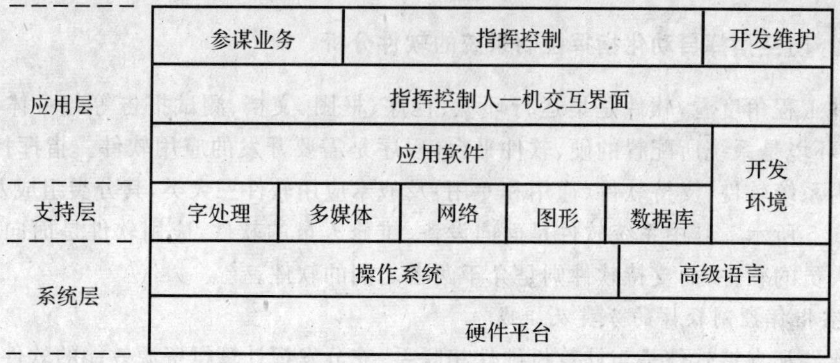

图 6.6　指挥控制系统软件的层次结构

3)软件集成。各个指挥控制席位一般包含多个应用软件作业,这些软件作业的驱动运行管理和输入、输出管理,以及多作业的前、后台控制调度,是软件作业集成的重要内容,这也是操作系统必须提供的功能。

4)实时性要求。在指挥自动化系统中,有些软件作业如文电处理、情报信息传输处理及实时指挥控制方案等的处理具有较高的实时性要求,因此必须选用实时操作系统,或至少选用可变优先级的多作业操作系统。

5)互通性要求。指挥自动化系统配置的计算机应尽量采用一种类型或易于互通的操作系统。异机间的互通还依赖于操作系统相连的通信网络。因此操作系统互通性选择要求还要顾及到可能与该系统联网的其他系统或网络。

6)安全性要求。在指挥自动化系统中,操作系统的选择还要考虑安全性,即选择的操作系统能为指挥自动化系统建立安全机制。

(2)程序设计语言。在指挥自动化系统中,程序设计语言的选择一般要考虑以下因素:

1)功能需求。是程序设计语言选择的首要依据。

2)成熟性。避免使用刚推出、尚不完善的语言或版本。

3)可移植性。应尽量选择对计算机和操作系统依赖性不大的语言。

4)结构化和可维护性。选择的语言应使程序结构性强,便于程序调试和维护。

在一个指挥自动化系统中,有时对处于不同功能部位的软件编程采用不同的语言,但这些语言模块之间的信息交换和程序连接应是成熟可行的。

(3)支持软件。支持软件指对计算机系统功能提供支持、对系统应用软件提供支持、商品化的软件。

1)网络软件。如 TCP/IP,NFS,SQL 等。

2)网络管理软件。如 Sun Net Manager。对于大型远程网及局域网的管理,还要考虑用"企业网络管理(ENS)"等技术。在更大的范围,要考虑"指挥自动化系统集成"策略,使指挥自动化系统集成为一个整体,这要靠网络技术标准及一系列其他标准来保证。

3)数据库管理系统。数据库管理系统的选择与指挥自动化系统功能紧密联系,一般应考虑:兼容性(系统内配置的数据库之间的互通与外部数据库系统的兼容等)、分布性(系统内及系统间数据库的分布特性)、安全保密性,以及与图形、图像、语音、文电等的结合使用问题。

虽然关系式数据库已有 SQL 语言标准,但各公司的 DBMS 产品却很难保证兼容,若性能上没有明显的差别,最好不要改型号。因此,在指挥自动化系统中,按照有关的规定,可以采用关系模式和 SQL 标准语言,采用 Client/Server 结构的分布式数据库,建议选用 Oracle 中文版数据库管理系统。

4)文电编辑处理软件。是指已可购入并纳入文电系统的字处理软件,它应符合人们普遍使用的习惯、输入手段;编辑功能强,界面友好,好学好用,还应具有通用的文电处理功能,如文电起草、发送、接收、管理、安全可靠传输等。因此,在指挥自动化系统工程中,可选用在 Windows NT下的中文 Word 字处理软件。

5)图形处理开发软件。数字地图、地理信息系统和图形生成、图形显示等支持软件,应考虑选择符合国军标的要求,有利于被指挥自动化系统间的移植和显示使用。如 GKS, CGICGM 等标准,以便按此标准对数字地图、态势图文件进行读取、识别和显示;也应考虑符合具体的指挥自动化系统对数字地图的技术使用要求,如有利于建立地理信息系统,有利于多幅图的拼接显示,有利于数字地图文件的存储、管理和传输等。同时,还可以利用 Windows 2000 和 Visual C++语言本身的 SDK 所具有的图形、图像开发软件。

(4)软件开发工具。系统开发过程中,应尽量选用适宜的软件开发工具。软件开发工具的选择一般要考虑以下几点:

1)开发工具要与计算机操作系统相适应;

2)提高编程、调试效率;

3)提高系统开发效率、减少系统资源的开销等。

2. 应用软件及其分类

应用软件主要为实现作战指挥功能服务,以及为完成作战指挥所需要的各项保障功能提供支持。按照结构划分,应用软件由共性应用软件(如文电处理软件、图形处理软件、数据库应用软件、系统监控软件等)、专用应用软件(如多源情报综合处理软件、指挥控制软件、辅助决策软件等)、测试维护软件和操作培训软件四部分组成。

(1)共性应用软件。共性应用软件是指在系统各台(位)上具有通用性功能的应用软件。指挥自动化系统中的共性应用软件主要包括文电处理应用软件、数据库应用软件、图形图像处理应用软件、系统监控应用软件、安全保密应用软件等。这里主要从如何应用的角度分别对其进行功能和接口描述。

1)文电处理应用软件的应用功能。文电处理功能是指挥自动化系统内各级指挥所和业务中心均需配备的一项共性应用功能。它主要用于在指挥所各要素内,与上、下级指挥所之间进行信息交换的手段。文电处理应用软件的主要功能包括文电起草、发送、接收、存储管理、安全保密等功能;文电正文应有字符类、图形类、格式数据类及混合类等;文电处理还应具有人—机交互和程序接口两种工作方式。

2)数据库应用软件的功能。数据库应用软件的功能主要包括存储战术技术数据的关系表,设计和人—机界面视图设计,以及数据库的使用(数据录入、数据更新、数据础除、数据检索等)、数据库的维护(日志软件、数据库恢复、数据库备份、数据库操作统计等)、数据库使用管理等。数据库的使用应具有人—机交互方式和程序接口方式。

3)图形图像处理应用软件的功能。图形图像处理应用软件的功能主要包括图形和图像输入、识别、编线、存储、显示输出、打印及绘图等;态势图标给、管理、传输和显示功能;地理信息库的建立、信息提取、查询和统计功能。

4)安全保密应用软件的功能。安全保密应用软件的功能主要包括信息存储、备份、签名权限)中的安全保密等。

5)系统监控应用软件的功能。系统监控应用软件对系统配置的硬件和软件作业的运行情况、主要数据传输路径的畅通情况等进行收集显示,并具有一定的控制功能,如功能降级、部件切换等功能。

(2)专用应用软件。专用应用软件主要指完成战术功能的应用软件。根据对战技指标和系统实际需求的分析,结合以往系统研制的经验,指挥自动化系统中的专用应用软件由指挥控制,情报处理和业务处理等几部分构成。

1)指挥控制软件的构成及功能。指挥控制软件的构成包括战备值班。指挥控制软件的功能是指对作战武器的控制和作战指挥为指挥决策提供工具、作战业务、作战辅助决策和军事训练等,其中作战辅助决策是为指挥员指挥决策提供可行的决策或提供战术训练模拟手段等。

2)情报处理软件的构成及功能。情报综合处理是指挥自动化系统的主要任务之一,是作战指挥和管理的基础,其目的是将辖区内的各种情报(如雷达情报、技侦情报、部队侦察情报等)信息进行综合处理,产生战场态势和威胁估计信息,及时准确地为指挥员提供决策依据。情报综合处理软件的功能包括情报的接收和处理(情报预加工、内加工、人工干预和情报输出等)、目标识别和威胁估计等。

3)业务处理软件的构成及功能。指挥自动化系统各级指挥所及其他物理节点均有大量的业务处理要求。在内容上有各军种及各兵种的协同作战业务处理;机关作战保障业务处理、管理业务处理及其他业务处理等。

(3)测试维护软件。指挥自动化系统中各节点所配置的软、硬设备和网络系统的实时状态的测试、维护,以及对系统工作状态的动态调控,都通过监控系统来实现。在监控系统中配置的及由监控软件控制的系统软件包括如下内容:系统状态的动态收集和显示软件,系统状态的定时检测和显示软件(本软件配置在监控系统中,定时向所监视的系统主要配置部件发送检查码,以对其进行定时测试,依应答信息判决测试部位的当前状态并显示出来。测试软件也可根据需要由人工干预启动,进行检测),以及系统生成及再组合调度控制软件。系统维护人员根据上述对系统各主要配置状态参数的收集和定时动态检测的显示结果,决定对系统的故障部位进行维修或确定改变系统的当前状态,包括维持系统的功能(全功能、主要功能、部分功能)进行的再组合控制,需要通过系统生成及再组合调度控制软件来完成。

对系统监控的使用采用人—机交互和程序调用两种方式。

(4)操作培训软件。操作培训软件是为部队各类操作人员提供使用说明书,通过各工作台(席)位学习使用命令,能把相关的操作使用说明在工作台上显示出来,它包括如下内容:辅助使用学习软件(文电命令使用学习软件、数据库使用学习软件和情报处理使用学习软件、业务处理使用学习文件、工作人员使用水平评估软件)、系统功能介绍和显示说明软件(系统组成介绍显示、系统功能介绍显示、系统监控介绍显示、系统工作方式介绍显示、系统维护方式介绍显示等)。

6.3.2　防空指挥自动化指挥控制系统应用软件的结构模型

1. 系统应用软件的结构模型

指挥自动化系统应用软件是一个比较复杂的软件系统，按使用环境可将作战应用软件分为战时的作战应用软件和平时的作战应用软件；按作战指挥自动化系统的分系统组成，则可将其分为五个分系统，即指挥控制与辅助决策分系统、情报侦察与战场监视分系统、通信组织与机要保密分系统、战勤保障与后方指挥分系统、频谱管理与电子对抗分系统。每个分系统在各自的数据库支撑下实现面向数据的作战应用，在通信网络和通信协议的支撑下实现面向过程的作战应用和信息交换。在一个指挥自动化系统内部的五个分系统之间通过局域网进行信息交换，在不同指挥自动化系统相应分系统之间通过远程网进行信息交换。

按软件的实现方法，可将指挥自动化系统的应用软件分为面向数据的应用软件和面向过程的应用软件。

2. 面向数据的作战应用软件的结构模型

面向数据的应用软件是指挥自动化系统应用软件的一个重要组成部分，所有的部队状态管理、武器装备性能管理、后勤物质器材管理、作战计划管理、各种作战业务处理、战役战术计算方法等都是面向数据或面向数据库的应用软件。

面向数据的应用软件，把数据作为独立的资源，作战应用功能的实现是应用软件对这些数据的操作过程的结果。这里的数据包括软件运行前已经装载在各类数据库中的基础数据和软件运行过程中派生出来的数据。所以，面向数据的应用软件结构模型包括两个基本部件：数据和过程。这里的过程是建立在数据之上的一种操作，不同的操作就实现了不同的功能。指挥自动化系统面向数据库的作战应用软件有建立在对基础数据之上的过程操作（称为基本过程操作）而实现的功能，称为基本功能，例如各类信息检索、查询、统计、制表、绘图等等；也有建立在对基本过程上的过程操作（称为复杂过程操作）而实现的功能，称为综合功能，如各类作战预案生成，作战方案决心报告、作战计划建议等。

面向数据的应用软件的实现关键，在于根据战术技术指标和功能需求分析每一功能的实现过程及每一过程关联的数据实体，建立起正确的过程字典和数据字典。有些系统建成后应用效果好，而有些系统应用效果不好，重要的是看基础应用是否灵活。只有基础应用灵活，综合应用系统才具有较强功能。

3. 面向过程的作战应用软件的结构模型

指挥自动化系统应用软件的极为重要的一部分是面向过程的软件，如实时情报接收与处理、对海实时指挥与引导、对空实时指挥与截击引导、实时态势图形处理、目标指示与武器控制等。上述这些软件的处理对象是实时信息，要求这些软件按一定的方式获取、按一定的规则处理、按一定的通信协议传输。这些软件的工作过程是按事件发生的过程来进行的。所以，称其为面向过程的作战应用软件。

面向过程的作战应用软件的结构模型实质上是实时信息处理系统的软件结构模型。这类软件设计的基础是信息流程，根据功能和指标要求，根据每一类信息的流程，就能方便地构造软件结构。雷达信息处理和指挥中心监控信息处理是指挥中心两个典型的实时信息处理系统，它们都有若干个模块组成，每一个模块的输入信息又是一个模块的输出信息，一环紧扣一环，一直到信息处理结束。面向过程的软件结构就是每一个模块结构的组合。虽然，有些面向过程的应用软件也需要数据库支撑，但这种支撑往往是从数据库中调用某一公式、函数及模型等，而不是直接对数据进行操作。

6.3.3 防空指挥自动化指挥控制系统应用软件开发的要求

1. 对应用软件开发的基本要求

指挥自动化系统的各项任务功能最后主要通过应用软件来实现。因此，对应用软件的开发要有清楚的指导原则、明确的实现目标和科学的开发方法。

(1)应用软件设计应根据战术技术指标的要求，以满足用户使用需求为目的，立足现实，注意实用；有限目标，逐步发展；不断完善，渐进成型。

(2)应用软件的设计要贯彻“以战为主，平战结合”的原则；各模块的设计既要考虑保证作战指挥功能的实现，又要考虑和平时期部队管理应用的大量工作的需要，使系统建成后能较好地发挥应用功能。

(3)用软件工程的方法和技术开发应用软件，提高软件开发的质量和效率。

(4)应用软件应采用模块化结构，人—机界面友好，方便指挥人员使用。

(5)加强软件开发的文档管理，所有的程序、工具、数据资源(含图形)的全部文件应集成于信息库中，由信息管理系统进行统一管理，该管理系统是开放的，允许加入新的工具。

(6)应充分利用已有指挥自动化系统应用软件的成果，尽量减少低级的重复劳动。

(7)按有关国军标要求，分阶段实施应用软件的设计和开发等。

2. 开发阶段划分

指挥自动化系统应用软件的开发应根据军用软件开发规范要求进行。具体来说，应用软件的开发生命周期包括系统分析和软件定义、软件需求分析、软件设计、程序编写、集成联试、软件功能和指标测试及运行维护等几个步骤，其中每个设计阶段要经评审通过后才能转到下一阶段即编程和集成阶段要经考核通过后才能转入下一阶段。

3. 应用软件的评测和管理

(1)软件开发阶段成果测试。在应用软件开发的每个阶段，应按软件工程的要求进行软件测试和评审。

测试内容包括功能测试和性能测试。其中，测试计划、测试用例、预计测试结果和实际测试结果应进入软件工程管理信息库。

(2)软件配置管理。对应用软件应进行配置管理和版本管理，对各个指挥自动化系统中的每个工作台和服务器配置的应用软件功能模块及版本情况进行登记。

版本管理的内容包括：

1)模块版本管理；

2)席位集成级版本管理；

3)物理分系统集成版本管理。

(3)软件文件管理。按国军标要求，软件的设计、编程、调试、集成、联试、考核的全过程情况都应认真记录，记入文档。在软件开发各阶段测试评审和软件考核的同时检查文档编制情况。

1)软件需求设计文件的生成和评审。需求设计应反映用户对软件功能的需求和技术实现分析，列入可能实现的内容，其依据是战术技术指标。需求设计文件必须经过评审通过后，才能作为下一阶段的软件设计的依据。需求文件评审应包括格式上的标准化检查和内容上的专家评审。该阶段应提交两份报告:即软件需求说明和软件需求说明评审意见。

2)软件概要设计文件的生成和评审。概要设计应反映软件功能在技术上的实现方法,如采用的技术原理、数学方法、接口要求等。其设计的主要依据是软件需求说明,概要设计文件也必须经过评审,才能作为下一阶段的软件设计的依据。该阶段要提交的文件包括软件概要设计说明、数据库设计说明、软件概要设计说明评审意见、数据库设计说明评审意见。

3)软件详细设计文件。详细设计是软件功能的具体技术实现设计,设计文件包括软件详细设计说明、软件接口设计说明、软件模块实现框图、软件作业集成文件。

4)软件开发阶段文件。软件开发阶段文件包括软件调试记录、软件模块调试报告、软件组装测试报告、软件原文件和目标文件版本管理、软件文件和接口文件修改记录、软件操作手册、软件维护手册。

5)软件运行阶段文件管理。软件运行阶段文件管理包括软件运行记录、软件故障排除记录、软件功能及修改记录等。其依据主要是软件概要设计说明。

6.4 防空指挥自动化指挥控制系统软件的开发与实现

6.4.1 防空指挥自动化指挥控制系统软件开发面临的问题

指挥自动化系统是以现代计算机为核心,包容了大量电子设备的综合电子信息系统,要实现系统的信息处理和指挥控制基本功能,软件必须具备以下 5 个新特征:

(1)实时高速。这是首要和基本的。因为瞬息万变的复杂战场变化信息,从获取、传输,到处理分析、形成方案,再到指挥控制作战对象,每一个环节都需要以最快的速度来完成。有些应用问题算法的时间复杂性和空间复杂性十分强,除了需要硬件的高速支持能力外,软件的高效性也是非常重要的方面。软件的实时能力主要反映在操作系统的实时任务调度机制的效率、算法效率和端口输入输出软件效率上,它们构成了系统的反应时间指标。

(2)满足容量。现代复杂的战场环境不仅包含各种电磁辐射源产生的大量信息,而且包含大量的指挥控制对象。在硬件海量存储器的支撑下,软件必须具备对大容量数据的处理能力。主要反映在操作系统的寻址空间、对数据的检索能力上。

(3)多项功能。主要反映在战术指标方面,它由系统类型和级别来确定。但从军用信息完整的信息加工过程上看,各类信息基本都包含信息获取、信息接收和发送(人工干预)、数据处理、辅助决策、信息显示、指挥控制等功能。如空军防空指挥引导系统的软件功能包含雷达数据获取、传输、综合、分发,目标识别,威胁估计,出动机场选择和兵力计算,全过程截击引导指挥,数据记录和方案重演等功能。

(4)人在环中。在指挥自动化系统中,人不仅要参与指挥决策,还要在指挥决策中起主导的作用。这是因为计算机及其外设、传感器、通信设备、武器装备的技术发展水平还未达到能使系统独立于人而成为完全自主工作的系统。战勤人员是系统中很重要的一环。因此,在软件设计上要充分考虑人的指挥素质、作战素质、文化素质,甚至社会心理素质对系统的工作所产生的影响。

(5)趋于智能。系统的智能化,就是要软件能够模拟人的某些智能活动,如推理、学习、联想、理解自然语言、制定行动计划，以及问题求解、感知、创造等。目前，智能计算机虽未达到实用化的水平，但某些技术已可应用于指挥自动化系统，作为感知战场态势、判定作战方案等功能的重要组成部分。

从指挥自动化系统应用软件的新特征可以看出，软件的规模大，复杂性高，不确定因素多，实时性要求强。软件要能适应环境的变化，具有很高的可靠性。因此，软件的设计开发过程十分重要。近几年来，国防科研项目的主管部门，日益重视软件的研制开发过程和软件质量，促使科研单位在软件结构和设计方法学上采用了一些基本的原则和方法，如模块封装、数据抽象、E－R模型、数据流方法等，来进行软件开发工程化的尝试。但软件迫切需要解决的问题，如生产效率低下、软件可扩充和复用能力差、难以维护等，并未从根本上获得解决。指挥自动化系统软件开发面临的新问题主要反映在以下方面：

(1)用户需求的渐进完备性使软件整体构架需要不断修改，而系统研制开发周期又不允许需求的反复变化，因而导致在软件设计初始阶段就可能隐含功能上的缺陷，最终因整体构架无法再修改，可能使某些功能不能满足用户的需要。这种情况往往反映在用户功能界面设计开发中，更集中在人的操作、决策活动方面。

(2)在结构化的软件设计中，虽然大量使用了模块化方法，但由于设计者对原始应用问题理解程度不同或设计水平上的差异，使得软件模块的分解、组合和理解无法真正得以控制。最后，软件集成工作很难做，需要修改接口或打“补丁”，破坏了软件结构的整体性。

(3)由于技术上和管理上的原因，软件复用问题没有得到实质性的解决，不同指挥自动化系统中功能相同的软件大量的重复开发，不仅浪费了多种资源，而且软件设计编程的技术并没有得到提高。

(4)长期以来，软件设计开发文档资料和软件编码是完全独立的，系统的维护无法真正脱开软件的设计者和编程者，而且，软件的持续性很差，一旦某项软件的技术人员离开，他人是很难接替其工作的。

不论采用何种方法和各类工具，到目前为止，指挥自动化系统软件从定义、开发、维护直到报废，结束其寿命，都要经历可行性研究与计划、需求分析、概要设计、详细设计、编程、组装测试、系统联试、交付运行和维护8个阶段。这些阶段构成了软件的生存周期。软件工程主要体现在需求分析、概要/详细设计、软件编程和测试等阶段所采用的方法和工具。在现行的方法中，比较流行的是面向对象技术及其相关的构件化开发方法。下面探讨如何解决软件开发所面临的问题。

(1)解决适应用户需求易变的问题。应用面向对象技术可以解决在需求分析中灵活变更软件整体构架的要求，给设计者一个更大的自由空间，使之能仔细做好应用领域分析，设计出独立于用户界面的软件构架，具有很好的可适应性和扩充性，不仅能满足当前条件下用户界面上的功能需求，而且能支持可以预见的较长的生命周期。在已有需求分析的基础上，要进行结构合成和精化，初步确定系统功能，形成初始的软件系统结构，并同步进行原型开发。原型开发期间，结构要保持相对稳定性。原型开发评价由用户参与，尽可能提出改变系统结构的要求，从而返回到结构精化阶段对结构进行修改。当结构改变时，原来已实现的原型系统各个部分都要随之作相应的变更。经过一系列这样的反复，软件系统结构的设计就趋于成熟了。

(2)解决软件模块划分的问题。模块划分的目的，一是进行功能分解，把复杂的大功能划分成简单的小的子功能，尽量降低每个模块的成本；二是尽量使模块间的接口不能太多，否则会使接口的成本增加。要求两者达到某种平衡,使总代价最小。由于指挥自动化系统结构复杂,功能繁多,如何确定模块的大小和数量,传统的结构化设计方法难以满足这个要求。系用对象技术,按照主体—动作工作方式,以主体数据为中心进行模块设计,以数据上的操作作为界面,构成所谓对象模块。对象模块具有完整的语义特征,便于理解;具有较高的通用性和可适应社,易于扩充修改;具有规范的界面接口,易于构造组装。

(3)解决软件上复用效率低的问题。探讨指挥自动化系统的本质,可以发现其中通常包含3类成分:①通用基本构件是特定的计算机系统的构成成分,如基本的数据结构,用户界面元素等。它们可以存在于各种指挥自动化系统中。②领域性构件是系统所属领域的共性构成成分,它们存在于各种指挥自动化系统中,如坐标变换、图形变换、规格化函数等;③应用专用构件是不同种类指挥自动化系统的专有构成成分,系统开发中的重复性劳动主要在于前两类构成成分的重复开发。

解决指挥自动化系统软件复用问题的方法是建造一个适用于用户旨意的、含义鲜明的、语义透明的可复用的应用软件框架,以适应不同问题领域中的多种求解方案。同时还要使框架主动适应用户的问题需求,需要建立知识模型库、领域共性构件库,并决定使用框架模型响应用户的需求,保证框架模型在系统中的一致性。这样就可以解决软件开发中的重复劳动问题,充分利用过去系统开发中积累的知识和经验,如需求分析结果、设计方案、源代码、测试计划及测试案例等,从而将开发的重点集中于不同类型系统特有的构成成分。

(4)解决软件维护困难的问题。解决软件维护问题的有效方法,是在软件分析、设计、编程和测试各阶段采用同样的模型,采用螺旋式循环往复的工作方式,以保证系统结构的协调一致性。利用对象技术的所有方面,如封装、继承、多态性、延迟绑定等机制,可以使软件的维护工作变得更为可靠和有效。使用某些有效的软件工程文档生成工具,可以极大地改善维护后设计和编码的同步性。

6.4.2 防空指挥自动化指挥控制系统应用软件建模方法

1. 防空指挥自动化指挥控制系统软件建模的基本框架

防空指挥自动化指挥控制系统的战术功能主要是通过指挥控制软件来实现的,因而指挥控制软件的开发与设计对整个防空指挥自动化指挥控制系统的性能起着至关重要的作用。防空指挥自动化指挥控制系统作为一个特殊的大型信息系统,其结构复杂、规模大、涉及面广,可靠性要求高,软件开发必须通过军事指挥人员、软件开发人员、军事理论专家等人员的密切合作才能完成。同时随着现代高技术战争的发展,防空指挥自动化指挥控制系统指挥控制软件必须要具有开放性和可重用性,以适应千变万化的战场环境和日新月异的武器系统。因而在指挥控制软件的开发过程中,系统建模的作用尤其重要。科学、高效的建模方法不仅能够使各类人员更好地理解系统和互相沟通,保证系统分析、系统设计及系统维护的一致性,也能对系统的体系结构进行控制,提供简化和复用的机会,同时也能降低风险。

对软件系统进行建模通常有两种方法:面向过程的方法和面向对象的方法。其中前者是从算法和过程的角度进行建模,用过程或函数作为其主要构造块,这种方法导致开发人员把精力集中在控制流程和大的算法的分解上,模型可重用性差,难于维护和修改;而后者是从面向对象的角度进行建模,用对象或类作为主要构造块,这种方法以更接近人类思维的方式建立问题域模型,使设计出的软件尽可能直接地描述现实世界,构造出模块化的、可重用的、可维护性好的软件，同时限制软件的复杂性和降低开发维护费用。面向对象建模的方法已成为软件开发的主流部分。而统一建模语言 UML 是 OMG 组织确定的标准面向对象建模语言，它是一种定义良好、易于表达、功能强大且普遍适用的建模语言。UML 使用面向对象的概念来分析、描述软件系统并构造系统模型，是一种在大型复杂系统的建模领域中得到认可的优秀的软件工程方法。在此介绍采用 UML 对指挥控制软件进行建模的方法。

UML 通过提供不同形式的图形来表述从软件分析开始的软件开发全过程的描述，一个图就是系统架构在某个侧面的表示，所有的图组成了系统的完整视图。UML 的重要内容由下列五类图（共 10 种图形）来定义。

(1)第一类是用例图（Use case diagram），从用户角度描述系统功能，并指出各功能的参与者。

(2)第二类是静态图（Static diagram），包括类图、对象图和包图。其中类图描述系统中类的静态结构。对象图是类图的实例。包图由包或类组成，表示包与包之间的关系。包图用于描述系统的分层结构。

(3)第三类是行为图（Behavior diagram），描述系统的动态模型和组成对象间的交互关系。其中状态图描述类的对象所有可能的状态及事件发生时状态的转移条件。而活动图描述满足用例要求所要进行的活动及活动间的约束关系，有利于识别并行活动。

(4)第四类是交互图（Interactive diagram），描述对象间的交互关系。其中顺序图显示对象之间的动态合作关系，它强调对象之间消息发送的顺序，同时显示对象之间的交互；合作图描述对象间的协作关系，与顺序图相似，显示对象间的动态合作关系。除显示信息交换外，合作图还显示对象及它们之间的关系。

(5)第五类是实现图（Implementation diagram）。其中构件图描述代码部件的物理结构及各部件之间的依赖关系。它包含逻辑类或实现类的有关信息。配置图定义系统中软、硬件的物理体系结构。它可以显示实际的计算机和设备（用节点表示）及它们之间的连接关系，也可显示连接的类型及部件之间的依赖性。

采用 UML 对软件系统进行建模，就是用上述的五类图将软件开发过程中的各个步骤可视化出来。由于 UML 仅仅是一种建模语言，而不是一个标准的开发过程，它完全独立于开发过程，因而在实际的运用过程中，必须要同一定的软件开发过程结合起来。但仅从面向对象分析设计的角度考虑，软件建模的一般过程是首先描述需求，次之根据需求建立系统的静态模型，以构造系统的结构，第三步是建立动态模型，描述系统的行为。UML 分别提供不同的图来实现上述建模需求，其建模的基本框架如图 6.7 所示。

其中，UML 提供用例图、类图（包括包图）、对象图、构件图和配置图等六种图来描述系统的结构，这些图构成了标准建模语言 UML 的静态建模机制。而状态图、活动图、顺序图和合作图四种图则用于描述，或者可以执行，或者表示执行时的时序状态或交互关系，构成了标准建模语言 UML 的动态建模机制。

由图 6.7 也可以看出，使用 UML 建模语言对系统建模也可以是一个反复迭代的过程，发现需求、静态建模和动态建模都是相互影响，相互作用的。初步的需求可以进行静态和动态建模，在对系统进行静态和动态建模时，还可以进一步捕获需求，再进行建模，如此迭代递增。实际上，UML 建模语言的作者们给出了适应于 UML 的推荐性建模过程指导——统一软件开发过程 RUP，即是以用户需求为驱动、体系结构为中心、迭代和增量的软件开发过程。

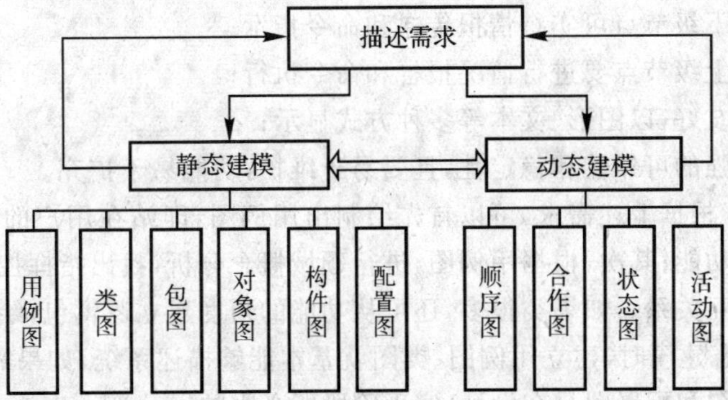

图6.7　UML建模基本框架

2. 基于UML的防空指挥控制软件建模方法

防空指挥自动化指挥控制系统是一个分布式的复杂人—机信息系统。由于战场信息瞬息万变，防空指挥控制系统必须要具有很强的实时性，因而作为防空指挥自动化指挥控制系统开发核心的指挥控制软件要具有很强的信息处理能力，同时要具备分布性，并行性能力，才能满足防空指挥自动化指挥控制系统的性能要求。UML的建模能力比其他面向对象方法更强，不仅适合于一般系统的开发，更擅长于并行、分布式系统的建模，因而采用UML对指挥控制软件进行建模是一种有效的手段和方法。

应用UML开发应用系统基本框架来对防空指挥自动化指挥控制系统中指挥控制软件进行建模，首先要进行需求分析，理解防空指挥自动化指挥控制系统所需要完成的功能及其软件要达到的设计目标；其次要进行静态建模，用UML的静态图描述指挥控制软件的功能、类及其相互间的联系；最后，进行动态建模，用UML的动态图描述防空指挥自动化指挥控制系统指挥控制软件中对象之间的交互关系。

UML作为一种优秀的建模语言，适用于软件开发过程的需求、分析、设计、编码测试等各个阶段，下面我们将以初始分析阶段为主，用UML对指挥控制软件开发进行建模。

(1)理解需求。指挥控制系统是为指挥员和指挥机关的决策指挥自动化而建立的，其主要目标是提高作战指挥的快速反应能力和决策的智能水平。而指挥控制软件的设计目标是从系统战术技术需求出发，设计满足战术技术指标和操作方面的软件系统，并具有维护、修改和扩充能力。

防空指挥自动化指挥控制系统指挥控制软件的战术基本功能是情报融合处理功能和辅助决策功能，同时还需要满足一些支持功能，如图形、文字显示功能，维护管理功能等。综上所述，防空指挥自动化指挥控制系统对指挥控制软件的基本需求：

1) C^2 系统是一个分布式复杂大系统；

2)由传感器及其他情报来源获取情报数据；

3)指挥控制节点对情报数据进行数据融合，进行数据的识别、变换、跟踪处理，以及战场态势估计、威胁估计等，产生态势、威胁要素信息；

4)对态势要素、威胁要素、决策要素等进行分析评估，并提出多个备选决策预案，供指挥员选择；

5)指挥员可对决策过程进行人工干预,并最终决定决策方案;

6)上级节点对下级节点可实行情报传递和命令指示;

7)下级节点对上级节点要进行情况报告和命令执行;

8)人—机界面友好,以图形、文本等多种方式显示;

9)系统要有较强的可靠性和稳定性,且要易于维护,功能易于扩充。

(2)静态建模。根据上述需求,可以首先绘制出用例图,即站在用户的角度上理解指挥控制系统所要完成的功能;其次,根据用例图,进行领域概念分析,找出指挥控制软件中概念性的类及它们之间的相互关系。如果类很多,还可从功能的角度建立逻辑包,绘制包图。在分析阶段用 UML 进行静态建模时,建立用例图、类图就基本能够描述系统,如果需要,也可建立包图和对象图。而构件图和配置图是在设计、实现阶段所必需的。

对一个分布式的三级防空指挥控制系统,从用户的角度来看,其指挥控制软件首先要能进行情报获取,即能够接收传感器、上级节点、下级节点的各类信息。其次,作为本级指挥员,该指挥控制软件应能完成数据融合、方案生成、预案分析、指令干预、指挥决策等功能。综上所述,其用例图如图 6.8 所示。

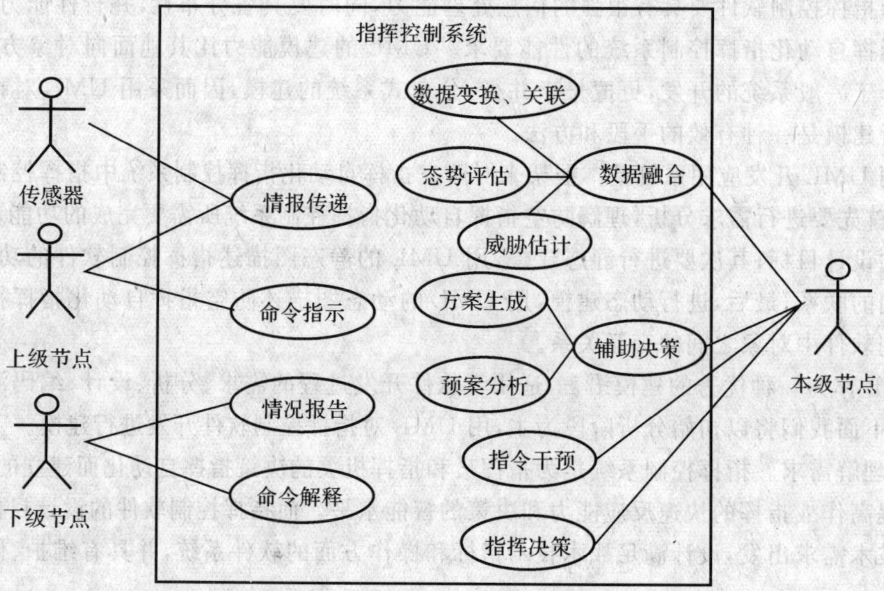

图 6.8 指挥控制软件的用例图

根据用例图,可以分析出指挥控制系统软件的领域类有传感器类、情报类、数据融合类、辅助决策类、态势类、命令类、上级节点类、下级节点类、指挥员类等。其类图如图 6.9 所示。

其中,传感器类具有位置、类型、状态等属性,并可对自己获取的情报进行一定的操作。情报类主要能够以统一的格式描述从传感器获取情报信息,具有情报来源,情报类型,情报内容等属性,也可对情报进行修改、删除、加入等操作。数据融合类利用各种算法,对情报进行三级处理,分别为情报数据的识别、变换、跟踪处理、态势估计处理和威胁评估处理。态势类纪录数据融合类的融合结果,具有态势元素类型、敌我标识、态势元素状态、范围、数量等属性,并可对态势元素进行加入、删除、修改等操作。辅助决策类实现方案生成、预案分析等功能。命令类具有命令标识、来源、类型、命令内容等属性，它包括上级指示命令、人工干预命令、指挥命令、继承命令类。

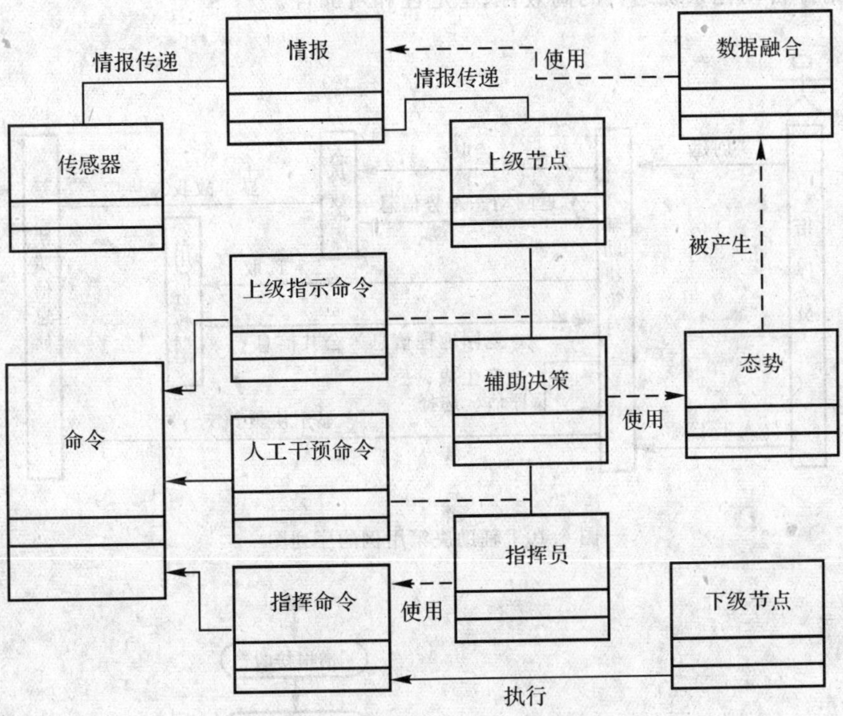

图 6.9　指挥控制软件的类图

(3)动态建模。在对指挥控制软件进行动态建模时，根据用例图和类图，可首先建立序列图。从每一用例的角色出发，找到与其交互的对象及其之间的消息传递。例如，对于辅助决策用例，与其交互的对象有指挥员对象、态势数据库对象、公用信息数据库对象及态势显示对象等。指挥员对象创建辅助决策服务器对象，后者读取态势数据库对象、公用信息数据库对象的数据，进行辅助决策，显示决策预案，指挥员可根据显示信息，进行人工干预。其序列图如图 6.10 所示。其次，建立活动图，描述操作的实现流程。图 6.11 显示了指挥控制系统的活动图。

在对指挥控制系统进行需求分析的基础上，建立的指挥控制系统的静态模型和动态模型，将指挥控制系统的各种要素、事件和活动，分别在时间和空间上进行了清晰的描述，为指挥控制软件的开发奠定了良好的基础。

采用 UML 对指挥控制软件进行建模，可以将复杂的指挥控制系统用简单明了的可视化图形表示出来，对整个指挥控制软件的开发提供了灵活、一致、易读的表达。不仅可以解决指挥控制软件开发中众多领域人员之间难以互相交流理解的难题，为系统的分析、设计、维护及扩展提供了有利的条件，还可提高系统的可重用性和可维护性，具有广泛的应用前景。

指挥自动化系统软件是专门为作战指挥信息系统设计的功能软件。必须把软件开发放到系统建设的首位。要以军事需求牵引作战应用软件，以作战应用软件带动系统软件和工具软件、以满足软件工程化环境来构思系统建设，才能使系统达到预期的建设目的和战术技术指标。虽然，软件分析、设计、编程、测试的方法和工具很多，但要使用适合于指挥自动化系统软件研制开发的方法和工具，同时，还要从技术和行政两方面加强软件质量保证体系的建设和管理，以确保指挥自动化系统运行的高效性、稳定性和可靠性。

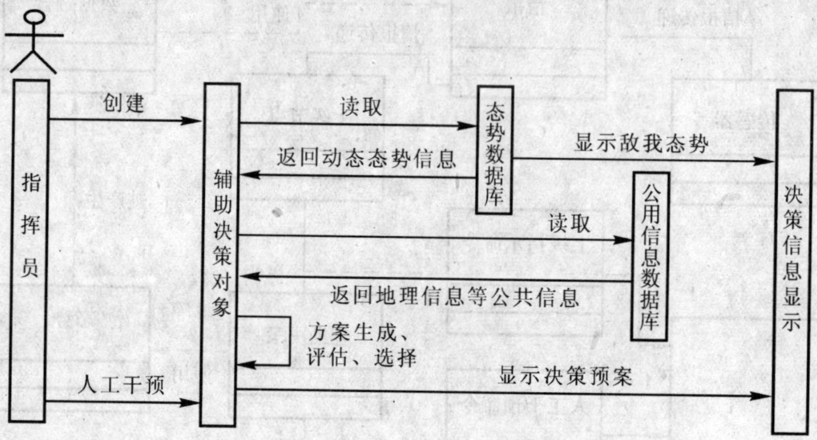

图 6.10 辅助决策用例的序列图

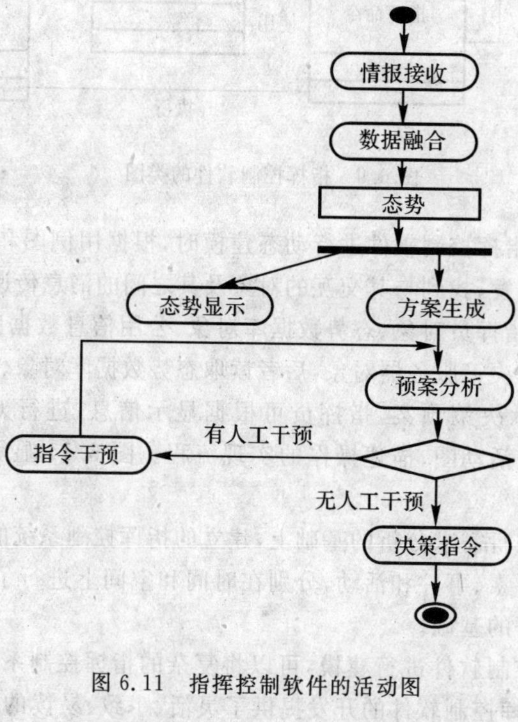

图 6.11 指挥控制软件的活动图

6.4.3 防空指挥自动化指挥控制系统软件的开发方法

近年来，民用技术和高技术在防空指挥自动化（即防空指挥自动化指挥控制系统）系统开发中的应用不断增加，硬件设备的功能和质量在不断提高，而价格却不断下降，与硬件投资相比，软件特别是应用软件在防空指挥自动化指挥控制系统开发中的投资比重越来越大，逐步变成决定性的要素。软件开发的质量从根本上影响着系统指挥效能的发挥。而高度自动化和日趋智能化是防空指挥自动化指挥控制系统的必然发展趋势，如何在有限的财力、物力和人力下，在较短的时间内开发出高质量的防空指挥自动化指挥控制系统软件是一个值得研究的问题。防空指挥自动化指挥控制系统中软件的开发应遵循软件工程开发的一般方法，但因其任务本身的特殊性，又有其特殊之处，我们在几年的防空指挥自动化指挥控制系统应用软件开发过程中积累了一些经验，并总结出一些行之有效的方法。

1. 系统工程法

防空指挥自动化指挥控制系统是多理论、多层次、涉及面广、结构复杂、构成元素种类和数量繁多的复杂的人—机系统，其应用软件开发量较大，涉及多传感器的信息采集与处理、网络通信、兵力与武器控制，以及军事指挥、组织与管理等方面[2]。从系统论的角度出发，要搞好防空指挥自动化指挥控制系统的软件开发必须采用系统工程法。系统工程的核心是追求全局和整体最优，实现这一目标，就要用系统工程法进行总体论证和整体设计，明确标准规范，从而保证系统总体功能大于各部分功能之和。从系统的目的性、整体性看，进行防空指挥自动化指挥控制系统软件开发应坚持以使用部门为主导、以软件需求为牵引、以目标为驱动的原则，以保证系统的目的性。在系统分析、规划和设计时，应坚持自上而下的原则，以保证系统的整体性。因此，系统工程法是防空指挥自动化指挥控制系统软件开发的基础。

2. 软件集成法

信息系统集成技术是在开放环境下利用标准化的系统元素根据整体优化原则，一体化地进行信息系统的设计与实现的技术和策略。狭义地说，信息系统的集成则是专指计算机部分的集成，如硬件平台的集成、软件平台的集成、数据平台的集成和应用软件的集成等。信息软件平台的概念已经发展为将操作系统及其外部接口（用户操作接口、网络通信接口、应用程序接口）融为一体的集成化的软件平台。

由于防空指挥自动化指挥控制系统软件开发是一项研制周期较长、费用较高、实现技术复杂的信息工程，而民用软件平台产品因受市场经济规律支配，研制周期短，技术发展快，因而采用成熟的民用软件平台，实现民用软件技术和军用软件技术的互相渗透、互相促进和取长补短，这样可以加快防空指挥自动化指挥控制系统软件的研制周期，节约研制经费。当然需要总体规划和详细论证，在考虑民用软件平台先进性的同时，必须注意软件平台产品的商品化程度、市场占有率、标准化系列化模块化的情况和用户的投资强度等因素，从而在先进性和可行性之间采取折中的办法。比如体系结构选型是防空指挥自动化指挥控制系统集成的首要环节，在各种平台模式中，显然客户机/服务器（Client/Server）模式特别是在技术上比较成熟的C/S集中服务模式是当今信息系统平台选型的主流模式，也是防空指挥自动化指挥控制系统的首选模式。软件集成平台中，操作系统是软件平台的核心，在C/S环境下，网络操作系统的功能和性能在很大程度上决定了整个系统的应用水平，因而是重点考虑对象。从应用环境、操作能力、支持协议、安全性、兼容性、成熟性和市场占有率等因素综合考虑，可选择UNIX或Windows NT等，选择较为先进的应用程序开发语言VC＋＋，VJ＋＋，Ada及通信支持软件等等。

随着一些防空指挥自动化指挥控制系统的开发成功和装备部队，为后续防空指挥自动化指挥控制系统的研制，特别是软件的开发提供了许多借鉴。有些先进、实用的软件模块或软构件可以重复利用,这样可以减少运转费用和缩短开发时间。例如美空军防空指挥自动化指挥控制系统——目前正在服役的联合监视系统——是在“赛其”“贝克”系统的基础上发展起来的,充分吸取了这两个系统的经验和教训。

总之,通过各种通用的、先进的支撑软件,可重复使用的军事软件及管理支援工具的综合利用,不仅可以提高软件生产能力,有利于互通、管理维护和节约经费,而且还有利于集中精力开发数据融合、防空指挥辅助决策等高难度的应用软件,提高应用软件的开发质量。

3. 渐进获取法

“渐进获取法”是近年来西方军事部门认为发展防空指挥自动化指挥控制系统行之有效的方法,比较符合系统工程动态变化的原则。与传统的瀑布式生命周期法有着很大的区别,如图 6.12 所示,瀑布式生命周期法每一阶段必须在前一阶段结束之后才能进行,再也不能返回到前一阶段;整个开发过程,要求用户必须明确知道并能准确地描述自己的需求;开发人员在用现有技术认真开发,要求设计完全正确,程序又能完美地实现设计的意图。显然,这只有在较理想的情况下才可行。国内外在武器系统的发展中常用的一次性承包法就是该方法的应用。

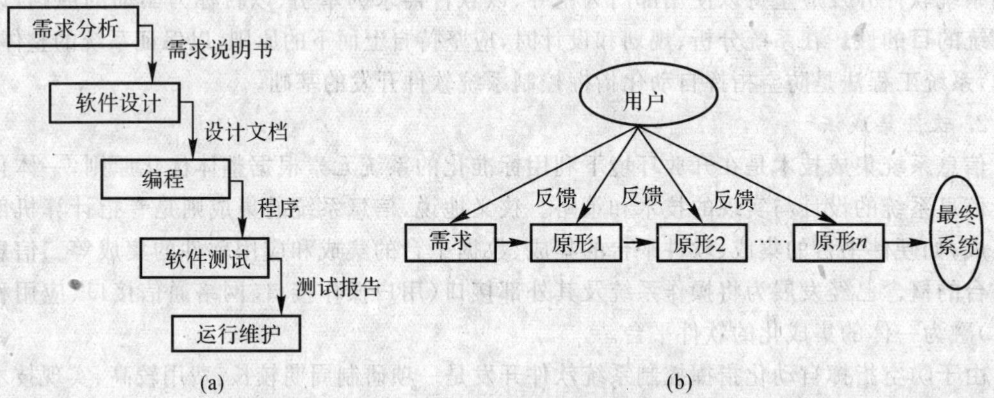

图 6.12 软件生存周期图

(a)瀑布式生命周期法;(b)渐进获取法

“渐进获取法”主要是克服瀑布式生命周期法“一次通过”的困难,在长期实践中形成和发展起来的,这种方法的特点是整个开发过程是在使用部门主导参与下不断研究改进、多次反馈修改、逐步逼近目标,该方法有很好的实用性。

在防空指挥自动化指挥控制系统软件的开发之中,根据用户提出的需求,按预定科研程序进行软件实现过程中可能出现的几个问题如下:首先是用户需求的合理性和明确性问题。虽然部队各级指挥员一般具有较丰富的作战指挥经验,但是面临研制相应防空指挥自动化指挥控制系统时,他们往往总结不出恰当的功能需求,有些甚至是模糊的、渐进的、逐步提出的;其次是用户系统的功能需求如何恰当、准确地转化为防空指挥自动化指挥控制系统功能实现的要求;再次随时间推移,用户需求与系统功能会不断出现新的矛盾,比如随着武器系统的发展,带来战术需求的新变化,给系统提出新的功能需求。因此,在防空指挥自动化指挥控制系统软件的开发过程中,必须充分调动研制单位和使用部队的积极性,做到科研和使用有机结合,互补不足。研制单位根据防空指挥自动化指挥控制系统的总体使用要求,制定系统总体技术方案，并运用国内外最先进的技术和成果进行总体技术设计、研制和生产，使系统具有一定的经济性、实用性和先进性。使用部队要充分发挥熟悉指挥理论和过程，了解系统需求和使用目的的优势，尽可能提供系统总体使用要求，协助研制部门制定总体方案，完成与部队关系紧密的作战指挥软件研制工作，并向研制部门及时反馈系统使用情况和改进意见。

这种渐进技术在防空指挥自动化指挥控制系统软件开发过程中有几方面的意义：其一是指软件随防空指挥自动化指挥控制系统的相应开发阶段渐进成型，其二是随防空作战战术需求的变化逐步改变成型，其三是随防空作战指挥员作战指挥方式对系统人—机界面要求的变化逐步改进成型。显然，在开发过程中，双方结合得越紧密，软件渐进成型的时间越短、水平越高、实用性越强。

4. 面向对象法

软件开发是对问题求解的过程。从认识论的角度看，整个软件开发过程又可归结为两项主要活动，即人们所要解决的问题及其对相关事物的认识，和基于这种认识所进行的描述。而面向对象的开发方法在建立问题域（软件需求）和求解域（软件实现）的模型方面更接近于人的自然思维方式，将问题域或其求解域中存在的实体表示为对象，对象采取的动作即操作，对象之间的联系用消息触发，这种使用消息驱动下的对象间的操作概念就可以描述和实现一个完整的系统。面向对象方法这种以对象作为模块中心的优点是，对象自身的属性和操作被作为其专用部分封装起来，对外是不可见的，这样便于对象的独立实现和独立修改，不会对其他对象产生直接影响，实现了信息的隐藏；由于对象的层次嵌套结构，又便于对复杂对象的描述；只要给对象定义一种标准格式，可建立对象库，使得对象的可重用性好；对象的继承性大大地减少了子类中信息和处理的冗余描述。这些正适合对防空指挥自动化指挥控制系统这样一个复杂系统的软件开发。

采用面向对象方法开发防空指挥自动化指挥控制系统应用软件时，首先应根据系统需求进行面向对象的分析，确定系统对软件的需求，并将软件需求分解为若干个具有层次结构的对象，产生相应的软件需求报告。在软件需求描述中，对象应以名词或名词短语的形式出现，如空中目标、地空导弹、高射炮、雷达等；对象的操作应以动词、动词短语或谓词的形式出现，如对批、识别目标、计算飞行诸元、计算射击诸元、分配目标、发射、跟踪等；消息应描述为什么对象在什么时间应执行一些什么类型的操作，但不用说明具体操作的内容，如当空中目标至某火力单元的斜距小于规定值时分配该批目标，当目标威胁程度大于规定值时集火射击等。其次进行面向对象的设计，把上一阶段得到的若干对象，按上述对象的定义模式映射成对象类，并建立对象类之间的层次继承关系及消息传递关系，严格定义对象类的属性和方法。最后进行面向对象的编程，选择一种面向对象的程序设计语言，对上述设计做适当的映射并改写成对应的程序实现。显然，该方法把系统分解为若干对象，可以更好地表示系统需求；能更好地体现数据抽象和信息隐藏，便于各个模块开发的相对独立性；由于对象系统的变化可以限制于局部，不容易响应问题域的变化，也便于各模块的维护。因此，采用面向对象的开发方法是提高软件可靠性和可维护性的重要途径，能够大大提高防空指挥自动化指挥控制系统软件开发的效率。

以上软件开发方法并不是孤立的。由于系统工程方法是从许多硬件和软件系统工程中概括抽象出来的，并反过来作用于这些工程，因此它是防空指挥自动化指挥控制系统应用软件开发的基础。软件开发必须在系统工程方法的指导下，综合运用软件集成、渐进获取和面向对象等方法，以提高软件开发质量和缩短开发周期。实践证明，这些都是切实可行和卓有成效的方法。

6.5 防空指挥自动化指挥控制系统的集成与测试

6.5.1 防空指挥自动化指挥控制系统的集成

系统的集成工作可以根据工程的进度计划在一部分组件或分系统交付之后就开始进行，然后逐步扩充，直至整个系统。一种较好的系统划分概念是使系统集成工作得以顺利进展的关键所在。系统的集成工作只不过是将各种系统的部件组装起来，使之成为一个整体进行运转。但着手进行集成工作时，事先要有很好的计划。特别是当某些分系统在开发方面遇到困难，对研制进展带来一些不确定的因素时，这种计划尤为重要。系统最后集成时，系统软件可能还不完善，需要进行局部的修改，解决软件的差错，有时也会出现比较严重的情况。作为一个好的系统设计的重要标志是在进行集成和测试时应较少或不出现十分意外的问题。

以战术技术要求为依据，经制定系统方案、系统总体设计，制定互联标准协议、系统软硬件研制，进行系统原型联试、系统功能联试、系统现场联试，形成作战装备的过程称为系统集成。制定系统方案、系统总体设计与制定互联标准协议属于系统的顶层设计，必须首先进行。一个复杂的指挥控制系统，在制定方案和系统总体设计时，需将系统分为若干分系统，并对各分系统提出明确的功能和性能指标要求，明确分系统之间及本系统与其他系统之间的相互连接关系，即确定互联标准协议。系统软硬件的研制则是根据系统、分系统提出的设备要求进行的。设备要求包括功能要求和性能指标要求及互联协议。系统的原型联试、功能联试和现场联试则是使设备、分系统和系统，满足系统总体设计要求和战术技术要求而进行的联调试验。它们是由设备到分系统、由分系统到系统、由系统原理互联到实际系统互联的由低层到顶层的联调试验过程。最终，将各分系统集成为满足战术技术要求和系统总体设计要求的有机整体，使指挥控制系统完成规定的战术技术功能。

可见，系统集成必须经过由顶层到低层的设计过程和由低层到顶层的联调试验过程。由顶层到低层的设计过程为系统软件硬件研制和系统的联调试验提出约束条件，而系统的联调试验过程则是由简单到复杂地进行验证设备、分系统、系统能否达到预期的目标，并通过联调试验使设备、分系统、系统达到预期的目标。系统集成的一般步骤，如图 6.13 所示。

下面仅介绍由低层到顶层的联调试验过程，这一过程的每一阶段都以战术技术要求和系统总体、分系统总体及设备设计要求为依据。同时，在联调试验过程中，发现设备、分系统、系统设计的缺陷，并及时予以修改，这是一个反复进行的过程，直至系统满足全部战术技术要求为止。

1. 硬件集成

硬件集成包括单体设备集成、分系统硬件集成、系统硬件集成。单体设备集成是最基本的，分系统、系统硬件集成实际上是各单体设备的联试。

(1)单体设备集成。单体设备的集成，是对单体设备进行组装和调试，构成完整的单体设备的过程。一般情况下，在各插件板、组件、壳体都加工、调试完好的情况下进行。经组装和调试使单体设备在给定的工作环境下完成规定的功能。

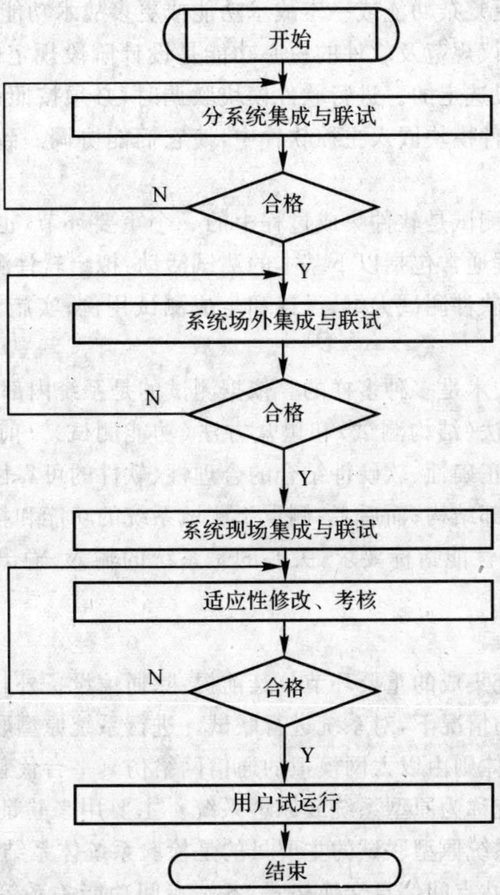

图 6.13　系统集成与联试步骤

单体设备的集成主要包括以下几方面内容：插件板、组件的性能检验，机械安装与调整，单体设备的性能和功能调试。单体设备的性能和功能调试一般需专用的调试设备或软件来模拟单体设备的工作环境，使单体设备在该环境下满足要求的性能和功能。

(2)设备联试。设备联试指各单体设备集成后，按系统、分系统、设备的设计要求，进行设备之间的接口连接和调试。若系统、分系统的设备未齐套，则可先完成已有设备间的局部接口联试，检验部分单体设备之间机械、电气信号和软件规程连接的正确性，必要时编制一些专用程序来联试。同时，在设备联试过程中，要解决单体设备间的电磁干扰(EMI)和电磁兼容(EMC)问题，设备联试一般是为了形成分系统、系统而进行的。

2. 软件集成

软件集成是将各个仅完成特定功能的软件模块集成为具有一定战术技术功能的软件系统的过程。软件集成包括建立软件集成环境、软件模块联调、软件测试三部分。

(1)建立软件集成环境。软件集成环境一般指为适应软件模块联调而构造的硬件平台及软件平台。硬件平台一般为计算机网络系统。软件平台一般指操作系统、程序设计语言、数据库管理系统等系统环境和图形、图像等开发工具。

(2)软件模块联调。软件模块联调是将各软件模块在硬件平台上、软件开发环境中，利用开发工具集成为能完成更复杂功能或一定战术功能或更多战术功能的软件。各软件之间的接口关系、联调应遵循的协议规范及软件的核心功能是设计阶段规定的。主控软件是为实现软件的核心功能在设计阶段选定的。进行软件模块联调时,必须按照设计要求制定联调内容和测试内容,经联调使各软件模块嵌入主控软件中,使它们能协调一致地工作,完成规定的功能要求。

(3)软件测试。软件测试是软件集成过程中的一个重要环节,也是一个极为复杂的过程。一个规范的软件测试过程通常包括以下基本的测试活动:拟定软件测试计划,包括概要测试计划和详细测试计划;编制软件测试大纲;设计和生成测试用例;实施测试;形成结果分析报告;纠错,再实施测试。

软件测试的方法和技术是多种多样的。依据测试的是系统内部结构还是测试系统的功能来分,通常可分为白盒方法(结构测试)和黑盒方法(功能测试)。前者,是针对系统内部的测试,主要测试软件结构的正确性、软硬件结合的合理性、软件的可靠性,详细地检验系统内部结构,目的是明确系统的内部结构;而后者,侧重于测试系统的功能和特性,主要测试系统能否完成规定的功能、是否满足性能指标要求,关心的是系统的输入、输出特性,不关注系统的内部结构。

3. 系统原型联试

系统原型联试是系统集成的重要环节。其前提:除通信设备外,在指挥控制系统各指挥站的软硬件环境基本齐套的情况下,对系统进行联试。进行系统原型联试时,各级指挥站采用实物或原型,而通信网络实体则由以太网模拟的通信网络仿真平台代替,信息源站用信息源模拟器代替。这样构成的系统称为原型系统或原理系统。主要用来验证系统方案的正确性,能否实现系统的基本功能。系统原型联试的主要目的是检验系统体系结构、系统信息流关系、系统各站点间的接口、系统各站点间信息交换格式、各站点间功能关系等,为系统功能联试奠定基础。原型联试一般集中在一个大型调试厂房或集中式的试验场内。

系统原型联试应分层次进行,首先,进行两个指挥站间的单项联试,解决相互之间的接口正确性问题;相继进行所有参试站点的互连,完成互连、互通、互操作联试;最后,与通信网络仿真平台、信息源模拟器相连接,进行在该条件下的系统功能联试。解决除通信网络、信息源站实体外,系统软、硬件连接的正确性及在该条件下系统完成规定功能的正确性问题。

具体联试的内容:

(1)互连接口联试。包括各指挥站间的硬件连通(机械、电气)与软件连通(通信规程、信息、格式)。

(2)信息互通联试。两个或多个指挥站交换信息,使各种信息流沟通。

(3)功能互操作联试。两个或多个指挥站进行交换信息并处理,使系统具备基本功能和互操作功能(信息融合、辅助决策、模拟训练功能)。

(4)模拟通信网的工作过程,调整通信参数,使通信网达到指标要求,得出分析报告。

(5)根据作战想定,在该条件下演示原型系统的功能。

(6)测试和检验原型系统在该条件下所能达到的主要战术技术指标。

4. 系统功能联试

系统功能联试是系统集成的重要阶段。进行系统功能联试的重要前提是系统所有软、硬件设备都已齐套、各级指挥站已装调完毕。系统功能联试主要验证指挥控制系统的指挥控制功能、通信功能、情报处理功能、野战适应能力等的正确性。目的是验证实际指挥控制系统在信息源产生模拟目标信息情况下的各种作战功能的正确性。

参加联试的所有指挥站及通信网络、信息源站都是系统的实物节点。就系统硬件而言，已构成实际的指挥控制系统。

系统功能联试采用室内联试与外场联试相结合的方式。室内联试将所有站、设备都集中在某一调试厂房里进行，验证系统的作战功能。室内联试因所有站点和设备的布置与实战不符，因此，电磁环境、通信环境、野战使用环境等均不符合实战情况。外场联试将各站、设备按技术和战术指标要求的配置范围布置，验证系统在实际布置情况下的电磁兼容性、通信功能及野战适应能力。

室内联试和外场联试虽然都接入实际的雷达等探测器材，但不用实际目标或实兵演习，雷达等信息源所提供的目标信息是模拟产生的，而不是探测实际目标测得的。

外场联试的具体内容有互连接口联试、硬件连通、软件连通、通信网连通。具体的试验如下：

(1)信息互通联试。两个或多个节点进行交换信息，使信息流正确地沟通。

(2)系统功能试验。一般包括系统辅助决策功能试验、系统指挥控制功能试验、系统模拟训练功能试验、系统检测维修功能试验、系统组网能力试验、系统快速反应能力试验、系统抗电磁干扰能力和电磁兼容性试验。

(3)通信外场试验。一般包括通信距离试验、移动通信能力试验、行进间作战指挥能力试验、外场指挥控制能力试验。

(4)功能验证。根据作战想定，全系统协同工作，进行全系统在该作战想定下的功能验证。

(5)系统可靠性试验。按系统可靠性要求，检验指挥控制系统的可靠性。

5. 系统现场联试

系统现场联试是在系统原型联试、功能联试完成的基础上，由军方指定的使用部队完成的。主要解决系统操作使用方面的问题及与探测器材连接后出现的问题。系统现场联试应以部队使用人员为主，系统设计人员参与配合。各级指挥员依据作战经验和使用系统的情况提出作战使用、维修、安全性、训练等方面的软件修改意见，由设计人员修改。系统现场联试一般应按想定的作战方案安排实际目标，探测器材探测实际目标，整个系统工作于实兵演习状态。

系统现场联试的参试设备除全建制的指挥控制系统外，还包括雷达、光学、声等探测器材，以及与底层指挥站相连的武器系统。系统现场联试一般包括下述试验：

(1)与探测器的接口试验，直接从探测器获取信息，对系统进行模拟训练；

(2)与武器系统的拼接试验，通过底层指挥站与武器系统接口，验证指挥控制系统对武器系统的引导控制功能；

(3)与电子对抗系统的接口试验，验证系统抗干扰能力；

(4)部队使用试验，通过试验对系统的指挥控制、辅助决策、模拟训练提出修改意见；

(5)实兵演习试验，根据作战想定，由部队利用指挥控制系统进行作战演习；

(6)野战维修试验，模拟制造野战条件下指挥控制系统的故障，进行维修性试验。

6.5.2　防空指挥自动化指挥控制系统的测试

测试工作不仅限于针对系统的软件和硬件，还包括系统操作人员，最好是请系统最终使用人员来进行测试。也许系统的操作特性对于技能熟练的专业设计人员是很好的，但对于真正的使用者，可能又是另一回事。最好是通过仿真用户界面，较早开展培训工作，而不是在系统最后集成时才进行这一工作。

主要的系统测试可分为三类：

(1)仿真操作。在各种预定的工作条件下，对系统工作的正确性进行测试。

(2)性能测试。通过综合测试确定系统运行的精度、速度等是否达到了规范的要求。

(3)系统其他测试。对系统需求中提出的诸“性”进行测试，如可靠性、可用性、可维护性等。这种测试可按实际的运转情况进行较长期的测试，或加速的操作强化测试。对于大型系统的诸“性”测试，比通过分系统或元件的同类测试，然后用统计方法预测整个系统的特性，其费用要高得多。

某些测试可以推迟到系统安装之后再进行，因为在实际安装到工作部位之前，不能获得真实的测试条件。

除此之外，要进行的工作还包括系统安装、系统用户培训、系统的操作和维护、系统的改进和扩充等。

第7章 防空指挥自动化指挥控制系统的仿真与评价

7.1 防空指挥自动化指挥控制系统评价的综述

现代战争的突发性、立体性、复杂性和快速性,大大推动了指挥控制系统的发展。同时,战场情况的复杂化,使指挥控制的作用显著增大,任何指挥、控制上的失误,都将对战争结果产生深远的影响。一支在装备上处于劣势的部队,可以通过提高指挥控制系统水平,利用指挥控制系统增强指挥控制能力来战胜对方。所谓指挥,就是指挥员及指挥机关为判断情况、定下决心,提出计划而做的工作;控制就是为使所属兵力按所受领命令行动并把行动结果报告给指挥员的所有行动的总和;通信是在指挥员与上级、友邻及所属部队之间传递命令和情报;情报是侦查战场情况并反馈给指挥员的信息。

防空指挥自动化指挥控制系统是一个集情报获取、传输、加工处理、计算、显示、决策、指挥与控制为一体的复杂的人—机大系统。它通过与指战员密切结合,要求在特定的条件及环境下完成规定的作战任务,因此,它的测试、分析与评估是一个十分复杂的问题。由于观察者所处的地位不同,观察角度不同,便产生了对防空指挥自动化指挥控制系统评价问题的不同理解。防空指挥自动化指挥控制系统的评价涉及防空指挥自动化指挥控制系统的描述、建模、仿真、评价指标体系、评价方法等一系列问题。特别是由于研制防空指挥自动化指挥控制系统耗资巨大,在采纳某个具体的设计之前,必须考虑系统的性能。所以,防空指挥自动化指挥控制系统的评价问题已被越来越多的决策和研制人员所重视,它已经成为防空指挥自动化指挥控制系统建设过程中必须要解决的问题之一。

7.1.1 防空指挥自动化指挥控制系统评价的指标体系

1. 评价指标的分类

对系统进行评价,都不可避免地存在确定目标函数或指标的问题。探讨防空指挥自动化指挥控制系统的指标体系是系统使用总体中的一项基础性的工作。过去和现在,一些已建或拟建的防空指挥自动化指挥控制系统,对作战使用性能及战术技术指标的论证还十分离散,也缺乏规范化的评价准则。因此,研究并确定系统的指标体系及其度量方法,并使之规范化就显得尤为迫切。目前人们把防空指挥自动化指挥控制系统的评价指标分为四大类。

第一类是防空指挥自动化指挥控制系统的尺度参数(Dimensional Parameter,简称 DP),用来表征物理实体固有的特性和系统部件所应有的特性,如尺寸、重量等在系统范围内确定的量。

第二类是防空指挥自动化指挥控制系统的性能指标(Measure of Performance,简称MOP),用来度量系统物理和结构上的行为参数和任务要求参数,它描述了防空指挥自动化指挥控制系统中各系统的功能,如情报处理容量、处理时延、系统平均无故障时间等。

第三类是防空指挥自动化指挥控制系统的效能度量(Measure of Effectiveness,简称MOE),它是对系统达到规定目标程度的定量表示,是对系统进行分析比较的一种基本标准。MOE描述了防空指挥自动化指挥控制系统在作战环境下实现其总体功能的情况。

第四类是防空指挥自动化指挥控制系统的作战效能(Measure of Force Effectiveness,简称MOFE),它度量系统与作战效果之间的关系。

在这些指标中,尺度参数和性能指标一般与环境无关,取决于系统部件或子系统本身的特性,它们属于技术指标的范畴。而防空指挥自动化指挥控制系统的效能度量和作战效能则必须在作战环境下考虑,它们是系统满足一组预期特定任务要求程度的度量,是综合性的指标,反映系统的整体属性。一般系统设计者强调防空指挥自动化指挥控制系统的尺度参数和性能指标,用户则更强调系统效能度量和作战效能。

在评估防空指挥自动化指挥控制系统时,人们主要考虑系统的两类指标,一类是系统的性能指标,一类是系统的作战效能。性能指标主要包括任务性能指标、系统反应时间、系统有效度(可靠性)及系统生存能力等。作战效能主要包括防空指挥自动化指挥控制系统的单项作战效能(战术系统的作战效能)、防空指挥自动化指挥控制系统的综合作战效能及效/费比等。

系统的性能指标是指系统为完成一定功能所必须具备的呈现给用户的外部特性,它是系统功能的量化描述。系统的性能指标是系统的单性指标,反映的是系统的某一属性。与效能度量相比,系统的性能指标具有绝对性,是针对产品的,而效能度量则比较抽象,是针对用户的。

对于防空指挥自动化指挥控制系统来说,系统的性能指标包括很多方面的内容,有人把性能指标从宏观上划分为三个层次:用户层次、系统负责人层次、子系统设计者层次。不同层次的工作人员对系统的性能指标的偏重程度是不一样的。根据不同层次列出系统的性能指标体系,如图7.1所示。

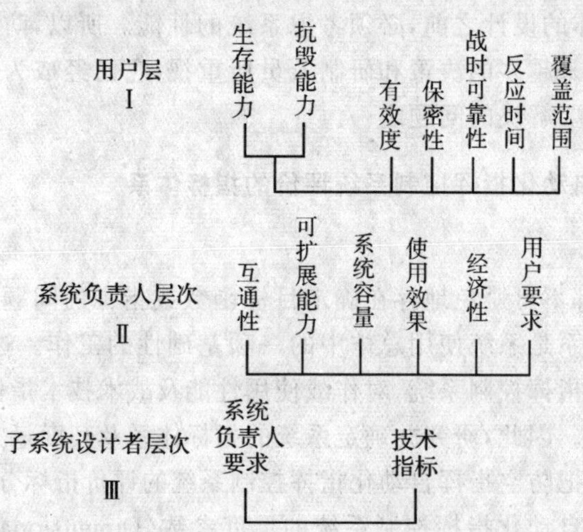

图7.1 系统的性能指标体系图

效能度量指标是系统能力的定量综合描述。与性能指标不同，效能度量指标不仅与系统自身的性能有关，而且随评测方法和作战环境的不同而有所变化。一般地说，技术人员主要关心系统的性能指标，而军事使用人员和高层决策者则更希望通过效能度量指标来了解系统的能力。因此，确定系统的效能度量指标有利于统筹全局、协调和确定各项性能指标，有利于研制和建设经费的合理分配，提高投资效益。

2. 指标选取准则

选择合适的评价指标体系并使其量化，是做好防空指挥自动化指挥控制系统效能评估的关键，也是很难做到的一件事情。在选择防空指挥自动化指挥控制系统评价指标体系时，应该把握以下原则：

(1)针对性。评价指标要面向任务，对于系统的不同任务应采用不同的评价指标。

(2)一致性。评价指标与选用目标和分析目的相一致。

(3)方案的可鉴别性。选用的效能评价指标应具有区分不同作战方案的能力。

(4)可测性。所选的指标能够定量表示，定量值能够通过数学计算、平台测试、经验统计等方法得到。

(5)完备性。各指标不能重复出现，且任何一个影响效能值的指标都应出现在指标属性集中，选择的指标应能覆盖分析目标所涉及的范围。

(6)客观性。所选的指标能客观地反映系统内部状态的变化，正确反映防空指挥自动化指挥控制系统与系统有关的不确定性，不应因人而异。

(7)敏感性。当系统的变量改变时，指标应明显地变化。

(8)独立性。选择的指标尽可能的相互独立。

(9)简明性。选择的指标应是易于用户理解和接受的，这样便于形成共同语言。

在选择评价指标时要注意，评价指标并不是越多越好，关键在于指标在评价中所起作用的大小。如果评价时指标太多，不仅增加了结果的复杂性，甚至会影响评价的客观性。所以应筛选、除去对评价目标不产生影响的指标。在确定系统性能指标时，要重点考虑那些反映系统本质特征的指标，而不是囊括作为一般电子信息系统所应具备的全部指标，同时也不包括系统支撑技术方面的指标；只考虑各类系统的共性指标，但不排除对专用系统提出的特殊指标要求。所确定的指标项目应是面向系统整体性能的，不囊括单项设备和分系统的指标。当然还要考虑指标之间尽量减少交叉，各项指标应相互独立，不应互相包容，指标应便于准确理解和实际度量。

指标的确定需要在动态过程中反复综合平衡，有些指标可能要分解，有些却要综合或删除。随着时间、任务的改变，有的指标应相应地变化。

量化指标所需的数据可通过系统适应、军事演习数据、计算机模拟仿真、实验几个途径得到。

确定指标的途径有多种，主要有以下几种：

(1)一般方法。一般方法确定指标是先由专门的小组拟定方案，然后广泛地征询各方面专家、用户及上级领导的意见，经反复修改而定。

(2)自顶向下法。自顶向下法确定评价指标的过程，如图7.2所示。自顶向下的过程也是一个动态的、需要不断完善的过程。

(3)自适应渐进法。自适应渐进法确定的步骤：首先由系统分析与评价人员指定指标草案，再请子系统的设计及使用单位的专家提出修改意见，然后参照国内外同类型系统，请有关部门提出任务要求或任务假设，在整理收集有关指标的基础上，建立评价模型(包括指标体系的层次结构)，对系统进行评价，并提出改进意见，参照过去的战例或试验进行比较后，再反复修改，最后确定指标体系结构。

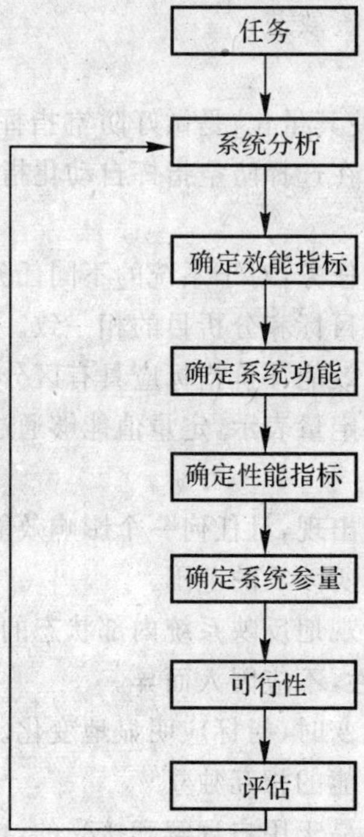

图 7.2　自顶向下法确定评价指标的过程

防空指挥自动化指挥控制系统是一个庞大的系统，在其开发过程中要经过多次各层次的系统测试、分析和评估。在实际系统未交付使用之前，主要采用仿真技术来评价防空指挥自动化指挥控制系统。下面将详细介绍防空指挥自动化指挥控制系统仿真的有关内容。

7.1.2　模块化指挥控制评价结构

模块化指挥控制评价结构(The Modular Command and Control Evaluation Structure，简称为 MCES)是由美国海军研究生院的 Ricki Sweet 等人于 1985 年提出来的。MCES 是一种通用的结构化的指挥控制系统的评价工具，它的固有特点是将系统描述成由物理实体、结构和过程功能组成的系统或一组系统。它的通用性体现在不管指挥控制系统的任务和服务性质如何均可应用。这种评价方法不是从定量模型开始，而是首先定义问题，论证必须选择的度量指标，将度量指标与构成系统的物理实体和结构联系起来，再用不同的方法定量计算这些指标，这样，指挥控制系统是作为一个整体来评价的。因此，这种评价方法适应于对整个指挥控制系统的评价，包括它的物理实现、结构和环境。

MCES 是一个有结构的自顶向下的评价方法，它构成了评价指挥控制系统的标准框架。MCES 方法由七个模块组成，通过这七个模块来指导分析和评价人员完成对指挥控制系统的评价。MCES 方法的七个模块及其输出，如图 7.3 所示。

其中,前四个模块主要是对问题和系统做出明确的阐述。后三个模块主要是对前面定义的问题或系统(或系统结构)进行求解。由于指挥控制系统的复杂性,整个评价过程往往需要经过多次迭代才能完成。

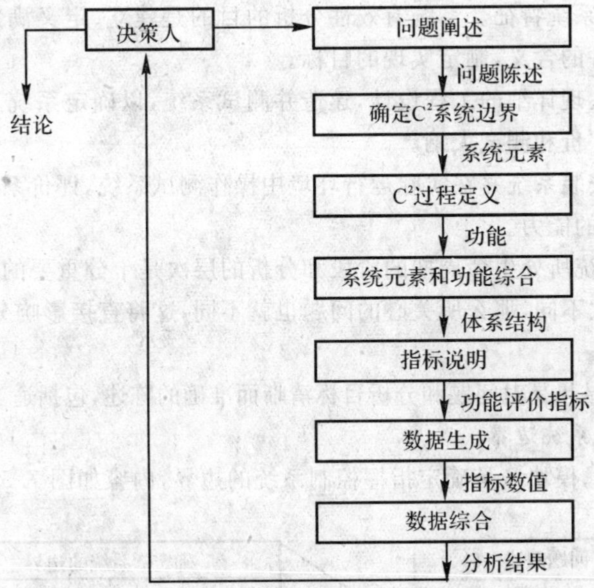

图 7.3　MCES 方法

1. 问题阐述

评价指挥控制系统要做的第一件事就是系统的问题阐述。该模块的作用就是明确特定指挥控制系统的分析目标和要求,明确被评价系统的情况,分析评价的层次及各种假设条件,该模块的内容如图 7.4 所示。

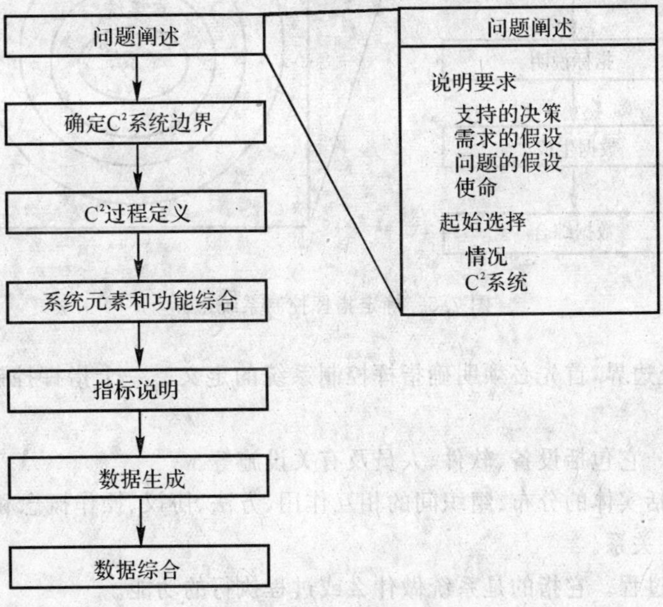

图 7.4　问题阐述

进行问题阐述必须明确被评价的指挥控制系统所处生命周期的阶段和分析的层次。其中指挥控制系统的生命周期分为三个阶段,即概念定义、研制和运行。

(1)概念定义阶段。从广泛的系统目标或作战目标出发,建立系统总体方案和需求,标识最能影响系统目标的系统特征。系统有效性分析的目的是建立、定义满足作战任务的费用有效系统,确定研制条件的含义,制定实现的目标。

(2)研制阶段。实现详细的工程设计,建造并测试系统,以确定系统及其子系统是否满足技术规范,实施工程评价和测试大纲。

(3)运行阶段。安装系统并在实际运行环境中操作测试系统,评价系统满足概念定义阶段所确定的有效性要求的能力。

明确指挥控制系统所处生命周期的阶段和分析的层次是十分重要的。因为系统所处的生命周期不同,分析层次不同,那么所关心的问题也就不同,这将直接影响分析目标,进而影响评价指标的选择。

问题阐述模块的结果是对问题和分析目标清晰而准确的陈述,包括适当的环境和域(论域)。

2. 确定指挥控制系统边界

在 MCES 方法中,模块 2 是确定指挥控制系统的边界,内容如图 7.5 所示。

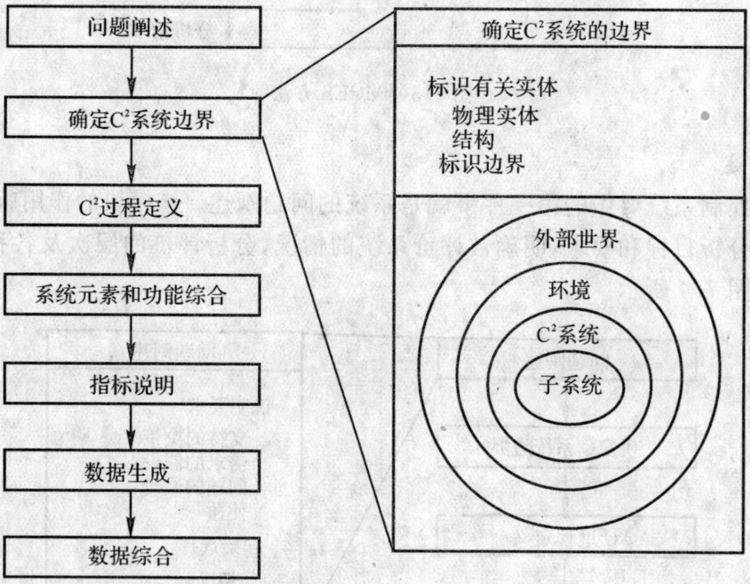

图 7.5 确定指挥控制系统边界

为了确定系统边界,首先必须明确指挥控制系统的定义。一个指挥控制系统由三类部件组成。

(1)物理实体。它包括设备、软件、人员及有关设施等。

(2)结构。包括实体的分布、组织间的相互作用、方法、协议、操作概念和信息流模式,以及它们的排列和相互关系。

(3)指挥控制过程。它指的是系统做什么或过程执行的功能。

其中,物理实体和结构是静态的,指挥控制过程反映了系统的动态过程。确定系统边界就是从静态观点出发划清系统与其环境的界限，确定系统的物理实体和结构。图 7.5 用“洋葱皮”方式表示系统的界线，分析人员应标识出构成系统的各种物理部件并映射到图 7.5 所示的相应边界内。

3. 指挥控制过程

在 MCES 方法中，模块 3 是指挥控制过程，内容如图 7.6 所示。该模块定义满足系统使命所需要的指挥控制过程，即从动态的角度来分析指挥控制系统的功能。该模块的执行结果是明确给定系统的指挥控制过程的功能，并将它映射到一般化指挥控制过程中。

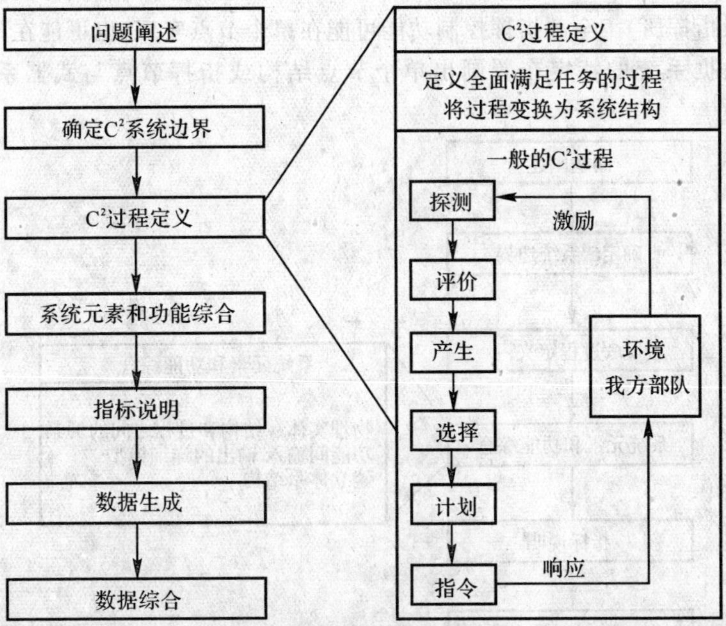

图 7.6　指挥控制过程定义

为了有效地分析被评价系统的指挥控制过程，这里引入一个一般化的指挥控制模型，以便参照一般化指挥控制过程来描述被评价系统的指挥控制过程。图 7.6 中给出了一般化指挥控制过程。它是由探测、评价、产生、选择、计划、指令和环境构成的闭合控制环。一般化的指挥控制过程模型中的功能是大多数指挥控制过程都要执行的。例如，对于一个由指挥员执行指挥功能的系统来说，指挥员利用己方探测器得来的信息、部队反馈的信息及其方法得来的信息，得到敌、我双方的态势，根据对战场态势的理解产生并选择作战方案，制定作战计划，下达实施命令。

由于整个指挥系统是层次结构的分布系统，因此存在不同层次的指挥控制过程和指挥控制过程功能部件之间的交互作用，在评价分布指挥控制系统时应增加以下有用的过程：

(1)情报过程。情报过程的作用是对观察到的活动和态势，以及预测到的当前态势变化赋予意义。

(2)对话过程。对话过程是通信过程的子集，它提供指挥控制系统的信息共享，以便支持决策和决策的实现。

(3)执行级指挥控制过程。它的作用是直接控制武器系统。在分析指挥控制过程时，分析人员应特别注意以下各点：

1)引起指挥控制过程的环境原因或激励因素；

2)指挥控制过程内部的功能，如探测、评价、产生、选择、计划和指令；

3)与部队相联系的指挥控制功能的输入和输出。

4. 系统元素和功能综合

在MCES方法中，模块4是系统元素和功能综合，如图7.7所示。它的作用是将指挥控制过程、物理实体和结构联系起来形成指挥控制系统的体系结构。首先，将人和机器等物理实体与指挥控制功能一一对应，将执行功能、产生输出的人和机器等物理实体变换为一种组织结构(如指挥中心、指挥所)。全部指挥控制功能可能在单个节点实现，也可能在不同节点之间进行分布执行。根据系统的特定布置画出单个节点结构或指挥节点与武器系统的某种分布结构。

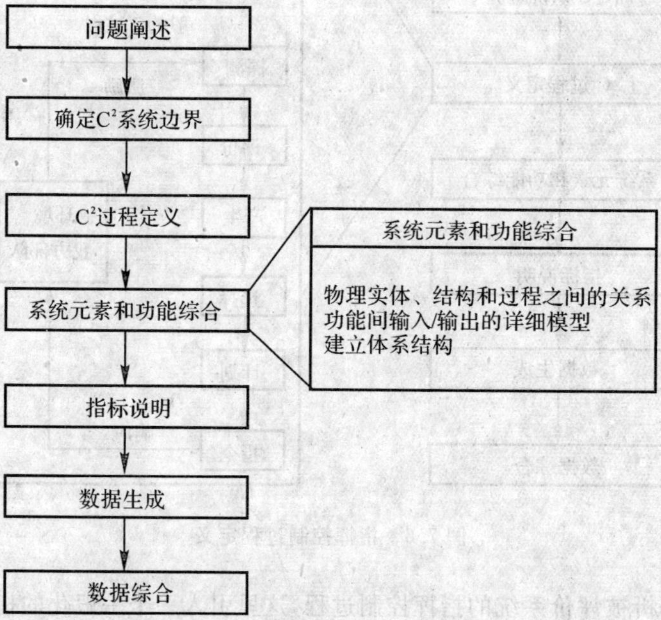

图7.7 系统元素与功能综合

利用指挥控制系统的信息流将有助于得到指挥控制功能之间的关系，进而形成体系结构。常用的信息流分析技术是数据流图和Petri网。它们可以说明指挥控制过程内部各功能之间的信息流，通过确定每一功能的输入和输出，与过程中其他功能发生关系，有助于定义层次结构。由此，执行各种功能的物理实体被转换为相应功能的输出。由层次结构可以划分对象，形成某种组织结构，这种组织结构可集中于一个节点，也可以在几个指挥节点或指挥与武器节点之间分布。

5. 指标说明

在MCES方法中，模块5是指标说明，如图7.8所示。它的作用是定义评价指挥控制问题所必需的指标。

度量指标因级别的不同而不同。根据指标度量的级别可叙述如下：

在图7.8中，对于指挥控制系统中心的子系统，用尺寸参数(DP)度量子系统的各种特性，而在指挥控制系统边界内用性能指标(MOP)来衡量它执行指挥控制功能的情况,效能指标(MOE)则用于武装力量边界以内衡量武装力量受指挥控制的影响的能力,用作战效能指标(MOFE)来说明指挥控制系统与武装力量结合对环境产生影响的能力。

从动态观点出发,性能指标(MOP)是执行指挥控制过程中特定功能情况的度量;效能指标(MOE)是以使命为参照对指挥控制模型中全部功能的综合度量;作战效能指标(MOFE)是指挥控制系统与武装力量共同对环境的作用,即度量作战的效果。

有关的研究表明,从分析指挥控制过程出发是形成评价指标的良好的出发点。指挥控制过程是探测、评价、产生、选择、计划、指令,这些指挥控制功能都可构成单独的 MOP。各种 MOP 是构成 MOE 的基础,指挥控制系统就可用整个指挥控制过程的 MOE 来度量。

将 MOE 与 MOFE 联系起来进而评价指挥控制系统(包括兵力与兵器),这是个很复杂的问题,所用的指标的恰当结合取决于分析目标、概念模型、分析的界线和评价性质。

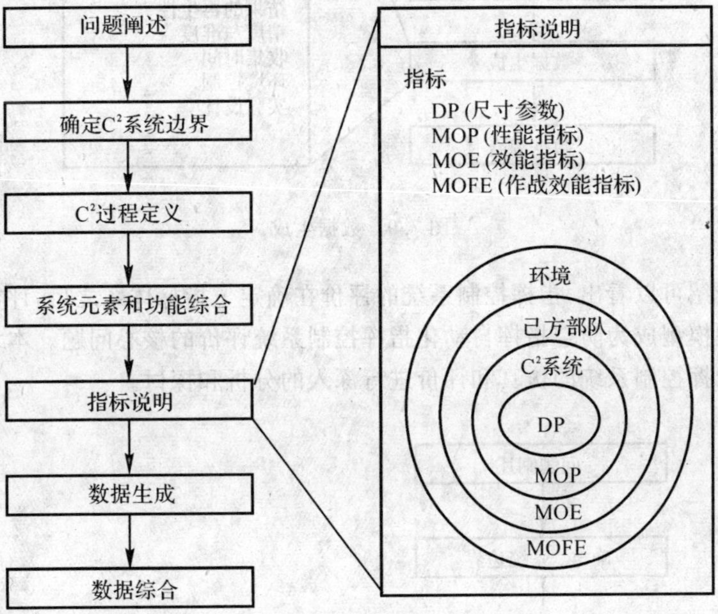

图 7.8　指标说明

6. 数据生成

在 MCES 方法中,模块 6 是数据生成,如图 7.9 所示。它的工作是通过各种工具或资源建立一种"数据产生器",产生模块 5 所定义的各项指标的数值。这就是说,通过各种分析法和工具计算指标的数值,也可以通过测试系统或子系统获得。因此试验床、模拟模型和实验都可能是数据产生器。该模块的输出结果是各指标的数值。在 MCES 中,允许嵌入各种方法、模型、实验产生的指标数值,这是 MCES 的特点之一。

7. 数据综合

模块 7 是数据综合,如图 7.10 所示。它对利用数据生成得到的指标数值进行综合、届时,其目的是剪裁分析结果,使它能够回答决策人最初提出的问题和模块 1 提出的问题。数据综合水平与系统所处生命周期的阶段、决策组织的职责这些因素是互相联系的。目前对数据综合的研究还十分有限，A. H. Levis 提出的 SEA 分析方法是一种有效的方法。本章后面的部分将详细地介绍该方法。

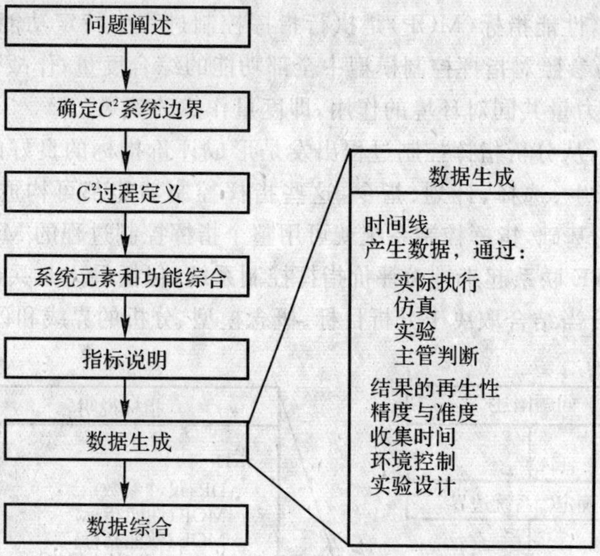

图 7.9 数据生成

通过上述介绍可以看出，指挥控制系统的评价在确定了指标体系之后，评价数据的获取和评价数据的处理模型成为防空指挥自动化指挥控制系统评价的核心问题。本章后续将针对防空指挥自动化指挥控制系统的仿真和评价进行深入的分析和探讨。

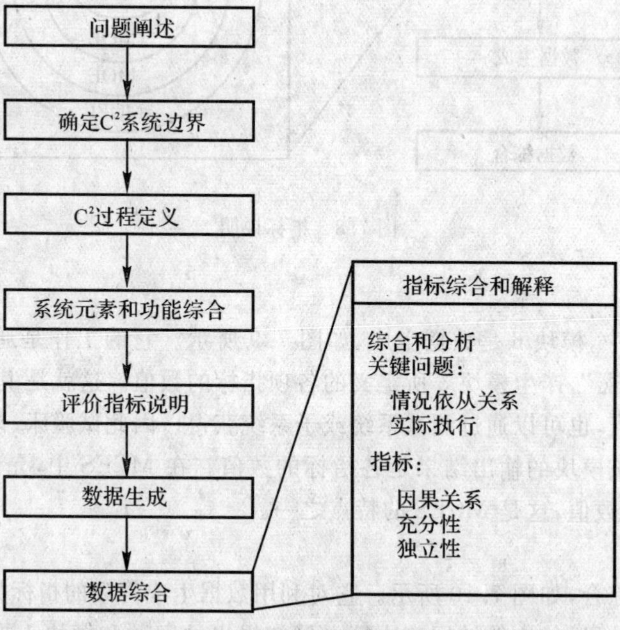

图 7.10 数据综合

7.2　防空指挥自动化指挥控制系统的仿真

防空指挥自动化指挥控制系统仿真要建立一个与实际作战指挥相当类似的运行环境。通过仿真解决人—机接口，人—机协同关系问题；有助于分析不同的防空作战样式对指挥控制系统的要求；形成和确立一些作战概念，开展指挥与决策方法的研究。

7.2.1　防空指挥自动化指挥控制系统仿真的作用和目的

指挥控制系统仿真技术，是现代军事科学技术的一个重要组成部分。它综合运用运筹学、人工智能、模式识别、计算机技术及微电子技术、图像处理、通信网络、激光技术等，为现代指挥控制系统研究与设计提供一种开发环境和试验环境，同时，也可为部队提供训练和模拟作战的手段。

现代高技术条件下的局部战争，是在一定的战场环境下，系统对系统，甚至是体系对体系的对抗。要从系统和体系的观点来研究作战和武器装备的发展，研究高度一体化战争的作战效能。为此，在各类指挥控制系统研制和使用的不同阶段，进行定性和定量相结合的大系统分析，已成为军事技术发展的必然趋势。

一个大型的指挥控制系统的研制，往往要经过数年的努力，花费大量的人力、物力，而且在投入使用以前，还必须进行系统联试、综合测试、模拟演示、甚至于实兵演习。在此过程中，即使发现所研制系统有不尽如人意之处，要想修改也需耗费大量的人力、财力和时间，造成在一些指挥控制系统的研制过程中，战术技术指标要求不断下降，时间不断后推，经费不断上涨，研制出的系统也不甚理想。

对于一个大型的指挥控制系统，如何确定合适的战术技术指标、如何缩短研制周期、如何测试和评价系统的性能指标、如何评估它的作战效能和平时使用效益、如何改进已建系统，这些都是系统设计、开发和建设过程中必须面对的问题。

仿真技术为解决这些问题提供了一条可行的途径。仿真是一种可以控制的、无破坏性的、允许多次重复的试验手段。仿真技术是以控制论、相似原理和计算机技术为基础，以计算机和多种物理效应为工具，借助系统模型对真实的或设想的系统，进行试验研究的一门综合性技术。在设计开发指挥控制系统之前，建立一个仿真系统，对于研究其动态特性、解决系统的关键问题、比较各个方案的优劣、根据一定的原则和指标选择最优方案不仅是可行的，也是非常必要的。

指挥控制仿真和作战仿真的共同点是均要考虑防空武器系统的配置和杀伤来袭目标的战术，但其研究的侧面和对仿真的要求有较大的区别。从整体上说，指挥控制系统仿真着重于提高和完善指挥控制性能，研究作战指挥全过程；作战仿真针对当前和未来攻击武器的发展水平，为了能有效地实施防御，对防空系统的发展策略进行研究和对系统战术及技术指标进行论证。因此，防空指挥控制系统仿真的主要目的是确立防空作战指挥控制系统的需求，支持指挥控制系统的设计；开展作战指挥方法的研究；辅助指挥控制系统软件的开发及对系统作出较全面的评估。它对防空作战指挥控制系统的研制、建设、管理和使用，都有广泛的应用前景。具体来讲，不同层次的仿真，为不同的目的和不同的系统生命周期阶段服务，主要表现在以下几个方面：

(1)在立项论证阶段,指挥控制系统仿真试验用于风险评估和战术技术指标论证。高层决策机构,为确立武器装备发展规划和计划,需进行整个战争的仿真,要对重大武器装备及指挥控制系统的发展次序和投资强度进行综合论证,要对武器系统和指挥控制系统协调配套进行一体化的论证和决策。通过仿真,从性能、费用、进度三个方面对指挥控制系统进行立项风险的分析评估,回答决策者许多"如果这样,会怎么样"的问题。可以用蒙特卡洛方法进行重复仿真,以分布的形式表明不同结果发生的频率。

指挥控制系统本身的指标,常用八种基本能力(情报获取能力、信息传输能力、信息处理能力、辅助决策能力、人—机交互能力、信息互通能力、系统生存能力、安全保密能力)来描述。每项能力用若干具体的技术性能指标来度量,这些指标通常是互相制约的。通过仿真可以量化和细化性能指标,分析它们的合理性和灵敏度,找出指标之间的匹配和制约关系,以求得整体最优。

(2)在系统设计、开发阶段,指挥控制系统仿真试验用于系统结构优化、方案优化、关键设备选型论证、系统可靠性和抗毁性计算分析。还可以利用其仿真试验床作为系统开发的基础平台,快速生成原型系统。同时,指挥控制系统仿真能有效地支持指挥控制系统软件的开发,指挥控制系统软件作为一种复杂的大型软件,其可靠性、安全性和运行效率均十分重要。仿真方法为软件的调试、测试和开展一系列试验工作创造条件。

(3)在系统鉴定、设计定型和验收阶段,指挥控制系统仿真试验用于综合测试,为评价系统提供环境和手段。利用仿真可对所研制的防空作战指挥控制系统从不同的角度作出评估,比如在战术环境下该系统的反应时间、系统软件的可靠性、某种参数对系统的影响、系统的效率等。同时,它能模拟产生指挥控制系统各种主要信息源的行为和特征,灵活改变系统参数和系统所承受的数据处理负荷及数据负荷。形成可拆装的一套集成测试工具。

(4)指挥控制系统仿真试验还可用于作战指挥仿真(又称顶层演示)和军事训练。它能仿真产生多种典型的战场环境和作战背景,设置战场态势,进行包括部分野战演习在内的半仿真机、半实物的训练仿真,并具有重演功能。这对和平时期训练指挥员及操作人员具有极其重要的意义。

利用仿真可对所研制的防空指挥自动化指挥控制系统从不同的角度做出评估,如在战术环境下该系统的反应时间、系统软件的可靠性、某种参数对系统的影响、系统的效率、新的作战思想和作战方法的效果等。总之,从军事指挥员的观点来看,指挥控制仿真可为他们提供观察和度量复杂多变量系统性能的能力,而这种能力很难从其他方法获得;而从系统设计者的观点来看,仿真又提供了原型样机的能力。国内对指挥控制系统仿真已做了一些探索性的工作,并取得了显著的成效。由于需求牵引及相关技术的推动,现在已把指挥控制系统仿真提到了极其重要的地位。

7.2.2 防空指挥自动化指挥控制系统仿真的特点

防空指挥自动化指挥控制系统仿真是指建立和使用指挥与控制的仿真模型来研究实际的防空指挥控制系统。它以计算机为主要工具,能迅速产生想定,针对一定的作战环境,仿真防空武器与来袭目标之间所出现的一系列交互活动,进行指挥控制对抗过程的实验。

当我们试图借用通用的指挥控制系统仿真成果时,首先应考虑防空作战指挥控制仿真系统的特殊性,该仿真系统的特点:

1. 基于信息的系统

指挥控制系统的活动是信息的获取、传递、汇集、处理、应用和反馈的全过程。指挥控制系统的每一项功能都是在信息的基础上完成的。指挥控制系统的仿真，主要解决对信息的获取、传递、汇集、处理和应用的描述及由此而产生的系统行为的效果问题。

基于信息的离散性，指挥控制系统仿真中的某些信息（如敌方情报、命令）不宜用连续变量来描述，而应看做是对对象的服务过程。所以，指挥控制系统的仿真状态变量，既有连续变量，又有离散变量。指挥控制系统的仿真是一个混合状态的异步动态仿真问题。

2. 建立在计算机网络上的系统

计算机网络是指挥控制系统的核心、是信息处理的工具，是指挥机关必不可少的组成部分。在仿真中，计算机网络除了完成指挥控制系统中的功能外，还有许多其他模拟功能，因此，指挥控制仿真系统是建立在计算机网络基础上的。

3. 人—机系统

指挥控制仿真系统属于人在回路中的仿真系统。因此，一定要考虑在不同层次上的决策群体在回路中的行为及对系统的影响。在信息处理和指挥决策中，人与机器是“共同来做”的工作伙伴关系，仿真过程必须具有人—机交互的特性，必须让人能友好而方便地介入系统的建模和仿真实验过程。

4. 依赖于武器的系统

指挥控制系统的根本目的是增强合成指挥和快速反应能力，提高指挥效能和管理效率，从整体上提高部队战斗力，起到兵力倍增器的作用。这就需要把指挥控制系统的作战效能与作战环境、作战态势和作战结果联系起来衡量。因此，当我们考虑指挥控制系统的仿真时，依据战术原则和指挥任务所进行的决策过程是仿真的主要对象，对部队和武器系统的具体运用是仿真的低层支撑。当然，这并不意味着要对武器装备做同等程度的仿真，而是根据典型的作战想定，演示因合成指挥能力和决策时延所造成的武器运用不同而引起的战斗效率的差异。

5. 分布式系统

根据指挥控制系统的分布特性，其仿真系统的设计宜采用分布式。按照功能分割原则，把系统划分成若干个相对独立的模块，这些模块可能是仿真系统的功能单元，也可能是支持功能单元的数据库。数据库和通信控制单元之间用局域网技术连接起来，完成整个仿真系统的功能。

6. 实时系统

指挥控制系统的仿真，必须具有实时控制、实时操作和实时响应能力，静态仿真是没有意义的。其仿真必须是具有可执行性的动态仿真过程。

对防空指挥自动化指挥控制系统仿真来说，仿真目标、防空武器系统及两者所处的作战环境是防空指挥自动化指挥控制系统仿真的三个要素，如图 7.11 所示。

7.2.3　防空指挥自动化指挥控制系统仿真的分类

根据仿真的目的、经费投入、仿真结果的置信度等不同，通常有多种模式，这些模式一般分为三类：计算机仿真、半实物仿真和实物仿真。类似的，防空指挥自动化指挥控制系统的仿真目前主要有三种方法，即防空指挥自动化指挥控制系统的计算机仿真、防空指挥自动化指挥控制系统仿真试验床（半实物仿真）和防空指挥自动化指挥控制系统的原型仿真（实物仿真）

三类。

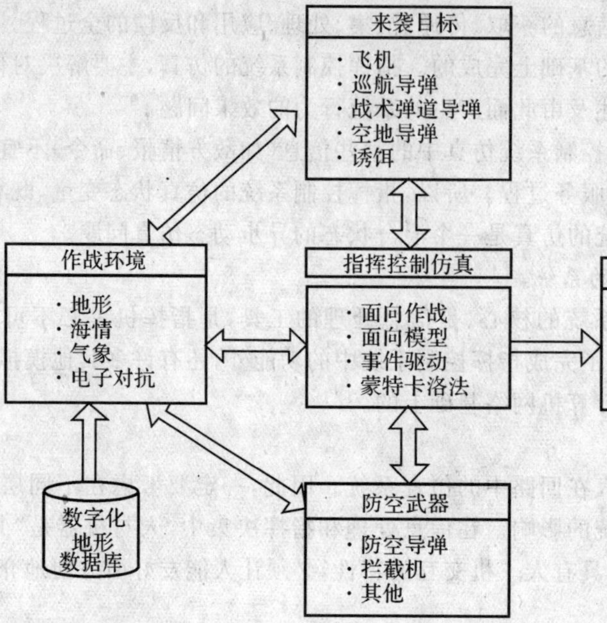

图 7.11 防空指挥自动化指挥控制系统仿真的要素

1. 防空指挥自动化指挥控制系统的计算机仿真

防空指挥自动化指挥控制系统的计算机仿真又称为数学仿真。它的特点是用数学形式、图形形式或算法来表示指挥控制系统中的复杂作战活动，通过建立系统的数学模型，对指挥控制系统进行研究，不需要使用实际系统的任何部件，是个纯软件系统。通过数学模型来研究指挥控制系统，能够准确地把握住系统的实质和主要因素；缺点是系统的某些因素不确定，相互之间的关系不明确，难以建模，或建立模型时过于复杂而无法求解。同时，由于指挥控制系统是人一机系统，人的决策过程是不可缺少的重要环节，而应用数学或程序很难成功地仿真这一环节，因此有其局限性。目前，不少人试图采用人工智能等技术来改善这一环节的仿真质量，但并不十分成熟。

早期的指挥控制系统仿真，大多采用计算机仿真，经常用到的模型是各类排队模型。目前，这类模型仍然是指挥控制系统仿真分析及作战效能分析的重要工具。排队模型可用于分析通信网络的设计方案、数据处理中心的负载能力、整个系统的响应时间和影响系统发挥更大潜能的瓶颈等。

Petri 网模型是近年来发展起来的一类模型。Petri 网模型有如下特点：

(1)具有自然描述并发、同步机制的能力；

(2)以图形形式而不是数学形式描述系统，简单、直观；

(3)便于系统设计者以不同的抽象层自顶向下模拟系统。

因而，被视为对具有并发、同步、共享资源等特性的复杂系统进行建模的理想工具、但早期的 Petri 网模型不含有时间概念，为了能描述系统的动态行为，从中得到重要的性能参数，如吞吐量和时延等，在 Petri 网模型中引入了时间概念，形成了一种更为高级的 Petri 网。用各种形式的高级 Petri 网来仿真分析指挥控制系统是当前很流行的一种技术方向。

蓝彻斯特方程是一种半经验和半理论地描述战争的微分方程,它历来是战争模拟中的一个重要数学模型。然而,蓝彻斯特方程未能描述人的因素与指挥控制系统的信息流动,这就使它在现代战争的模拟中受到了很大的局限。目前,很多学者着力于改进蓝彻斯特方程,使它能够描述指挥控制系统。但这种改进往往局限于修正蓝彻斯特方程的损耗系数或更改方程右边的损耗项,因而,只能在局部意义上反映有关参数的影响。目前,有人基于问题导向原则,把指挥控制系统与描述作战的蓝彻斯特方程有机地结合起来,形成指挥控制系统的微分方程作战模型。这值得关注,但它仅能用于指挥控制系统的作战效能评估。

2. 防空指挥自动化指挥控制系统的仿真试验床

仿真试验床是指仿真系统中有一部分用于实际系统相同或相近的实物,其他部分则采用计算机。它是在计算机仿真的基础上对个别(或部分)子系统采用实物耦合到仿真系统中所进行的仿真。用于系统操作方式试验的试验床,一般将实际指挥控制设备(如显示控制台、通信接口等部件)等用在仿真系统中,而把战场环境、探测系统、通信系统等用计算机来模拟。它的主要特点是包含了部分实际系统的部件,系统的其他部分则采用计算机仿真形式,系统的操作环境可以是实物模拟,也可以是计算机仿真,这种模式也被称为半实物仿真。有时,指挥控制系统计算机仿真完成后,出于进一步考核被仿真的系统或检验每个子系统的性能,将某个子系统的仿真器置换成实物,开展半实物仿真。目前,仿真试验床已成为研究指挥控制系统的一种有效手段。

指挥控制系统仿真试验床分为两类,一类为系统设计开发中的需求说明服务,强调系统的操作概念,其通用性强;一类为系统应用研究、体系评估、人员训练服务,强调评价系统的应用效果,其专用性强。后一种仿真试验床通常是为研究指挥控制系统的某种问题而建立的。它将与这种问题密切相关的系统单元做成高逼真度的实验模拟器,并使人处于仿真环路中。目前,世界上大多数系统仿真试验床都属此类。

仿真试验床上的试验工作,通常分为三个阶段:

第一阶段为试验前阶段。这一阶段要做三件事:剧情说明、剧情计划和剧情产生。剧情说明定义所进行的试验;剧情计划详细地定义仿真试验床的结构、战争环境以及仿真中预先计划的活动;剧情产生则形成剧情过程并对其做动态观察。

第二阶段为试验阶段,它由开机工作、仿真试验床组合与准备、试验进行和试验停止这几项组成。开机工作是仿真试验床硬件加电、软件和程序加载与初始化。仿真试验床组合是按所要进行的试验。从仿真试验床中选择有关模拟器或实物,组合成必须的仿真试验床结构。仿真试验床准备是对参与实验的各单元建立初始状态,并验证它们为着手试验是否已准备就绪。试验进行是将预先安排的事件从存储器取出并在适当的时候执行。事件的执行有可能影响有关实体状态的改变,这时参与试验的有关模拟器或实物应做出相应反应。试验运行的速度可由仿真人员控制,剧情事件可由仿真人员临时增删;试验数据是否需要记录也可实时控制。试验的停止可由剧情设计者预先安排的活动促成,也可由剧情控制人员在试验的过程中做出,试验功能随即有秩序的关闭;各种试验记录数据发送到中心设备。

第三阶段为试验后阶段;其主要工作是数据收集、归并和分析,并做出结论。

防空指挥自动化指挥控制系统的仿真试验床从更高的层次上讲,也可以理解为支持指挥控制系统快速制作原型和评估的工具,以及支持原型运行、演示、测试的硬件、软件平台的集合。它应具备下列特征:

(1)计算机资源和其他设备；

(2)系统环境——剧情(可为实物或计算机仿真)；

(3)系统的原型(软件原型或软件与部分实物结合的原型)；

(4)具备以下功能：

1)试验描述(原型描述)；

2)试验构成(原型构成)；

3)运行与监视(原型运行)；

4)评价(原型评价)。

图 7.12 给出了防空指挥自动化指挥控制系统仿真试验床的逻辑结构。计算机系统、计算机网络及工作站是仿真试验床的基础。方法学一般是指使用仿真试验床或制作原型的方法，按照给定的方法学，使用仿真试验床提供的工具，系统地描述、构造要进行的试验。剧情(在军语中称为想定)是系统的运行条件和环境(气候、地理环境、敌人威胁、我军部署作战要求等)，剧情代表用户的要求和测试条件。用剧情驱动试验的执行，最后评价试验结果。实际仿真试验床的组成部件与结构因应用领域不同而有差异，但一般应由剧情产生器、软件开发环境、系统测试环境和系统集成环境组成。此外，还应包括一系列雷达、通信、电子侦察和武器系统模拟器及实际的指挥控制台。模拟器由模拟软件和实际的电子接口组成。仿真试验床可用于系统的开发，也可用于最终的系统测试。

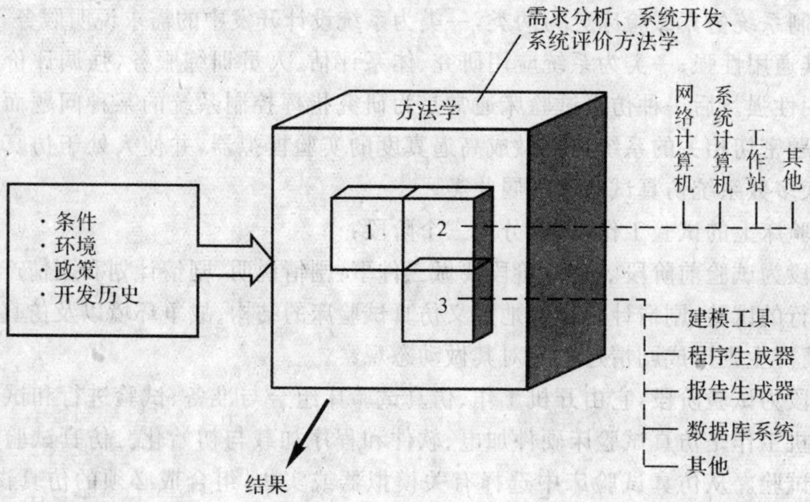

图 7.12　防空指挥自动化指挥控制系统仿真试验床的逻辑结构

1—接口原型；2—计算机资源；3—工具集

3. 实物仿真

实物仿真是全部使用实际系统的子系统或真实部件或系统原型而进行的仿真，可以任意接近最终的系统。如果一个指挥控制系统全部使用原型法进行的话，其结果无疑是不经济的，而且也不能达到仿真的目的。所以，系统原型仿真法一般只用于某些关键试验，这样做可以提高实物的经济性和有效性。

通过上述对三种仿真模式的介绍不难发现，它们相对于防空指挥自动化指挥控制系统的开发和评价各有优缺点，其比较如表 7.1 所示。

表 7.1　三种仿真模式的比较

比较项目＼仿真类型	计算机仿真	仿真试验床	原型仿真
开发早期可用性	最好	中等	最差
真实性	最差	⋮	最好
费　用	最好	⋮	最差
执行时间	最好	⋮	最差
试验变量控制	最好	⋮	最差
处理未预见情况	最差	中等	最好

通过表 7.1 可以看出：

(1)三种仿真模式的根本区别在于使用实际系统部件的数量。从这个意义上讲，仿真试验床是计算机仿真与部分实际系统部件的结合，是半实物仿真系统。

(2)使用哪种系统仿真方法与指挥控制系统所处的开发阶段和评价目的有关。一般来说，在系统开发周期的早期，在概念研究与需求分析阶段多用计算机仿真或仿真试验床；在系统开发周期的后期，则采用原型仿真。

(3)三种仿真模式可以综合使用，以便取长补短。例如利用计算机仿真确定系统性能的关键区域，然后再对关键区域用原型仿真，这样可大大提高实物试验的经济性和有效性。

7.2.4　防空指挥自动化指挥控制系统仿真的建模

防空指挥自动化指挥控制系统仿真涉及的模型较多，不可能全部都要建立。对具体的防空指挥自动化指挥控制系统只能根据需要建立一些与仿真目标紧密相关的模型。

1. 建模内容

仿真是基于模型的活动，模型的质量决定着仿真系统的性能和价值，因而建模是仿真的关键。根据防空指挥自动化指挥控制系统的任务，它应具备作战指挥和系统控制两大功能，其中作战指挥功能包括航迹管理、敌我识别、威胁判断、目标分配、发射控制等任务；而系统控制功能可分为武器控制、显控台控制和设备监控三大功能。综上所述，防空指挥自动化指挥控制系统仿真建模的主要内容：

(1)战场环境模型。战场环境是作战仿真的一个重要内容，它主要包括地理环境模型、气象环境模型、电磁环境模型等。

(2)空袭目标模型。空袭目标作为仿真的主要输入数据，对防空指挥自动化指挥控制系统仿真起着重要作用，它主要包括各种作战飞机、导弹飞行模型及攻击模型。

(3)空情获取模型。主要包括各种防空雷达探测、跟踪模型，以及相关的数据融合模型等。它们为指挥决策模型提供输入数据。

(4)指挥决策模型。指挥决策模型主要由威胁评定模型、目标分配模型和火力分配三个子模型组成。

(5)火力拦截模型。包括防空导弹飞行模型、引信和爆炸模型，以及杀伤效果评估模型等。

(6)人员行为模型。人员及其行为的表述。包括人员的能力和限制，单个人员和集体组织的能力，组织结构与环境对能力的影响，指挥、控制和通信，以及条令和战术等。可将其分解成两种类型:“指挥决策建模”和“计算机生成兵力”。

(7)评估模型。作为仿真系统,除包含真实防空作战中的要素外,还需增加评估部分,以用于仿真的推演和仿真系统的分析和使用。因此,防空指挥自动化指挥控制系统仿真还应包括各种作战行动的效能评价模型,主要包括射击效率、空袭兵器对地攻击效率、侦察效率、通信效率、电子战效率和各种效能评估算法等。

需要说明的是,针对不同类型和不同仿真目标的防空指挥自动化指挥控制仿真系统,以上模型的建立会有较大的不同。对于计算机仿真,以上模型均采用数学模型的方式建立,而对于半实物或实物仿真,以上部分模型可根据需要采用原型替代。

2. 防空指挥自动化指挥控制系统仿真的基本组成和关键技术

(1)基本组成。防空指挥自动化指挥控制仿真系统主要由下列部分组成:

1)虚拟部分。指有人参与的各种仿真器,如飞机、火力系统、士兵、计算机生成兵力(CGF)或半自动兵力(SAF)等仿真器;

2)构造部分。指高层集结模型、军事演习模型和作战分析模型等;

3)真实部分。包括实际的靶场、各种真实的武器系统和人员;

4)通信部分。分布式计算机网络、数据库、接口单元、适配器等;

5)人—机交互设备。如视觉、听觉、触觉设备。

6)仿真控制管理器。仿真对抗时,红方和蓝方为对抗双方,白方负责对抗过程的管理和监视,并对效果进行分析。

(2)关键技术。

1)信息交换标准。为了生成时空一致的仿真环境,并支持仿真实体间的交互作用,必须制定相应的信息交换标准。主要包括信息交换的内容、格式、通信结构和通信协议。

2) DR 时空推算技术。DR 算法,即预估(Dead Reckoning)算法,是降低对网络带宽要求、提高系统实时性的一种有效方法。它可以在仿真精度和通信带宽之间进行很好的折中,即在一定的仿真精度要求下,大大减少仿真节点之间的状态和信息传递次数。由于网络通信带宽的限制,仿真节点不可能在每一仿真周期都进行某一实体信息的交换。因此,采用低阶运动学 DR 模型代替高阶准确模型的方法来推算实体的运动状态,从而达到在一定精度要求下,最大限度地减小网络通信的目的。

3)时钟同步技术。为了保证时空一致性,仿真节点时钟必须同步。否则,对同一事件,由不同的仿真节点观测时,将导致时间不一致。此外,由于仿真节点之间的信息交互和仿真实体的运动使得时间信息紧密耦合。因此,通信系统中固有的信息传输延迟,以及节点时钟的不同步将导致时空不一致。

4)坐标变换方法。由于各仿真节点采用了不同的空间位置和姿态描述方法,因此必须进行相应的坐标变换,从而实现对其一致的理解。

5)接口处理技术。指挥控制仿真系统是对已有系统的集成,如何将这些地域上分散、硬件和软件配置各不相同、实体表示方法与精度各异的仿真节点连接起来,就成为指挥控制仿真中亟待解决的问题。接口处理器是为了承担由于连网而附加给仿真节点的负担而设置的,从而减少对仿真节点的修改,最大限度地维护仿真节点的独立性。

6)计算机生成兵力。仿真器可以生成一个或多个对抗仿真实体,由此仿真器提供的兵力称为计算机生成兵力(CGF)或半自动兵力(SAF),在一个节点上可构成威胁环境。计算机生成兵力是构造大规模防空指挥自动化指挥控制系统仿真的关键技术。目前，计算机生成兵力的研究主要涉及计算机生成兵力动态模型建立与简化、实体间的交互关系、系统的可视化、对抗效果评估等方面。

7)虚拟环境技术。为了保证仿真的真实性，需要生成虚拟的天空、陆地、海洋等地理环境，以及风、雨、雷、电等自然现象。虚拟仿真、多媒体仿真及可视化仿真技术，其目的都是为了增加人与虚拟环境的沟通和理解，减少人与技术之间的隔阂。这对于时空一致的、逼真的仿真环境是极为重要的。

8)运行管理技术。指挥控制仿真系统中有许多个节点，为了更好地使各节点在时空一致的仿真环境中运行，必须对仿真节点的运行过程（初始化、启动、暂停、中止）进行管理、协调和调度。

9)高速网络通信技术。采用此项技术的目的是在不增加仿真节点存储能力的条件下，增加网络的通信能力。按一般的要求，每个节点要传送与对象当前状态有关的全部信息。因为状态变化所产生的事件才对其他节点上的对象有意义，所以，对于通信进程，仅当对象状态变化时，节点才传输更新的状态信息。

10)动态数据库技术。一个完整的指挥控制仿真系统，应当包括数据库和单元库。

它们是指挥控制仿真系统的重要组成部分。数据库包括系统仿真时用到的各种随机变量、随机过程和随机流的样本，或者经过确认的数学模型。包括各种可能的经验数据和各类常数，以及描述单元的性能参数、指标和基本的战术技术要求。这里的单元库是指广义的单元，因此，单元库包括火力单元、控制单元、传感器单元乃至电路单元等。如一架飞机、一门高射炮、一部雷达，它们可能是单元库中的不同的类，是仿真系统能够使用的基本模块。建立各类库时，必须考虑库的可修改性和可扩充性。

11)人工智能技术。它是将人工智能技术、专家系统运用于指挥控制系统仿真的实验技术。即以专家或规则为基础，采用内部调节数据、剧情或系统结构，使设计者建立一种模拟人的基本决策逻辑的独立模块。

12)其他技术。包括高速并行计算技术、动态图形显示技术等。

3. 仿真方法

目前较为先进的仿真方法如下：

(1)面向对象的指挥控制系统仿真技术。面向对象的仿真技术是以面向对象方法进行建模与编程的仿真技术，是指挥控制系统仿真技术的未来发展方向。从建模的角度看，面向对象方法把仿真的实体看成是对象。每一对象由两类知识来刻画：①对象事实数据可以看成是实体的属性，表示实体的能力、当前状态或参数等。②对象的行为数据实质上是过程函数，说明实体在一定场合下如何动作。传统的建模方法实际上是面向事件或过程的，其着重描述事件之间的因果关系及事件影响和涉及的对象。面向对象的建模方法描述对象的属性和行为、与其他对象的关系及对象参与的事件。

面向对象的仿真为建立描述客观事物的计算机模型提供了一种清晰的范式。它具有以下优点：①能够以令人信服的方式表示对象、对象行为及对象之间的关系。由于它符合人们的通常思维方式，这就可以使领域专家如同系统专家一样，设计、开发和理解仿真模型。②能封装对象。从模块外部看，只能了解该模块具有哪些功能，而模块内部状态及如何实现功能都是“隐藏”的。这就减少了各模块间的相互依赖性，增加了软件系统的可靠性和易修改性。③能够表示对象间的一种特殊关系(即类与子类的层次关系),并提供对象间的属性和行动的"继承"描述机制。所谓继承就是不同的数据结构间的数据共享。由于指挥控制系统中广泛存在着层次关系,利用继承机制就可以简化对象描述,从而提高仿真软件的开发效率。④能以对象间的"消息"传送来表示它们之间的相互作用,消息只告诉应该做什么,至于如何去做是由对象模块自身决定的。

面向对象仿真技术最关键的概念是类。它是由具有相同数据结构和操作过程的对象所构成的统一的计算实体。指挥控制仿真模型的设计在很大程度上是类的设计,模型的结构在很大程度上是各种类的层次关系和类间或类中各实体间的消息传递方式。指挥控制仿真模型涉及的主要类有模拟环境、时钟、节点、路径、事件表、消息、想定、输入、输出等。

节点是情报节点、指挥节点、行动节点的总称,是具有独立信息处理能力的单元。不同类型的节点只需通过不同的节点实例便可方便地说明。增删节点的功能也只需通过增加或删除节点内部操作函数来实现。事件表是依据所有发生时间的先后顺序构成的线形链表,每个事件的属性包括事件类型、发生时间、起始节点、终止节点、下一事件等。通信路径说明两个节点间通信线路的特性。主要是线路的类型及传输能力。主要操作包括传输能力的存取和改变。想定用于说明作战背景和敌我态势属性。如双方飞机型号、架数、飞行速度、作战半径、雷达探测距离、地面阵地配置等。

面向对象的仿真技术将会使指挥控制系统仿真技术发生革命性的变革。

(2)虚拟现实技术。当前及未来对指挥控制仿真技术的发展产生变革作用的又一新技术,就是虚拟现实技术(Virtual Reality,简称为 VR)或称灵境技术。VR 在综合计算机图形技术、计算机仿真技术及显示技术等多种技术的基础上,以仿真的方式给用户创造一个实时反映实体对象变化与交互作用的三维虚拟世界。通过头盔显示器、数据手套等辅助传感设备,向用户提供一个观测并与该虚拟世界交互的三维用户界面,使用户可直接参与并探索仿真对象在所处环境中的作用与变化,并产生沉浸感。只要按照某一战役的直实战场环境(包括地形、地物、空情、气象、兵力和武器装备等情况),生成灵境武器和灵境战场,就可以让指挥人员和技术人员在这种虚拟环境下参与新系统的试验。让他们在这个虚拟的系统面前进行交互操作,从中发现问题,帮助设计者对设计方案进行修改,为新系统的研制提供可靠的技术依据。或者按照既定的作战方案打一场虚拟战争,用来检验新系统的性能,或培训作战指挥人员。

近年来,在指挥控制系统仿真技术领域,VR 技术被认为是未来的新兴技术中最具影响的技术之一。世界发达国家正以综合性仿真环境作为发展重点,并建造多种综合性的、大型的仿真与虚拟现实设施,将其组成仿真与虚拟现实试验网。

此外,系统仿真的一些新的仿真方法(如定性仿真方法、并行仿真技术、智能仿真等)将会应用于指挥控制系统仿真,从而极大地推动指挥控制仿真技术的发展。

7.3 防空指挥自动化指挥控制系统的效能评估

7.3.1 防空指挥自动化指挥控制系统效能评估的基本概念

1. 效能

效能(Effectiveness)是一个系统在一定环境下满足一(组)特定任务要求或目标(Goal)程

度的度量。它描述一个系统完成其任务或达到其目的(Objective)的整体能力。更明确地讲，该效能定义包括下列内容：

(1)系统效能是一个总体指标；

(2)系统效能同系统的工作特性有关；

(3)系统效能是时间的函数；

(4)系统效能是系统的使用环境或使用条件的函数；

(5)系统效能随系统所执行任务的变化而变化；

(6)系统效能度量可取多种"尺度"。给定效能度量条件下，又可采用不同的度量方法来估计效能值。

与效能相关的概念是'效率(Efficiency)"。效率是输出与输入之比，用来评估系统的转换性能。即效率是对系统转换特性的度量。"效率"意味着把各种相关事务做好并以极大化输出；"效能"意味着把各项该做的事务做好以达到其目标(Goal)。效率和效能的区别在于效率明确规定了系统运用的资源消耗约束，而效能则没有这个规定。

2. 效能分析

"效能分析"是一种特殊的系统分析工作过程，它将被研究系统的任务、使命、环境、技术性能、战斗性能及使用维护保障性能等综合在效能这一总指标的下面，如图7.13所示。

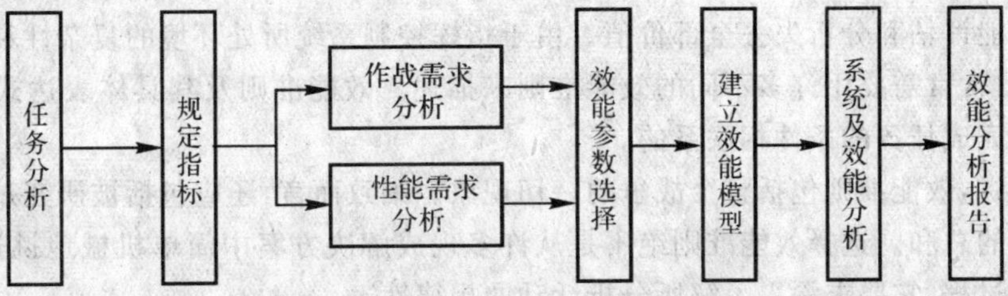

图7.13　系统效能分析的一般流程

任务分析——规定任务目标和作战使用条件，并据此确定性能准则。

规定指标——规定系统的品质因数，即战术技术要求。

性能需求分析——将目标和作战使用条件转变为系统总的性能要求，并对系统效能有重要影响的系统性能参数作出规定。

作战需求分析——包括对系统的人员、作战使用、维修和后勤保障等的描述和分析。

效能参数选择——通过分析、简化，在大量效能参数集中，只保留那些最关键的子集，从而使效能分析工作能顺利进行。效能分析工作主要包括拟定关键性矩阵，识别重要的可计量因素，即设计变量、建立传递函数、效能灵敏度分析。

建立效能模型——用以度量技术性能，它既是效能参数(如有效性、可信赖性和能力)的函数，又是关键性系统参数的直接函数。主要步骤包括提出假设、确定效能参数模型、综合研究效能模型、综合研究费用效能模型。

系统效能(费用)分析——这是一个迭代、权衡过程，采用的是(军事)运筹学，目的是在满足任务目标要求的同时，使技术性能和全寿命费用达到最佳匹配。

效能分析报告——对上述各步骤所涉及的内容做出完整详尽的说明和总结。

可见,在效能分析工作中,确定准则、性能、属性、品质因素等是基础,建模、评估和分析是重点。

3. 效能评估

指挥控制系统效能评估是以指挥控制系统的作战要求为前提,选择合理的评价准则和适当的方法后,进行评价指挥控制系统整体性能的过程。

效能评估的步骤:

(1)选择评估准则——用以衡量被评估系统的工作成果。

(2)确定指挥控制系统诸参数与被选定准则的具体数值关系。一般依据数学分析和组成指挥控制系统的各部件的工作原理来建立效能分析模型。所以,这部分工作实质上是得到所研究对象的物理模型、数学模型,以及选择相应的分析方法,再得到为解决问题所需要的各种关系式。

(3)分析结果与选择最佳解。经选定准则、模型和参数后,便可使用它得到提高系统活动有效性的建议。

7.3.2 防空指挥自动化指挥控制系统效能评估的指标体系

1. 效能准则的选取原则

从效能评估的三个步骤可以看出,步骤(1)是非常重要的。轻视这一步骤,会使对指挥控制系统的效能评估和分析失去全部价值。由于指挥控制系统所处环境的复杂性和作战任务要求的多样性,常常需要用许多不同的效能准则来描述。效能准则及其具体表达式是同任务本身的特点和完成任务的条件相联系的。

广义上讲,效能准则包括整个战争的一切现象。细致而言,还应包括被研究过程中起作用的全部因素的总和。选择效能准则绝不是从许多现成解决方案中简单机械地挑选动作,而是一个创造的过程,它要求深入了解所分析活动的规律性。

由此可见,指挥控制系统效能评估的目的,不仅仅是建立被选定的效能准则与战斗活动条件诸参数之间的数值关系,更重要的是在每一具体情况下寻找建立效能准则的必要原则。

在确定效能准则时,应遵循整体性、目的性、层次性、规律效应性、时空变化性、动态相关性、要素有用性和控制反馈性等原则。

指挥控制系统完成某一方面作战能力的综合性能指标往往是可以定量描述的。具体度量指挥控制系统效能的准则形式有数值型、数值期望型、概率型、相对型、类比型、综合型和矢量型等。

2. 指挥控制系统效能评估的指标体系

指挥控制系统效能是指挥控制系统在一定环境条件下,满足一(组)特定任务要求或目标程度的度量。它描述了指挥控制系统完成其规定任务或达到预期目标的能力。指挥控制系统的能力是其所具功能及其相应性能的综合体现。依据效能的层次性原则,指挥控制系统效能评估的指标体系如图 7.14 所示。可从两个角度来考察指挥控制系统的综合能力。一是从指挥控制系统内部(微观)考察,此时,将反映指挥控制系统本身的完备性(可称其为静态效能或内部效能),这种完备性在指挥控制系统的设计或研制阶段是可控的。二是从指挥控制系统外部(宏观)考察,此时,反映的是在一定的作战背景下,指挥控制系统所具有的指挥、控制和协调能力(可称其为外部效能或指挥控制系统的作战效能),这种能力必须通过战果来体现。

一般来说，影响指挥控制系统效能的因素主要有四点：

(1)信息获取能力。如情报的准确性、容量、及时性、连续性。

(2)信息传输能力。如通信的畅通率、传输率(数据率)、误码率、容量、保密性、抗干扰性。

(3)信息处理能力。如指挥控制系统对敌威胁估计的准确性、决策准确性、及时性、对下指挥能力。

(4)生存能力。它涉及系统方面的可靠性、可维修性、抗毁性、保密性、灵活机动性、可扩展性。

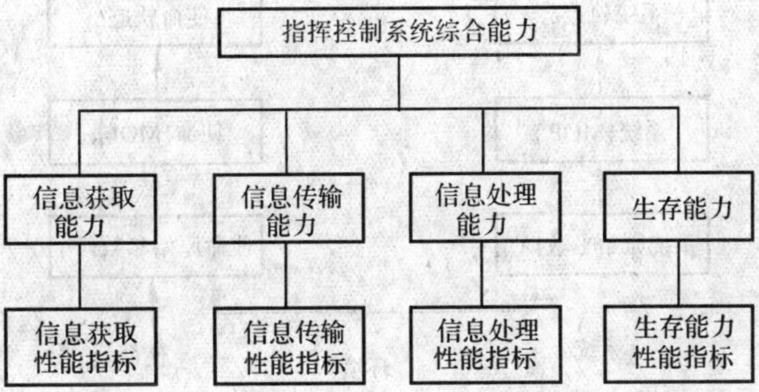

图 7.14　指挥控制系统效能评估的指标体系

分析和评估静态效能和作战效能时，所使用的理论和技术是不同的，但它们共同的基础信息均包括了对指挥控制系统性能指标的定义与度量。

7.3.3　防空指挥自动化指挥控制系统效能评估的方法

1. SEA 方法

SEA(System Effectiveness Analysis)方法是由 L. H. Levis 于 1984 年提出的。该效能分析方法将系统效能归结为系统属性与使命属性的满足程度。它基于六个基本概念：系统、使命、环境、原始参数、性能度量和系统效能。其中，系统是由相互关联的各个部分所组成的协同动作的有机整体；使命是赋予系统必须完成的任务；环境是与系统发生作用而又不属于系统的元素的集合；原始参数是一组描述系统、环境及使命的独立的基本变量，故它又可划分为系统原始参数(如系统中的探测半径、系统反应时间等)、环境原始参数(如系统所面临的交战双方兵力、目标威胁等)和使命原始参数(如要求系统完成给定任务的时间和应达到的效果等)；性能度量(用 MOP 表示)是描述系统完成使命品质的“量”，如系统完成任务时的敌我相对状态、毁伤敌人的概率等，它与系统使命的涵义密切相关；系统效能(用 E 表示)概念如上文所述，对它的度量是对系统属性和使命属性进行比较并进行量化的结果，它表征了系统与使命的匹配程度。上述诸概念中，前三个用于提出问题，后三个用于确定分析过程中的关键量。

SEA 方法可用图 7.15 所示。

其分析步骤如下：

(1) 确定系统、环境和系统使命；

(2) 由系统使命抽象出一组性能量度$\{MOP_i\}$，即构成系统属性空间；

(3) 根据系统在环境中的运动规律，建立系统原始参数(又称为系统基元)$\{X_i\}$ 到性能量度的映射 f_s，确定出一组系统实际属性值，即

$$\{\mathrm{MOP}_i\}_s = f_s(X_1, X_2, \cdots, X_k)$$

系统确定后，其基元的值也就随之确定，从而可以估算出属性的值。从这个意义上讲，系统的一个实现，对应于其属性空间上的一个点。系统运行过程中，系统原始参数在一定范围内的变化规律将形成属性空间中的系统轨迹 L_s。

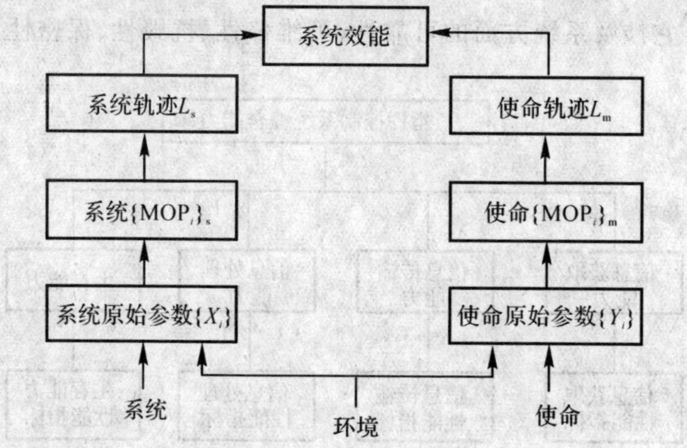

图 7.15 SEA 方法框图

(4) 根据系统使命要求，建立使命原始参数(又称为使命基元){Y_i}到性能量度的映射 f_m，确定出一组使命属性值，即

$$\{\mathrm{MOP}_i\}_m = f_m(Y_1, Y_2, \cdots, Y_n) \tag{7.1}$$

使命属性的值对应于使命属性空间上的一个点。同样，由使命原始参数在一定范围内取值的变化规律将形成使命空间中的使命轨迹 L_m。

(5) 将系统属性(L_s)和使命属性(L_m)转化到同一属性空间上，使得系统属性和使命属性具有可比性。

(6) 从系统完成使命的观点出发评估系统的效能。

系统在运行时落入哪种系统状态一般是随机的，因此，在系统运行状态集中，系统落入可完成使命的状态的"几率"大小，就反映了系统完成使命的可能性，即系统效能。故系统效能指标 E 可由下面表达式确定。

令{MOP_i}空间的 L_s 上，点的随机分布密度为 $h(s)$，则

$$E = \int_{L_s \cap L_m} h(s)\mathrm{d}s \tag{7.2}$$

特别地，当 L_s 上的点满足均匀分布规律时，即 $h(s) = 1/V(L_s)$，其中，V 表示{MOP_i}空间上的测度，则

$$E = \frac{V(L_s \cap L_m)}{V(L_s)} \tag{7.3}$$

显然，系统效能 E 的值域为[0,1]。如果

$$L_s \cap L_m = \varnothing \tag{7.4}$$

它表示系统的所有运行状态均不能完成使命，此时 $E = 0$。如果

$$L_s \cap L_m = L_s \tag{7.5}$$

它表示系统的所有运行状态均能完成使命，此时 $E=1$，这是最理想情况。一般的情况下，则有

$$L_s \cap L_m \neq \varnothing,\quad L_s \cap L_m \subset L_m,\quad 且\quad L_s \cap L_m \subset L_s \tag{7.6}$$

在这种情况下，说明系统属性的部分值满足使命要求，此时，$E<1$。

特别的情况下，若

$$L_s \cap L_m = L_m$$

则说明 $L_s \supset L_m$，式(7.2)或(7.3)的值亦小于1。这个结果可从两方面解释：一方面是只有一部分系统属性值满足使命要求；另一方面是系统能力超出了使命要求，系统的资源未得到充分利用，因而降低了系统的效能。

尽管 SEA 方法已在许多领域的系统效能评估中得到应用，但当系统效能评估指标体系中存在定性因素时，该方法的使用就会遇到建模或确定映射 f_s 和 f_m 的麻烦。因此，对该方法做适当的改进是必须的。

2. 期望效用法

期望效用法是对美国工业界武器系统效能咨询委员会(WSEIAC)于20世纪70年代初提出的效能分析模型 $E=\boldsymbol{ADC}$ 的改进。假设系统有 N 种可能的指挥控制方式 $\boldsymbol{CC}=[cc_1, cc_2, \cdots, cc_N]$，面临的对抗条件集合记为 $\Theta=\{\theta^1, \theta^2, \cdots, \theta^K\}$。可采用某种对抗条件 $\theta(\theta\in\Theta)$ 下击毁目标的期望数，记为 $f(x,\theta)$，来表征系统 $x(x\in X$，评估对象集) 在该对抗条件下的效能。从而有效能模型为

$$f_E(x) = \sum_{\theta\in\Theta} \rho(\theta) f(x,\theta),\quad x\in X \tag{7.7}$$

式中，$\rho(\theta)$ 为对抗条件出现的概率。

参照 $E=\boldsymbol{ADC}$ 模型，可得 $f(x,\theta)$ 的表达式为

$$f(x,\theta) = \boldsymbol{A}(x,\boldsymbol{CC})\boldsymbol{D}(x,\boldsymbol{CC})\boldsymbol{C}(x,\boldsymbol{CC},\theta) = \sum_{j=1}^{N}\sum_{i=1}^{N} a_i'(x) d_{ij}' c_j(x,\theta)$$
$$x\in X,\quad \theta\in\Theta \tag{7.8}$$

式中，$a_i'(*) = a_i(*)/\sum_{i=1}^{N} a_i(*)$，$i=1,2,\cdots,N$ 为系统处于 cc_j 时的归一化有效度分量；$d_{ij}'(*) = d_{ij}(*)/\sum_{j=1}^{N} d_{ij}(*)$，$i,j=1,2,\cdots,N$ 为系统由 cc_i 转移到 cc_j 的逐行归一化转移概率；$c_j(*)$ 为系统处于 cc_j 时指挥所属兵力的作战能力。

$\boldsymbol{A}$ 向量和 $\boldsymbol{D}$ 矩阵可根据可靠性理论，结合被评估系统的结构来确定。能力矩阵 $\boldsymbol{C}=[c_1\quad c_2\quad \cdots\quad c_N]^{\mathrm{T}}$ 定义为

$$c_j(x,\theta) = \frac{N_b}{\sum_{i=1}^{L} N_r(\theta_i^1, \theta_i^2)} \prod_{k=1}^{K_1} P_j^{(k)}(x) \Big[\sum_{i=1}^{L}\prod_{k=K_1+1}^{K_2} P_j^{(k)}(x,\theta) N_r(\theta_i^1,\theta_i^2)\Big] \tag{7.9}$$

式中，$j=1,2,\cdots,N$；$x\in X$；$\theta\in\Theta$。N_b 为敌目标数；N_r 为我火力单位数；θ_i^1 为我集火武器种类；θ_i^2 为第 i 种武器的数量。$P_j^{(k)}$ 为系统 x 处于 cc_j 时的第 k 个属性的值，它们是：① 远方侦察雷达站发现目标的概率 $P^{(1)}(x)$；② C^3I 系统服务概率 $P^{(2)}(x)$；③ 集火单位瞄准跟踪概率 $P^{(3)}(x,\theta)$；④ 集火单位可射击目标的概率 $P^{(4)}(x,\theta)$；⑤ 集火单位的可靠度 $P^{(5)}(\theta)$；⑥ 集火单位击毁目标的概率 $P^{(6)}(\theta)$。

实践表明．该期望效用效能模型可有效地辨识出系统的“兵力倍增”效果。

3. 多属性综合评估法

当系统的效能指标体系中存在定性、定量指标或属性时，宜采用该方法。多属性综合评估法的一般模型为

$$\max F(X) \tag{7.10}$$

式中，$X=\{x_1,x_2,\cdots,x_n\}$ 为被评对象集；$F(x)=\{f_1(x),f_2(x)\cdots,f_m(x)\}$ 为评价准则集。

若 $f_i(x)(x\in M)$ 为定性指标，则可采用适当的量化标度结合专家咨询将其数值化；若 $f_i(x)(x\in M)$ 为定量指标，则可依据该指标与系统属性的物理关系，通过解析法或仿真法将其具体化。

考虑到多属性综合评价结果具有多值性和模糊性，故对系统的效能进行综合评价时，应采用几种不同的方法，以便于相互比较，提供更多的信息，并利于形成较易取得共识的评价结果。效能综合评价的逻辑程序，如图 7.16 所示，其中 L 一般取 3。

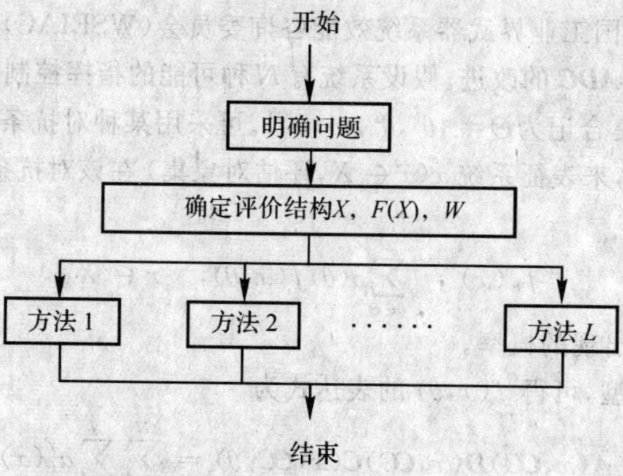

图 7.16 效能综合评估逻辑程序

图 7.16 中的 W 为多属性综合评价过程中的权重要素，可通过层次分析(AHP)法、二项系数法等确定。有关文献详细地讨论和介绍了大量适用的包括定量、定性定量相结合和模糊综合评价的方法，应根据需要和可能从中选取。

第8章 防空指挥自动化指挥控制系统的案例分析

8.1 国外军队典型的防空指挥自动化指挥控制系统

8.1.1 美军典型的防空指挥自动化指挥控制系统

1.“宙斯盾”(AEGIS)指挥控制系统

“宙斯盾”指挥控制系统是美国研制的海军战术指挥控制系统。1981 年正式装备美国海军。主要用于对付反舰导弹，具有区域防空能力。

“宙斯盾”系统由指挥和决策、武器控制、多功能相控阵雷达、火控、导弹发射和作战准备测试等 6 个分系统组成。

MK-1 指挥和决策系统，负责建立战术原则，进行数据处理，有正常、降级和辅助三种工作方式。它包括四机柜 AN/UYK-7 计算机、AN/UYK-4 显示控制设备、变换装置、RD-281存储器和数据变换辅助控制台等。该系统是全舰的指挥和控制中心。它负责建立战术原则，显示并处理来自舰上各传感器的信息，作出威胁判断和火力分配，协调和控制整个作战系统的运行。

MK-1 武器控制系统，包括计算机、综合装置和数据交换台，负责计算可交战性，产生武器制导和控制命令，跟踪数据处理等。它由四机柜 AN/UYK-7 计算机、“宙斯盾”综合装置、MK-138 射击开关组合件和数据交换辅助控制台组成。该系统负责按照 MK-1 指挥和决策系统的作战指令，具体实施对武器系统的目标分配、指令发射和导弹制导等功能。

“宙斯盾”指挥控制系统的主要特点：①雷达从搜索方式转为跟踪方式仅需 50 μs，能够对付掠海飞行或大角度俯冲的超音速反舰导弹，反应速度快。②可以在严重的电子干扰(包括消极和积极干扰)、海浪波及恶劣环境下正常工作，有较强的抗干扰能力。③能够在无后勤保障的情况下，在海上可靠地持续工作 40～60 天，系统的大修周期为 4 年，系统可靠性高。④可综合利用舰上的各种武器，同时拦截来自不同空间的多个目标，具有对付敌人饱和攻击的能力。⑤能够对付高、中、低、超低空目标及掠海飞行的反舰导弹。

2. 美军地面指挥控制系统

美军地空导弹部队指挥控制系统结构如图 8.1 所示。装备的指挥控制系统型号较多，其中 AN/TSQ-73 指挥控制系统被认为是美军目前较为先进的地空导弹指挥控制系统，具有自主式、全自动化、机动性好的特点，是美军指挥控制地空导弹部队的主要设备。它可以指挥“爱国者”“霍克”“改进霍克”“罗兰特”等防空导弹武器系统。该系统可以单套装备武器系统进行射击控制使用，也可多套联网工作（见图 8.2），各指挥控制节点间通过数据通信链路连接，完成节点间的信息交换。野战防空主要是用前方地域防空系统（FAADS C2I）。

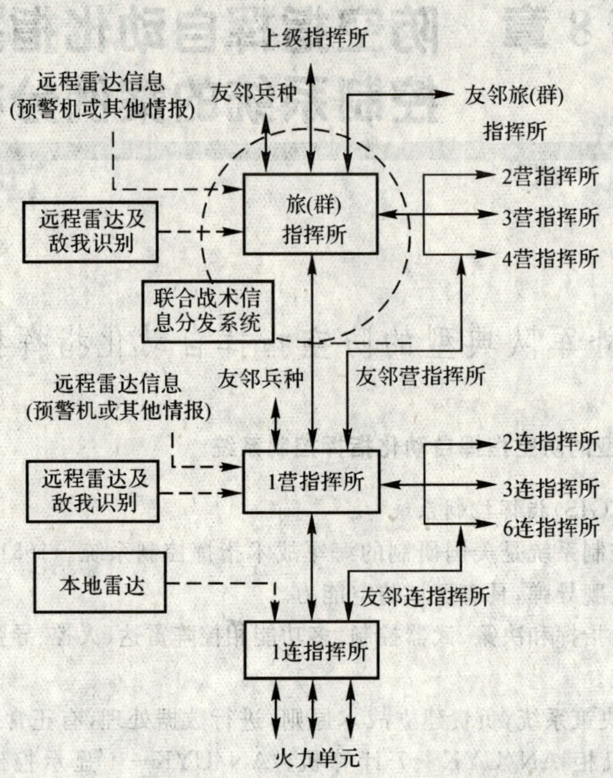

图 8.1　美军地空导弹部队指挥控制系统的结构示意图

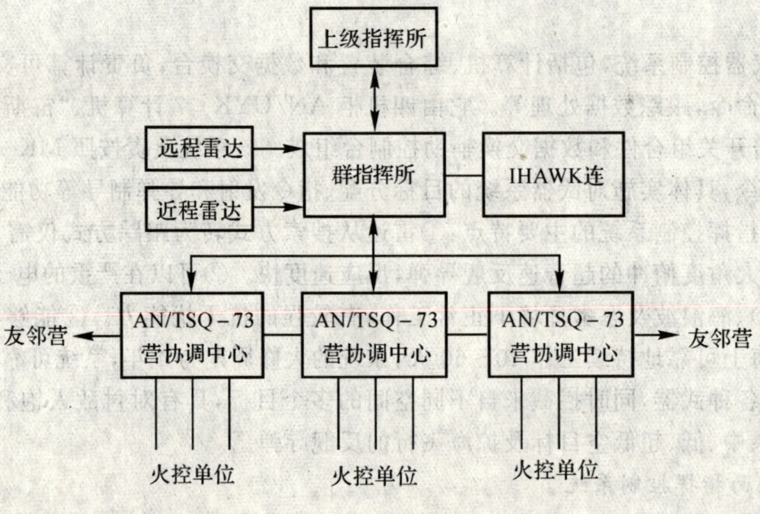

图 8.2　AN/TSQ-73 指挥网络图

美军地空导弹部队的指挥控制设备既能保障在上级指挥控制下协同作战，又能保障独立进行防空作战任务。系统的通信和情报主要依赖于区域通信和情报网。在正常情况下，通过无线电数据链路和自动化指挥设备(如 AN/TSQ－73)实施自动指挥控制。当无线电数据链路故障时,由人工指挥小组使用战术无线电台网对部队进行指挥。通信网络能保障地空导弹营之间相互交换信息的需要。

下面对美军 AN/TYQ－23 指挥控制设备作一介绍。

AN/TYQ－23 是为美国空军和海军陆战队提供的战术空军作战中心/模块式控制设备,是一个可运载(装在标准方舱内)、模块化(可通过光缆连接 5 个方舱)、自动化的指挥控制系统,能完成空军地面攻击控制中心 GACC(1～3 个 AN/TYQ－23 方舱)、前沿空中控制站 FACP(2 个 AN/TYQ－23 方舱)和控制报知中心 CRC(4 个 AN/TYQ－23 方舱)对空中作战中的飞机和地(舰)空导弹的指挥和控制。其系统功能如下:

(1)可接收 3 部(最多允许配置 5 部)搜索雷达和敌我识别设备(IFF)产生的航迹报告;

(2)接收和处理经由标准数字数据链路来的航迹数据,其中包括由机载探测器平台,如机载警戒和控制系统(AWACS)、联合监视和目标攻击系统(JSTARS)和精确定位系统(PLSS)输入的数据;

(3)自动完成航迹相关、识别、分类、威胁评定和武器选择及分配等功能;

(4)接收和处理经数字数据链路输入的美国和盟国其他指挥和控制系统,以及具有数字数据链路能力的被控武器系统来的监视信息、任务命令、指挥和状态数据;

(5)处理从显示控制台(1 个方舱有 4 个)输入的命令,用于输入、删除或修改已有信息和启动战术空军作战模块(TAOM)内部和外部传输到 TAOM 的相应动作;

(6)根据各种人工和自动输入,在显示控制台上显示实时战术空中态势,显示信息包括计算机产生的图形(航迹符号、速度矢量、地图线等),字符数据和雷达/敌我识别图像。

AN/TYQ－23 模块(方舱)主要包括雷达接口设备、数据处理计算机、存储器、4 个显示控制台、通信设备及记录设备等(见图 8.3)。

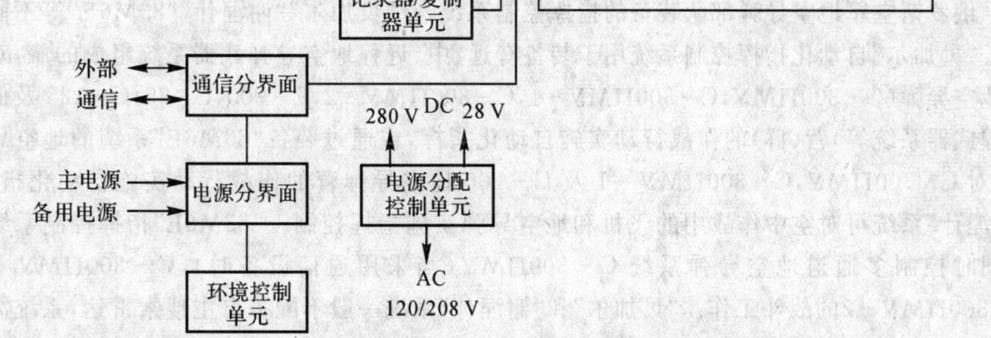

图 8.3　AN/TYQ－23 系统结构

系统主要性能参数：

(1)系统体系结构采用分布式处理。

(2)系统内处理和传输数字数据的所有单元是由一条数字数据总线互连的，传输速率为10 Mb/s。

(3)互连的处理机有 65 个。其中包括 2 台 AYK－14，13 个 L3120，15 个 Z－8000，35 个 Z－80。内部采用双芯电缆，方舱之间使用光缆(长度为 500 m)。

(4)通信接口单元连接通信设备，其中包括 4 个语音入口单元，提供 4 部 UHF 电台，3 部 VHF 电台和 2 部 HF 电台。

(5)使用标准数字数据链路(见图 8.4)，能与战术数据信息链路(TADIL－A，TADIL－B，TADIL－C，ATDL－1 和北约 LINK1)进行信息交换。

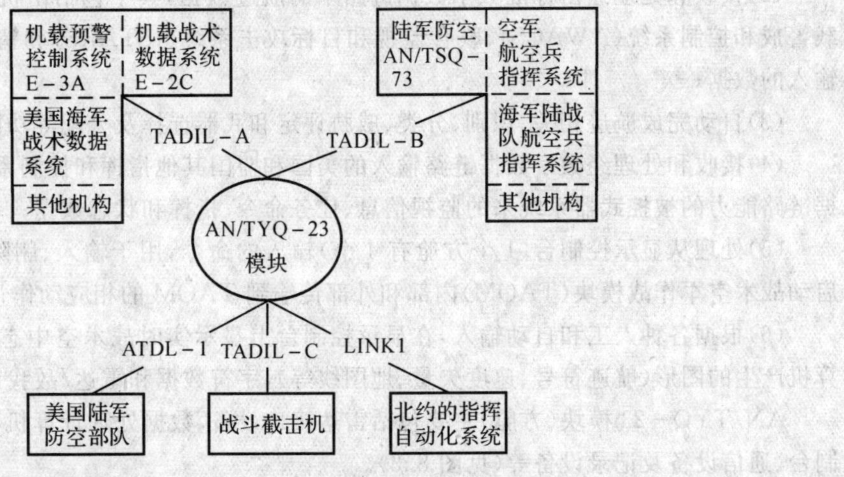

图 8.4 AN/TYQ－23 标准数字数据链路

一个战术 C^3I 单元通过使用 1～5 个 AN/TYQ－23 模块来实现。该系统与美陆军地空导弹部队进行信息交换时，通过 AN/TSQ－73 双工数字数据链路接口进行。该系统设计要求能适应当今迅速发展的战场变化，而且要结实、可靠，能在恶劣作战环境中具有抗毁能力。

8.1.2 俄罗斯军队典型的防空指挥自动化指挥控制系统

俄罗斯空军地空导弹部队装备的指挥控制系统，有“贝加尔”“谢涅什”“83M6E”等不同系统。“贝加尔”自动化指挥控制系统用于装备有远、中、近程地空导弹武器系统组成的旅，对所属地空导弹(C－300ПМУ，C－300ПМУ－1，C－300ПМУ－2，C－200，C－75，C－125 及低空近程武器系统等)营(群)的作战行动实施自动化指挥，或通过装备“83M6E”系统的地空导弹团，对 C－300ПМУ，C－300ПМУ－1 及 C－200 地空导弹营的作战行动实施自动化指挥。“谢涅什”系统可对空中作战中的飞机和地空导弹实施指挥控制。“83M6E”指挥控制系统用于同时控制多通道地空导弹系统 C－300ПМУ(当采用通信设备时)，C－300ПМУ－1，C－300ПМУ－2的战斗工作。“贝加尔”和“谢涅什”系统一般不配备自主搜索雷达，系统需要的空情信息由雷达情报网保障。“83M6E”指挥控制系统配有双面相控阵自主搜索雷达，可以完成对各种飞机和战术弹道导弹的探测跟踪，实时地给武器系统提供目标指示，从而缩短武器系统群的反应时间。

"83M6E"地空导弹团指挥控制系统的功能、结构、设备和参数如下：

1. 功用

机动式的 83M6E 指挥设备，用于同时控制多通道地空导弹系统 C－300ПМУ，C－300ПМУ－1，C－300ПМУ－2 的战斗工作。

2. 指挥结构关系

83M6E 与上级（旅或防空兵团）指挥所建立指挥链路，指挥控制所属地空导弹营，并与友邻指挥所建立协同关系。它与友邻的协同关系如图 8.5 所示，其指挥关系如图 8.6 所示。

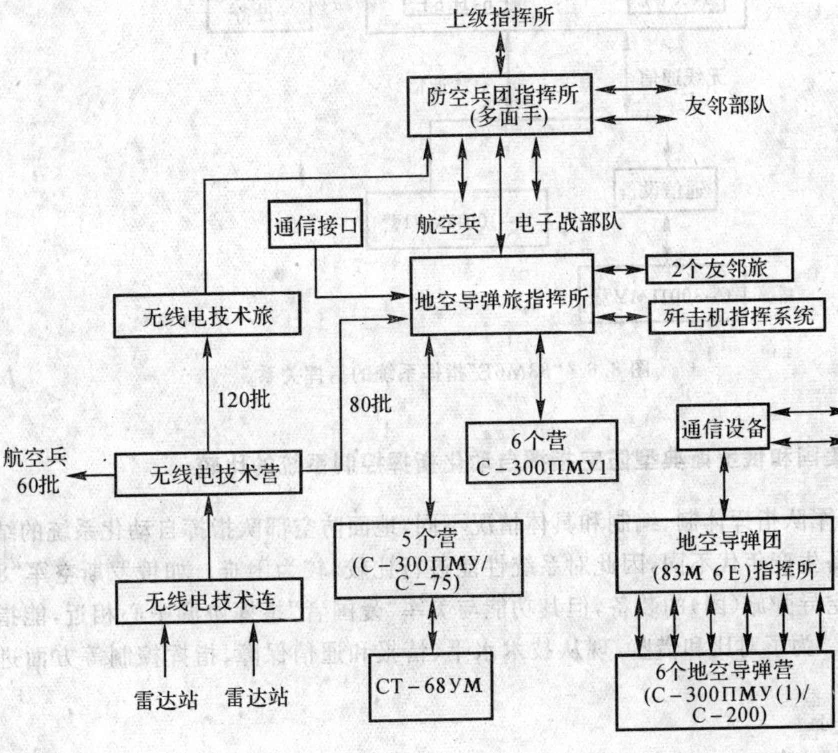

图 8.5　俄罗斯防空指挥自动化系统与其他系统的相互关系

3. 83M6E 指挥设备的组成

(1)作战指挥所。作战指挥所的功能：

接收处理和显示雷达情报，确定类型，分配并进行目标指示；

接收上级指挥命令，向地空导弹营分配目标和进行目标指示，控制地空导弹系统战斗工作状态和相互协调；

向上级指挥设备传送有关目标、地空导弹系统战斗状态和作战行动的信息，并与友邻83M6E 指挥所交换协同作战信息；

在复杂的干扰情况下，保证地空导弹系统的相互协作；

模拟训练和记录重演。

(2)搜索雷达。用于保证为指挥所提供雷达信息。

(3)地形连测车。用于确定阵地坐标和定向。

(4)外部供电设备和通信中继设备等。

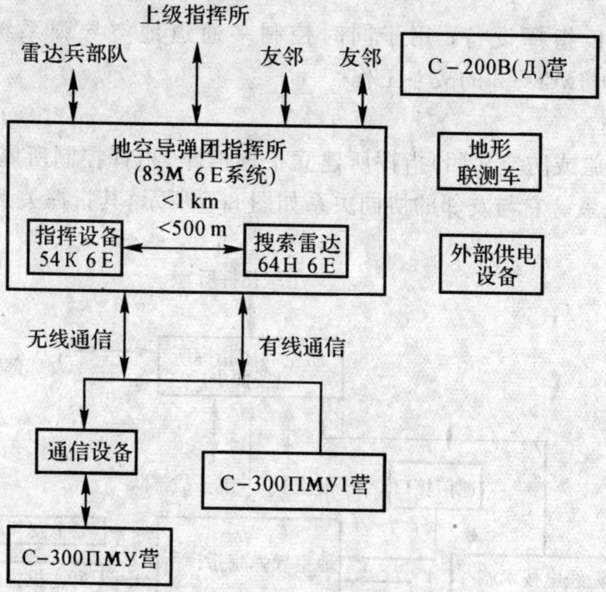

图 8.6 "83M6E"指挥系统的指挥关系

8.1.3 美国和俄罗斯典型防空指挥自动化指挥控制系统的比较

由于各国军队指挥体制、编制和具体情况不同,地面防空部队指挥自动化系统的结构也有不同,加上装备生产年代不同,因此对系统性能进行比较,较为困难。如俄罗斯空军"83M6E"系统,虽是地空导弹旅(团)的装备,但其功能与美军"爱国者"指挥协调中心相近,能指挥控制6个火力单元。为了对比和借鉴,现从技术水平、情报和通信保障、指挥控制等方面进行大致的比较。

1. 技术水平

美军 AN/TSQ-73 地空导弹指挥控制系统和俄罗斯空军"83M6E"系统分别代表了他们的指挥自动化装备的水平,它们之间主要性能的对比如表 8.1 所示。

2. 情报保障

就配备的目标指示雷达讲,由于"83M6E"的搜索雷达为 P 波段,因此从工作方式、测量精度、抗干扰能力等方面看,"83M6E"系统的搜索雷达要好,尤其是"83M6E"系统配备的自主搜索雷达对弹道式目标和低空目标的探测性能更好。而美军防空导弹指挥控制系统通常不专配目标指示雷达,而由临近雷达和情报网综合保障,如海湾战争中"爱国者"防空导弹系统的指挥控制。

3. 指挥控制性能

从指挥控制性能看,都可以满足各自指挥控制要求的需要,容量略有不同;数据处理计算机都采用热备份,"83M6E"系统还具有重构功能。由于"83M6E"配有搜索雷达,从其情报的实时性和机动能力看,"83M6E"系统要好一些。

表 8.1　美国 AN/TSQ－73 与俄罗斯 83M6E 主要性能的对比

项目		俄罗斯 83M6E	美 AN/TSQ－73
用途		装备于对空导弹团	旅(群)营
主要组成		搜索雷达、指挥所、通信中继设备、地形联测车、供电设备	指挥控制方舱、情报终端、通信终端
指挥控制	容量	8 个营	4～8 个连
	武器种类	主要是“萨姆二”。也可指挥“萨姆六”“萨姆七”等	用于多种地空导弹型号
	显示设备	2 套	2 套，可扩充 6 套
	计算机	双机热备份	双处理器
情报保障	接收	上级 150 批、友邻 5 批、各营 5 批	可接收本地雷达和情报网的信息
	处理	100 批	100 批
	分配	40 批	
通信	数据传播距离	30 km，可中继增加通信距离	决定于通信信道
	通信方式	一点对八点，双向	双向
	连接对象	上级、友邻、所属营	上级、友邻、所属连(营)

4. 通信保障

美军指挥控制系统的通信通常由区域通信网保障。“爱国者”地空导弹营采用栅格状数据语音网(见图 8.7)，保证网内指挥控制和情报信息的实时传输，而“83M6E”为星形网，抗毁能力较弱。

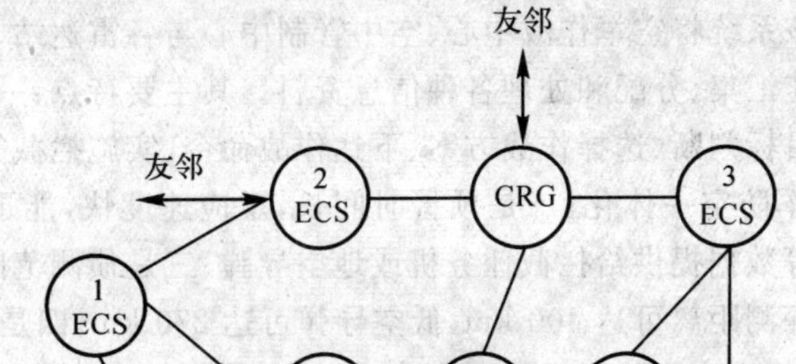

图 8.7　“爱国者”地空导弹营的通信结构

ICC—营信息协调车；ECS—火力单元指挥控制车；CGR—通信中继车

上述比较，由于指挥体制和指挥控制的对象的不同，加上美军地空导弹指挥自动化系统的情报、通信均由区域网保障，系统组成与俄罗斯不同，不仅与“83M6E”系统的性能进行较全面的比较有些困难，而且与我军也缺少可比性，因此不能说明所有问题。

目前先进国家的地空导弹部队指挥自动化系统所处的水平：

(1)已全面建成适应全境作战需要的指挥自动化系统，为地空导弹指挥自动化系统入网创造了条件，并且预警与机载预警探测系统相结合，采用综合保障，具有较好的拦截低空和弹道式目标的能力；

(2)雷达探测技术、通信技术和电子战技术先进；

(3)系统设备配套性好，机动性能强，实战适应能力高；

(4)系统设备采取冗余备份，战斗可靠性高，抗毁能力强；

(5)系统与武器控制紧密结合，反应迅速，自动化程度高。

8.1.4 其他典型的防空指挥自动化指挥控制系统

1. 日军防空指挥自动化指挥控制系统

日本空军的指挥控制系统主要是“巴其”系统。该系统是一个全自动的战术防空警戒系统，由对空作战指挥中心、探测预警系统、数据处理和传输系统、显示系统及武器系统五部分组成。该系统与日本中心指挥所相连接，保证日本最高当局在必要时能直接指挥航空自卫队。此外，也可与驻日美军的相应系统相连接，组成一个紧急联合管理系统。该系统提高了截击能力和灵活性，可靠性和抗毁性好，充实并强化了指挥功能，提高了系统的指挥自动化能力。

2. 我国台军防空指挥自动化指挥控制系统

1979 年，台湾空军建成了半自动化的“天网”防空作战指挥系统，但该系统自动化程度低，低空目标探测能力差，预警时间短，连网能力弱。为解决“天网”系统存在的不足，台湾当局从 1988 年开始投资 10 亿美元，由美国洛克希德公司设计制造了全自动化防空作战指挥控制系统，即“强网”系统。该系统将空军作战中心、空中管制中心与各雷达站、机场、防空导弹和高炮部队连成一体，能迅速汇集、分配和处理各种信息资料。其主要特点：一是自动化程度高，三军融通性强，实现了从目标判断、选择作战方案、下达作战命令、实施拦截等防空作战的全部自动化，实现了海、陆、空军防空一体化；二是预警时间长，反应速度快，能迅速将所发现的目标机型、速度、高度、航向等数据提供给拦截任务机或地空导弹；三是侦测范围广，低空探测能力强，对低空飞机的搜索、探测距离可达 400 km，低空导弹可达 270 km；四是主要设备地下化，战时生存能力强。该系统将空中作战指挥控制中心地下化，其隐蔽性、抗毁性明显提高。目前，“强网”系统已构成了高、中、低空和远、中、近程相结合的防空体系，在未来作战中将发挥远程预警、快速反应、争夺制空权等重要作用。

3. 印度防空指挥自动化指挥控制系统

印军认为，现代化空战“严重依赖电子设备进行指挥与控制、监视、导航、武器的使用与制导”，电子技术已成为“军事力量对比的一个新的因素”。因此，电子化被印空军列为提高其质量的一个重要方面。

20 世纪 80 年代以来，印空军主要采取了以下几个措施以提高空军的自动化指挥控制能力：一是注重指挥与控制系统的计算机化；二是逐步使机载电子系统高技术化；三是使地面基地导航控制系统电子化。

印空军防空地面设施系统是一个具有数据处理功能的分布式雷达系统，而且与可靠的快速反应的通信网综合，能够探测和识别入侵飞机的威胁，处理所获得的信息，把重要的信息发往防空指挥和控制中心、空军基地、导弹基地、高炮部队和无源防空中心。

8.2　防空指挥自动化指挥控制系统的发展趋势

目前，防空指挥自动化指挥控制系统的目标愈来愈趋向于获取和保持防空战场的信息优势，这种优势主要包括三个方面：信息的实时性、信息的精度和完整性。这主要是通过减少防空指挥自动化指挥控制系统中各个环节的时间消耗，提高防空作战信息质量和指挥效率，增强系统抗毁伤能力等方面来得以实现的。具体可概括如下：

(1)减少层次。随着防空武器系统打击范围的扩大、火力通道数的增多，使防空作战指挥控制决策功能更多地集中到战术级和火力单元级，因此必须提高指挥容量，减少指挥层次，使指挥控制体系结构分布扁平化，实现统一指挥，分散控制。扁平结构有利于集中指挥控制、协调作战及越级指挥，但是实现扁平化，并不是简单的减少层次，而是要加强作战单元之间的信息交互和协作。分布式网络结构则有利于机动作战和分散指挥，提高了系统抗毁能力。

(2)灵活重组。为提高防空体系的适应性、抗毁性，网络内部和相互之间应采用分布式网络结构，以适应指挥体制和方式能够满足防空体系结构随战场情况进行近实时灵活重组的要求。既可以根据作战需要，适时进行按级指挥、越级指挥转换，灵活改变隶属关系，又可以根据作战进程由多个单元体系组成不同形式的防空部署样式。

(3)区域防空综合信息系统一体化。为实现区域防空体系内信息共享和充分利用战区信息资源，并便于与其他军兵种联协作战，作为区域综合信息系统重要有机组成部分的区域防空综合信息系统，必须在区域综合信息系统一体化体系结构的框架下，实现区域防空综合信息系统的一体化，实现其内部以及与区域综合信息系统之间的互连、互通和互操作。

近期的几场局部战争，特别是海湾战争，不仅获得了全面检验现代防空指挥自动化指挥控制系统战斗性能的良好机会，证实了现有的防空指挥自动化指挥控制系统的重要价值，而且也暴露了许多问题。海湾战争后，防空指挥自动化指挥控制系统在西方国家的防务政策中处于极端重要的地位，发展的重点是战术防空指挥自动化指挥控制系统和空防系统对抗，并将防空指挥自动化指挥控制系统互连成全球性网络(如美国计划中的 NMD)，使其成为有力的指挥控制工具。

1. 优先发展防空指挥自动化指挥控制系统

防空指挥自动化指挥控制系统在现代战争中的重要地位和作用，已得到世界各国的普遍承认，但是其发展速度仍然落后于防空武器系统。随着尖端技术的高速发展及其在军事领域的广泛应用，现代防空作战对指挥自动化系统的依赖性将越来越大，这种情况终会促使人们正确处理防空指挥自动化指挥控制系统与防空武器系统之间的关系。新技术兵器的大量涌现，使得现代战争的规模和破坏力空前增大，未来的战场将是陆、海、空一体化作战。指挥这样的多维战争，如果没有指挥自动化系统的支持并作为指挥员指挥军队作战的神经中枢，是不可能取得战争胜利的。因此，各国将指挥自动化系统放在优先发展的地位。

西方国家为发展防空 C^3I 所做的工作可分为三类：一是继续原定的战略防空 C^3I 现代化工程，如北美防空防天司令部地下指挥中心和“导航星”全球定位系统(GPS)的部署等；二是弥

补海湾战争中防空 C^3I 重大缺陷而进行的工作，如高级研究计划局于 1999 年拨款 10 亿美元实施的“战争破坏者(War breaker)”计划，拟在关键的地方增加探测、处理和辅助决策等新技术，以提高系统原有的能力和解决紧急目标的高速定位问题，该计划将用新技术，给战区指挥员提供摧毁类似“飞毛腿”移动式导弹和巡航导弹、移动防空系统等时间紧急的目标。三是瞄准 2010—2020 年的需要而进行的工作，其中被认为最重要的是美国国防部将为全球监视与通信建立的国防信息系统网(DISN)和在该网基础上扩建的国防信息基础设施，这将是一个具有综合业务数字能力的遍布全球的，无缝、保密、互通的栅格状战略通信网。但战术用户可用该网小而轻的可快速部署的单元设备从全球任何地方接入美国本土的巨型计算机，成为美国国家信息基础设施的重要组成部分。

2. 防空指挥自动化指挥控制系统建设将向战术领域倾斜

西方国家大力发展战术 C^3I 的过程中，呈现出两个特点。

第一个特点是从 20 世纪 90 年代中后期开始，战术 C^3I 系统将有一大批新一代系统投入工作，如美军的陆军防空战术指挥控制系统(ATCCS)，英军“韦维尔”指挥、控制和情报系统的配套系统，法军的通信与信息系统(SICF)及营以下部队使用的 SIR 系列计算机化信息系统，德军的“黑罗斯”陆军防空指挥信息系统及其配套系统，意大利的“卡特林”军级综合通信和信息系统，加拿大的陆军防空战术指挥、控制和通信系统(TCCCS)，澳大利亚的陆军防空战术指挥支援系统(AUSTACCS)等，其中在技术和规模上居首位的是美陆军防空战术指挥控制系统。它的体系结构已成为其他西方国家建设战术防空系统的样板。随着上述各国战术 C^3I 系统的问世，防空战场指挥自动化的程度和效果将显著提高。

第二个特点是重视快速反应部队防空 C^3I 的建设。如北约盟军部队结构核心的欧洲盟军司令部快速反应部队，其总部于 1992 年 10 月成立之时，为了能对西欧内与外的军事危机迅速作出反应，有关方面就立刻为这支部队制定了详尽的 C^3I 计划。分别规定了在平时部署前阶段、部署阶段、作战阶段使用哪些成员国的哪些系统，以及这些系统如何接口，如何相互配合等。

3. 指挥控制系统将形成立体配置的全球性网络

20 世纪 80 年代西方国家的 C^3I 网络多数不能互通，难以连成全球性的网络。随着冷战的结束，西方国家联合进行军事行动的机会增加了，加之互通问题逐步解决，使得这些国家系统的互通成为必要与可能的事。这一过程的特点有两个：

一是从一个国家各军种 C^3I 系统的合作互通，到多国 C^3I 系统的合作互通。如美军将分阶段实施各军种 C^3I 系统最大限度的互通，即将空军的战区作战管理系统、海军“哥白尼” C^3I 系统、陆军的战术指挥控制系统和海军陆战队战术指挥控制系统完全结合起来。西方各国 C^3I 系统合作互通的例子有美、英、法、德、意、加、澳空军战术指挥控制系统的互通，美、英、法、德、加、澳战斗网无线电系统的互通，以及美、英、法、德地域通信系统的互通等。二是西方国家空军的飞机也大多装有美军的“快收”'(HAVE QUICK)特高频电台和联合空军战术信息分发系统的终端。尤其是空间 C^3I 方面，欧洲国家拟联合研制欧洲军事通信卫星和欧洲预警信息卫星，这些卫星终端也大都能与各国的各种军用通信卫星兼容互通，解决了通信系统互通的问题。

4. 加强系统对抗研究

现代空防斗争中体系对体系的斗争焦点集中于双方的指挥自动化系统的对抗，可以在防

空 C^3I 系统中的任何环节上进行，它涉及信息探测、信息传递、指挥决策和武器控制等防空作战指挥全过程的多层次对抗的总和。战争中，防空指挥自动化指挥控制系统是敌方武器攻击的首选目标。这主要是因为防空指挥自动化指挥控制系统的重要性和其严重依赖电子设备的脆弱性所决定的。各国普遍认为防空系统对抗性能的优劣，是战时能否实施有效防空作战指挥的一个十分关键的问题。自 20 世纪 80 年代以来，美军致力于研制和发展新一代电子战设备，用于对付敌方的防空 C^3I 系统和保护自己的防空 C^3I 系统。一方面研制改进电子战武器，如精确定位系统、计算机病毒和非杀伤性电磁脉冲武器等，另一方面为了提高系统防电磁脉冲、信息保密和传输能力，又积极发展各种通信设备，如卫星通信、光纤通信、空间激光通信等。美俄等国还在雷达、通信和数据传输系统中，采用新的反干扰技术，加紧研制和装备电子战设备，特别是反防空 C^3I 系统的设备和技术的研究，以加强其防空指挥自动化指挥控制系统的对抗能力。

5. 不断提高系统的有效性、快速性、互通性、抗毁性

防空指挥自动化指挥控制系统要在上级的指挥控制下，与进攻性武器、情报/电子战系统形成严密的防御体系，并直接控制对来袭飞机和导弹的拦截射击指挥，只有在区域防空网络中，才能发挥应有的作用。因此，世界上不少国家都以本土为中心，建立起由多种探测设备组成的防空预警网，解决日益发展的低空、隐身和弹道式目标的预警与拦截，保障能在复杂的战场环境中，实施不间断的指挥。主要表现在：

(1)射击指挥控制向分布式火力控制网发展。射击指挥控制向分布式火力控制网发展，每个火力单元节点包括一个智能指控站，通过智能指控站间的通信网，可以控制各节点的制导站和发射平台，使武器系统在指挥网络的控制下，完成局部战术防空的任务，达到发射平台可远离探测设备和指挥控制中心，受多部火控雷达的控制，增强防空系统的电子对抗和生存能力。美军对“爱国者”地空导弹系统的改进方案和西欧各国在研的地空导弹武器系统（如法国 SAMP - 90 武器系统）的指挥控制均将采用此体制。

(2)系统能控制多种武器系统。为了适应空袭兵器由不同机种、不同性能和执行不同任务的飞机同时从不同方向、不同高度进行整体性突击的空中威胁，要求有多种在空域和性能上互补的武器系统组成多层的立体的全空域防御体系，实现同时拦截多目标，抗击饱和攻击，提高整体作战能力。防空指挥自动化指挥控制系统应能适应不同编制和作战指挥的需要，作战应用软件能根据空袭兵器的变化和不同地面防空武器系统的作战指挥需要，进行修改和扩充，保证对多种武器系统的指挥控制。

(3)情报探测与武器拦截一体化。现有的武器拦截系统在指挥结构上比较固定，导弹火力单元的情报信息主要来自所配的探测器，系统过分依赖以地面为基础的主动式雷达系统，这样的系统容易被反辐射导弹摧毁，也难以对付战术导弹和隐身飞机的攻击。因此，武器指控系统要从指挥系统或直接通过各种通道，接收连网的各种探测器获得的信息，使用各种方式的被动探测和遥感探测技术，从而提高系统的反应能力和抗毁能力。

(4)增强系统生存能力。生存能力是地空导弹指挥自动化系统的关键问题，生存能力低的系统，是难以完成防空作战任务的。尤其是在野战环境中工作的地空导弹指挥自动化系统，提高生存能力的方法，主要有：一是采用分布式结构，减少对于传统结构中的某些关键性节点的依赖；二是机动，因为导弹一发射就暴露了，成为敌攻击的目标，要确保生存，必须经常转移，“爱国者”导弹系统要求在战斗中的导弹连应能每天转移不少于 2 次；三是采用抗干扰通信；四

是隐蔽伪装。

(5)设备向标准化、模块化、系列化发展,既能适应独立工作,又能上下、左右连网,进入区域指挥控制网,构成多级指挥控制网络。

6. 系统将综合采用高技术

由于防空指挥自动化指挥控制系统在现代战争中的重要作用,各国都很重视高新技术在系统中的应用,尤其是大力开展新技术的研究。这些技术对 C^3I 系统的情报收集与处理、信息传输、软件工程和指挥控制等关键技术有重大影响。这些技术主要有:

(1)多频谱技术。多频谱技术是为保持 C^3I 在电子战条件下的工作可靠性而发展起来的一种新技术,是为宽带通信系统的发展开辟道路的。它的特点是天线重量轻,频率变化快捷,具有多个独立波束,增益高,可按不同频率迅速控制多个波束的方向。这种天线可为机载和舰载战术侦察、电子战和通信,提供同时传输的多条数据链路。

多频谱天线可用一种功率放大器将多个激励器输出组合在一起,然后进行放大,直接馈送到多频谱天线。这种多频谱系统可根据频率,在几秒钟内增加或减少电路,实现设备的快速重新组合;它还能与自动链路建立设备,充分兼容,便于实现跳频和扩频功能。此外,各个信道之间的频率不受任何限制,也不需要增加发射机和多路耦合器,而只需增加激励器就可以轻而易举地增加通信线路,增大通信容量。因而,这种多频谱宽带系统的灵活性和快速反应能力比传统的通信方式高得多。

多频段电台是指一部电台具有从高频到极高频的多个工作频段。这种电台将采用微波、毫米波集成电路和超集成电路芯片及具有软件功能的模块群,模块组合程度越高,电台的通用能力就越强。它可与大多数现有电台组网,在从高频到极高频的任何一个频段都可供用户使用,并具有抗干扰能力。

(2)多媒体传输技术。多媒体传输技术是指综合利用短波、超短波、微波、卫星通信、空中平台,以及电缆和光缆等多种传输手段组成局域网、区域网和远程网,并将三种网络组成一个不同网络覆盖而又相互联系的整体网络,为战时提供高度抗毁和反应灵活的通信手段。

从网络结构上看,局域网利用电缆、光缆、微波通信和毫米波无线电通信等传输手段,向用户提供小区域信息传输能力,保障高度机动的作战部队的需要。区域网利用短波、卫星、流星余迹通信、自动电话系统、智能交换设备,并将无线和有线通信加以综合。区域网实现与局域网之间的连接,并与远程网有接口,能够覆盖整个战场,并能根据战场的态势变化,近实时地重新组网和自动调整网络结构,保障作战部队快速反应的需要。远程网将利用卫星(包括低轨道卫星)、空中平台、短波无线电、系留气球等通信手段,组成一个更大范围的多层覆盖的通信网络。远程网与区域网和局部网相结合,抗毁力强,可大大增强对战区作战和全球信息传输的能力。为此,在网络设计上能保障话音、数据和视频信息的传输,满足网络用户不同类型的业务需要,采用入口控制和入口协议,使不同的传输媒体具有互通能力,并能自动控制信息流。

(3)高速并行处理技术。C^3I 系统作为一个信息系统,首先要解决各种各样的信号处理问题,包括多传感器输入信号的融合、侦察信号的分选与识别、语音和图像信号的识别和理解,以及对信号环境的自适应等等。而对这些种类繁多,流量很大的信号处理技术,从处理系统的结构到算法,也存在一定的困难问题。由于复杂的信号处理,需要多处理机构的并行系统。并行处理技术是一个由若干处理单元构成的集合,集合中的处理单元能够互相通信并互相协同,并利用具有并行处理功能的软件,快速地解算大题目,提高信息处理速率。

这种并行处理技术所包含的技术项目有高性能计算机系统、高级软件技术、高性能网络技术、基础研究和人力资源。高性能计算机包括新一代计算机系统的研究、系统设计工具、高级样机系统和初期系统评估。

高速并行处理技术在军事上的应用着重解决高保密软件包、专用加速器和实时容错系统，这些技术可大大提高各种武器系统、指挥控制系统和多层分布式“灵巧”武器系统(如与 C^3I 系统相结合的武器系统)的性能。

(4)人工智能和机器人技术。人工智能是一种高级软件与功能很强的计算机能力相结合的技术，是将类似于人脑的智能融进计算机装置中，可使计算机具有人的智能功能。它主要研究用机器来实现人类关于学习、探索、推理、对话、图形识别、环境适应等有关理论、技术和方法的智能活动。在军事上主要用于智能武器和智能控制、飞行控制、导弹制导、通信、导航和雷达预警等方面。

人工智能系统将对操作人员提供决策辅助能力。在快速变化的战场上，智能机器将为军事情报数据分析、战斗管理、实时决策，提供更有效的工具，并通过分布式计算机和数据库，提高 C^3I 系统的生存力。

军用机器人技术是根据计算机的软件指令控制机械装置，如地面遥控车辆和无人空中飞行器等，它们可以代替人执行军事任务，如侦察、电子对抗、海上炮火支援、火炮目标测定及战场损失评估等。

(5)软件工程。海湾战争的经验证明，软件在指挥自动化和武器控制系统中起着关键作用，已成为系统的功能性、灵活性、可靠性、安全保密性的焦点。

软件工程主要包括软件建模技术、软件资源环境、实时容错软件、重复使用软件、并行处理/分布式异步系统软件及高可靠软件等。

(6)数据合成与压缩。随着现代战争的作战速度和复杂性的提高，防空作战需要获取的信息量也越来越大，信息的种类多样，只有采用数据合成与压缩技术，才能适应防空作战对信息的要求。数据合成是将数据的计算和解释，以及通常形式对操作员的表达功能有机地结合起来。这一技术在于将从各种专用传感器获得的数据加以综合处理，提供有关目标的类型、位置和运动情况的信息。数据合成在军事上的应用范围很广，从传感器信号到飞机驾驶舱综合显示，以至战斗管理；从简单的武器到大规模的信息处理应用，它将成为各个军事信息系统的组成部分。

数据压缩是按一定比例将数据压缩处理后，用于传送情报和图像信息。采用先进的压缩技术，数据压缩率可望达到 1 000 ∶ 1，能大大缩短图像的传送时间，从而大大提高图像的收集、处理和传送的速度。

(7)光电技术。光电技术是光技术与电子技术相结合的产物，它涉及信息获取、传输、存储、处理、检索、显示和分发等各个环节。目前光技术的应用在信息传输环节上已有突破，这就是光纤通信。远程光缆传输数据的速度达 10 Mb/s，利用光纤网可以建成高速数据通路。在信息的存储上，光盘的存储密度也超过了磁盘，只是在信息的处理上现在仍主要依靠电子计算机。但是，光计算机有很大潜力，预计在未来 C^3I 技术中，利用光电技术可以做成小型、快速、可靠性更高、抗毁性更强的传感系统和信息传输与处理系统，其性能是目前普通的电子设备无法比拟的。目前，500 亿次/s 的光信号处理技术已趋于成熟。

今后，光电信号处理器将日益用于军用传感器、通信和信息处理系统，其处理速率比目前一般的并行处理系统和光器件的处理速度提高 10 倍。光电集成电路将增强自动目标识别和侦察监视系统的性能。光电技术的研究开发将大大推动高速激光器、传感器、探测器、互连传输媒体、信号处理和探测系统的发展，并在防空 C^3I 上得到广泛的应用。

(8)神经网络技术。神经网络是利用工程技术手段模拟人脑神经网络的结构和功能的一种技术系统。它以大量的非线性并行处理器来模拟众多的大脑元，以处理器间错综复杂而灵活的连接关系来模拟人脑元，用类似人的大脑神经细胞激发，对数据作出决定的一种方法。它不是传统意义上的软件编程，也不遵照严格的冗长指令和大规模的数字运算，而是擅长模式识别和现实世界多义性决策。神经网络技术通过对来袭目标数据的优化，数据库检索，从背景噪声、假目标和干扰信号中分离出真目标信号，来改进目标的跟踪、分类和识别能力。如果有 15 个真目标隐藏在大量假目标中，用计算机需 10 s 才能确定 15 个真目标，如果真目标超过 40 个，则需要很长时间。若用神经网络，在数千个假目标中发现 36 个真目标，仅需 15 s。结果表明，神经网络的处理速度比计算机高 6 个数量级。这在防空 C^3I 系统中是很有应用价值的。这种神经网络系统用于网络管理，可以处理大量的数据，从中提取信息，分析信息趋势。通过数据相关和波形识别，可以比正常情况下观察和报知有大得多的提前量，可告诉操作员系统操作存在的问题。

(9)超导技术。超导技术是利用某些金属导体在温度接近绝对温度 0 K(−273.5℃)的时候，电阻和磁阻接近为零时呈现出的超导特性。由于超导体没有电阻、极低的射频损耗和无频散(工作速率高达 1 012 Hz 时仍无频散)，制成的电路比钢或金属电路的工作速率更快，频带宽，效率更高，直接在国防上应用可以提高雷达和信号处理的能力。研制高性能的雷达、信号处理器、高效率电子器件和超磁系统，基本的部件是低温超导体和高温超导体。

超导体的采用有可能显著降低能量损耗和冷却需求，从而大大提高数字微电路的处理速度和装配密度。超导体的应用将开发出高性能传感器和电子设备，并减轻重量，缩小体积，降低功率要求。通过利用高温超导体，有可能制造出导弹的电磁推进系统。

(10)模拟和仿真技术。模拟和仿真是一种以计算机为基础的系统设计和实验技术，它可将复杂的设计和方案实验过程形象化，而无需建立实际的模型，就可以看到一种设备或武器系统的使用价值。因此，可将它作为未来评估武器系统的一项关键技术。模拟和仿真技术具有高速绘图、非线性公式解答、仿真验证和确认功能，可用于各种大型武器系统研制计划，以减少设计和生产费用、缩短研制周期、改进系统性能、增强指挥控制能力及帮助提高部队训练水平。

在系统设计过程中，利用模拟和仿真技术，可以有效地增强人—机系统的性能和操作适应能力，无论是最初的系统设计还是系统改进，都可以达到这种效果。在战斗管理系统中采用模拟和仿真技术，可以评估敌方各种复杂的武器系统，其中包括环境和地域空间技术、环境数据特征和基于环境的目标识别技术的开发。运用这一技术可演示基于武器系统的系统执行各种作战任务的能力。

随着武器装备硬件开发费用和复杂程度的提高，各种武器系统的设计师将在更大程度上依赖于模拟和仿真技术。防空 C^3I 系统也不例外，研究人员通过模拟和仿真，将大大增强武器系统的设计能力，更有效地研究防空 C^3I 的作用。

模拟和仿真技术用于训练，包括飞机和地面防空部队的交互作用的训练，可以提高训练效能，减少训练费用，因而可进行大规模的机动作战训练。例如，可进行各种防空武器系统的模拟仿真，以便在硬件投产之前，评估技术和人员参数。测算得知，通过这一技术的运用，可使训练和设计方面的费用减少一半。

上述几种主要新技术，将支持防空 C^3I 系统有效实现其功能，充分体现其特征的信息网络技术、软件工程技术、情报探测技术、信号和图像处理技术及数据汇集技术的发展，将有利于提高防空 C^3I 系统的指挥控制能力、组网连网能力、抗毁生存能力和机动快速反应能力。

7. 与武器系统的结合将更加紧密

防空武器系统不仅必须与防空 C^3I 系统结合，而且各种高技术兵器的投放和使用，也离不开防空 C^3I 系统。它可以把防空武器系统有机地集成为一个运转灵活、有效、安全的自动化作战实体，沟通各种武器系统与指挥员之间的联系，使武器系统能充分发挥作用。因此，现代防空武器装备与常规防空武器的基本区别就是具备与 C^3I 系统间的接口和软件功能。

未来的战术防空 C^3I 系统，将主要由智能化数据处理系统、决策支持系统、移动式抗干扰保密通信系统、大纵深立体侦察系统和电子战系统等组成，目前西方各国基本上都采用这样的结构。防空 C^3I 系统与武器系统的结合，主要是通过战术防空 C^3I 系统实现的。武器系统与防空 C^3I 系统的结合，可以提高武器系统的威力和反应能力。通过战术防空 C^3I 系统，能将战场上各种防空武器系统组成统一的整体，充分发挥防空武器系统群体的威力。

8.3 防空指挥自动化指挥控制的新概念

8.3.1 信息化条件下指挥与控制的含义

指挥和控制是涵盖一个各个指挥控制层次的众多行动的技术名词。其含义包括激励和鼓舞机构中个体的士气，设定和传达共同的目标，划分职责，对行动进行评价等。

指挥和控制实质上是一个反复做决策的循环过程，来自作战空间的反馈不断地被融入作战计划和修正的作战行动。信息时代所驱动的变化又对指挥和控制提出了大量新的挑战。信息时代对我们解决问题和完成任务的方式也产生了影响。解决一个问题可以归结为做一个决定或一系列决定(从中选择一个备选方案)。在军事行动中，做出指挥决策是计划过程的一部分，而执行这些决策是行动过程的一部分。信息时代已经改变了我们制定决策、在组织内部分配决策职责、制定方案并对其进行评估，以及在多种方案中进行选择的方式。这对于怎样设计系统和培训人员显然具有重大影响。信息时代已经创建了一个环境，使我们能够制定联合决策，从而增加战斗力，其原因可归结为联合行动的出现、作战空间感知和知识的分布、缩短决策时限的要求等。这种变化本身已经相当巨大，但是信息时代已经通过作战节奏的加快把战争问题从一系列静态事件转变为更加连贯的整体事件。为此需要把迄今为止的分列的计划和执行过程更好地结合起来，需要这两者之间更及时地相互作用，从而最终把这两个过程合并成一个关于指挥和控制的无缝形式。

过去，指挥和控制过程一直以迭代式的相继完成的一系列步骤或特征。它的表现形式包括探测、融合、理解、决定、传递决策和行动(执行)等。下一轮循环从作战空间毁损评估开始，如观察、定位、决策、行动(OODA)循环过程、Lawson 模型(探测、处理、比较、决策和行动过程)等。指挥和控制循环过程存在于不同的层次中，并且子循环过程被相应的嵌入其中。在信息时代，指挥和控制的循环概念已经过时，需要用一种全新的指挥和控制概念替换，即以不同方式制定不同类型的决策，以及将相互独立的计划和执行过程合并。随着指挥和控制的任务与能力的变化，指挥和控制的方法一直在不断改变。不同的军事设置采取不同的指挥控制方法，以适应各自组织的性质和特征。在信息时代最大的机遇是可以自由地寻找更合适的方式，以达到指挥和控制的目的。

未来指挥与控制是与信息化作战条件相适应的。指挥控制的任务已经扩展到管理整个作战空间，而不只是管理武器装备或部队。需要管理的作战对象包括各种实体（如各种传感器、武器系统等）、战场信息基础设施及作战空间的信息等。信息在未来的指挥控制过程中越来越重要，强调信息的重要性并不是否认信息在战争中一直占据着重要的地位，而是说可用信息的本质和量，以及我们日益提高的传送信息的能力，将要对战争的方式产生深远的影响。

具体作战任务的特点决定了它的特殊的作战空间，而每一种作战空间都有其特殊的指挥控制需求，任何一种指挥控制的模式或方法都不会适用于所有情况。因此，尽管指挥控制的基本功能或基本目标是一致的，然而怎样去实施指挥与控制（即指挥与控制的方法）将会因战场空间态势的不同而有极大的变化。一个作战空间往往存在着许多不同的指挥和控制手段，这就使管理作战空间更富于挑战性。

因此，在信息时代，战争双方将竭尽全力利用各种信息获取手段减少己方的战争“迷雾”，通过使各种不同的指挥控制融洽地处在一体之中，努力提高有效管理作战空间信息的能力，与此同时尽量削弱敌方对作战空间的感知能力，力图通过信息优势达成指挥控制优势，进而实现作战优势。为此，新的指挥方法和新的指挥手段需要我们使体系扁平化，将信息流（而不是命令）从指挥链中解放出来，使整个组织加快指挥速度以抑制敌人的选择权，并取得支配权。

当传感器与执行器之间及它们与平台之间相互分离时，会大幅度增加需要管理的作战空间实体资源的数量。为了减少而不是增加信息时代组织层次，必须研究能够管理大量作战空间实体资源而不是增加指挥控制组织体系灵敏性的新的指挥控制方法。

8.3.2 信息战与指挥控制战

指挥控制战是军事领域里信息战的核心要素和主要内容，是在高技术局部战争发展进程中由美军率先提出的新军事术语。指挥控制战所攻击的对象，主要有敌方的认识（认知）系统和信息系统。这是一种高层次、广义性的新型战争形态或作战样式，涉及的领域广泛复杂，不像枪战、炮战、电子战那样直观具体。虽然美军已对指挥控制战和信息战做出了官方的定义解释，但人们在对其概念外延边界的认识上，及其在实践运用的理解上，仍然存在着某些模糊不定或因情而异的现象。这是符合于事物发展进程中的精确性与模糊性共存规律的。这种情况给我们在了解与研究国外军队时增加了困难。但是，从美国空军有关信息战的主要论著中看，较普遍的存在着频繁引用中国古代《孙子兵法》有关条文作为理论根据的现象。从这种现象中，我们也可以把指挥控制战和信息战的实质性核心内涵，建议理解为“胜算”和“运筹帷幄，决胜千里”等中国传统军事文化的内涵概念。因而，指挥控制战和信息战也就是国内外传统军事思想和作战指挥理论在信息时代高技术条件下的继承和发展。

指挥控制战作为一个军事术语新词，迄今才 10 余年的时间。1992 年 7 月 31 日，美国国防部颁发题名为电子战与指挥控制战国防部指示文件中，首次对指挥控制战给出官方的定义：在情报的相互支援下，综合运用作战安全保密、军事欺骗等心理战、电子战和物理摧毁，阻止敌指挥控制设施获取信息，影响、削弱或摧毁敌方的指挥控制能力，同时针对敌方的同类作战行动保护己方的指挥控制能力。1992 年 3 月 21 日，美国国防部颁发了一份名为“信息战”的绝密文件，首次用官方文件形式提出了信息战的概念原则与方针政策，同时在此文件中明确了指挥控制战是信息战的一个组成部分。1993年3月8日，美国参谋长联席会议为贯彻国防部长阿斯平签发的“DODD - TS 3600.1信息战”文件，颁发了一份关于指挥控制战的政策备忘录文件，明确指挥控制战是信息战的要素，为各军种、各联合司令部及各有关单位规定了指挥控制战的指导原则与诸军种联合活动的方针，文件中指出：“指挥控制战取得成功的关键在于在一切活动的计划阶段、实施阶段和终结阶段全过程中的综合工作。”

指挥控制战是整个军事和战争活动的一个重要组成部分，是“战争机器”进行斗争的一种关键性要素成分。美军认为，为了实现作战的目标要求，联合国部队司令官可以有两种方法运用指挥控制战。第一种是进攻性指挥控制战，称为反指挥控制。第二种是防护性指挥控制战，称为保护。这两种方法都可以单独运用和综合运用各种主要的要素去保障作战方案的实施和作战任务的完成。

有关指挥控制战的定义内涵与运用原则，当前大都侧重于军事学术理论的探索研究与宣传报道方面，它们将在新世纪的实践经验总结和理论研究成果进程中不断丰富充实起来。目前，美军在这方面的发展处于前列地位，在已有条令研究成果的基础上，开始建立专门的战斗实验室进行作战的模拟仿真活动，积极研制适应未来战争所需的高技术信息系统与设备，频繁举行信息战演习和实兵对抗演练试点活动。预期到21世纪初叶乃至中叶时期，指挥控制战的理论与实践才能逐步发展、提高，而不断充实、完善。所以，对指挥控制战这一外来语名词定义的概念及其内涵外延的研究理解，仅从文字上正确表述英汉名词的称谓是不够的，还必须从信息工程技术实践、军事学术理论研究和实战经验教训的总结三者相结合的角度，对于同指挥控制战相关的信息战系统对抗、电子战等方面众多名词术语的基本概念及其历史演进过程，进行综合性考察探讨，才便于确切地掌握指挥控制战的核心内涵、实际运用和发展动向。人们可以根据各自作战、科研、教学和翻译等工作之所需，在全面理解基础上有重点地进行研究，以达到洋为中用的目的。

参考文献

[1] 魏云升,郭治,等. 火力与指挥控制[M]. 北京:北京理工大学出版社,2003.

[2] 陈瑞源,等. 防空导弹武器指挥控制通信系统[M]. 北京:宇航出版社,1995.

[3] 朱德成,江光杰. 指挥自动化系统工程[M]. 北京:军事谊文出版社,1994.

[4] 竺南直,朱德成. 指挥自动化系统工程[M]. 北京:电子工业出版社,2001.

[5] 徐品高. 防空导弹体系总体设计[M]. 北京:宇航出版社,1996.

[6] 王颖龙,李为民. 防空作战指挥学[M]. 北京:解放军出版社,2004.

[7] 张耀先,武文军,等. 美军地面防空作战[M]. 北京:军事科学出版社,2001.

[8] 网络中心战与复杂性理论[M]. 郁军,等,译. 北京:电子工业出版社,2004.

[9] 苏建志. 指挥自动化系统[M]. 北京:国防工业出版社,1995.

[10] 华中和,李群. 雷达网信息处理(上、下册)[M]. 武汉:空军雷达学院,1992.

[11] 王俊胜,王亚林. 空军指挥自动化辅助决策系统探要[J]. 航空杂志,2003(7).

[12] 张雷. 分布式防空 C^3I 智能辅助决策系统研究[D]. 西安:空军导弹学院,2002.

[13] 方辉煜. 防空导弹武器系统仿真[M]. 北京:宇航出版社,1995.

[14] 常国岑. 指挥自动化的历史使命与发展前景研究[J]. 空军工程大学学报,2004(2).

[15] 何晶,娄寿春,王刚. 基于 UML 的指挥控制软件开发建模研究[J]. 计算机工程与应用,2002(4).

[16] 梁维泰,戚志刚. 指挥自动化系统的软件开发策略[J]. 计算机工程,2000(10).

[17] 周林,娄寿春,等. 神经网络在目标属性识别中的应用研究[J]. 现代防御技术,2001(4).

[18] 孟章荣. D-S 证据论在空中目标分类中的应用[J]. 现代防御技术,2001(10).

[19] 高尚. 基于神经网络威胁判断模型[J]. 系统工程与理论实践,2000(7).

[20] 曲长文,何友,等. 应用多属性决策的威胁评估方法[J]. 系统工程与电子技术,2000(5).

[21] 刘健,王献锋,等. 空袭目标威胁程度评估与排序[J]. 系统工程与理论实践,2001(2).

[22] 汪民乐,高晓光. 动态规划与遗传算法在导弹武器火力分配中的应用[J]. 战术导弹技术,1999(3).

[23] 刘金星,佟明安. 空空协同作战指挥控制系统[J]. 火力与指挥控制,2001(12).

[24] 唐宏,陈少卿. 指挥控制系统的效能评估. 系统仿真学报[J],2001(11).

[25] 宙斯盾. 指挥控制系统[J]. 情报指挥系统与仿真技术,1998(3).

[26] 刘付显. 防空体系规划研究[D]. 西安:空军导弹学院,2001.

[27] 周林. 防空系统建模与仿真研究[D]. 西安:空军导弹学院,2001.